韩德强 / 主编

中国法院类案检索与裁判规则专项研究丛书

房地产中介纠纷案件裁判规则研究

人民法院出版社

图书在版编目（CIP）数据

房地产中介纠纷案件裁判规则研究 / 韩德强主编.
北京 : 人民法院出版社, 2024. 11. -- （中国法院类案检索与裁判规则专项研究丛书）.
ISBN 978-7-5109-4243-3

Ⅰ. D925.118.4

中国国家版本馆CIP数据核字第2024CT6960号

中国法院类案检索与裁判规则专项研究丛书

房地产中介纠纷案件裁判规则研究

韩德强　主编

策划编辑：赵　刚
责任编辑：姚丽蕾
封面设计：鲁　娟
出版发行：人民法院出版社
地　　址：北京市东城区东交民巷 27 号（100745）
电　　话：(010) 67550662（责任编辑）67550558（发行部查询）
　　　　　65223677（读者服务部）
客 服 QQ：2092078039
网　　址：http://www.courtbook.com.cn
E - mail：courtpress@sohu.com
印　　刷：天津嘉恒印务有限公司
经　　销：新华书店

开　　本：787 毫米 ×1092 毫米　1/16
字　　数：300 千字
印　　张：16.75
版　　次：2024 年 11 月第 1 版　2024 年 11 月第 1 次印刷
书　　号：ISBN 978-7-5109-4243-3
定　　价：62.00 元

中国法院类案检索与裁判规则专项研究

首席专家组组长：陈志远

首席专家组成员（以姓氏笔画为序）：

丁文严　王　锐　王保森　王毓莹　代秋影　包献荣

刘　敏　刘树德　刘俊海　李　明　李　晶　李玉萍

杨　奕　杨百明　吴光荣　沈红雨　宋建宝　陈　敏

范明志　周海洋　胡田野　袁登明　钟　莉　唐亚南

徐继军　曹守晔　韩德强　雷　鸿　黎章辉

房地产中介纠纷案件裁判规则研究

主　　编：韩德强

副主编：郝作成　陈　岩

专家团队成员（以姓氏笔画为序）：

卜　素　于　洋　马雨秋　马德敬　王　哲　闫　慧　孙家丽

吴　晨　陈朝仑　郤　庆　郝　游　高　顿　魏　磊

中国法院类案检索与裁判规则专项研究
说　明

最高人民法院《人民法院第五个五年改革纲要（2019—2023）》提出"完善类案和新类型案件强制检索报告工作机制"。2020年9月发布的《最高人民法院关于完善统一法律适用标准工作机制的意见》（法发〔2020〕35号）对此进行了细化，并进一步提出"加快建设以司法大数据管理和服务平台为基础的智慧数据中台，完善类案智能化推送和审判支持系统，加强类案同判规则数据库和优秀案例分析数据库建设，为审判人员办案提供裁判规则和参考案例"。为配合司法体制综合配套改革，致力于法律适用标准统一，推进人民法院类案同判工作，从2018年起，中国应用法学研究所组织开展类案检索与裁判规则专项研究，并循序推出类案检索和裁判规则研究成果。

专项研究的研究力量主要有最高人民法院法官和地方各级人民法院法官，国家法官学院和大专院校专家教授，国家部委与相关行业的专业人士，这些研究力量具有广泛的代表性，构成了专项研究力量的主体。与此同时，为体现法为公器，应当为全社会所认识，并利用优秀的社会专业人士贡献智力力量，专项研究中也有律师、企业法务参加，为专项研究提供经验与智慧，并参与和见证法律适用的过程。以上研究力量按照专业特长组成若干研究团队开展专项研究，坚持同行同专业同平台研究的基本原则。

专项研究团队借助大数据检索平台，形成同类案件大数据报告，为使用者提供同类案件裁判全景；从检索到的海量类案中，挑选可索引的、优秀的例案，为使用者提供法律适用参考，增加裁判信心，提高裁判公信；从例案中提炼出同类案件的裁判规则，分析裁判规则提要，提供给使用者参考。从司法改革追求的目标看，此项工作能够帮助法官从浩如烟海的同类案件中便捷找到裁判思路清晰、裁判法理透彻的好判决（即例案），帮助法官直接参考从这些好判决中提炼、固化的裁判规则。如此，方能帮助法官在繁忙的工作中实现类案同判。这也正是应用法学研究的应有之义。

专项研究的成果体现为电子数据和出版物（每年视法律适用的发展增减），内容庞大，需要大量优秀专业人才长期投入。有关法院裁判案件与裁判内容检索的人工智能并不复杂，算法也比较简单，关键在于"人工"，在于要组织投入大量优秀的"人工"建设优质的检索内容。专项研究团队中的专家学者将自己宝贵的时间、智力投入到"人工"建设优质内容的工作中，不仅仅需要有为统一我国法律适用、提升裁判公信力作出贡献的情怀，还需要有强烈的历史感、责任感，具备科学的体系思维和强大的理性能力。此专项研究持续得越久，越能向社会传达更加成熟的司法理性，社会也越能感受到蕴含在优质司法中的理性力量。

愿我们砥砺前行。

2024 年 10 月

房地产中介纠纷案件裁判规则研究

前　言

　　类案检索是统一司法适用、保障法官公正裁判的重要手段，也是司法智能化的重要成果。健全完善类案检索机制，使在先案例成为法官作出裁判的参照或参考，是统一法律适用、促进公正司法的重要制度保障。识别与判断类案、快速检索类案、精准提炼类案规则是类案检索机制的应有之义。最高人民法院于 2020 年 7 月发布《关于统一法律适用加强类案检索的指导意见（试行）》，在制度层面规定了类案检索的定义、类型、方法等，然而，类案检索机制由于受主客观因素的制约，未能最大化地发挥作用。客观上，大数据平台案例库的完整性、多样性以及检索技术的精准性、科学性，决定了类案检索机制运用的深度；主观上，法官们是否接受和熟练掌握检索技术，决定了类案检索机制运用的广度。

　　中国应用法学研究所组织开展的中国法院类案检索与裁判规则专项研究是目前类案检索机制下的一种积极努力与探索。本书由最高人民法院中国应用法学研究所韩德强研究员担任主编，中国政法大学法治与可持续发展中心执行主任郝作成、中国房地产估价师与房地产经纪人学会法律与合规专家陈岩担任副主编，并由具有房地产中介法律领域丰富理论和实务经验的法官、学者、行业专家以及资深律师组成专家组。专家组成员根据此次房地产中介纠纷案件类案检索与裁判规则专项研究的要求，对工作开展了全面部署。首先，反复研究该领域内不同的纠纷案件，归纳案件核心特征，制定符合规律的检索标签；其次，依托大数据检索平台，从海量案例中筛选出符合条件的同类案例，生成同类案例大数据报告，一览同类案件裁判全景，并梳理裁判中可能存在的争议；再次，在同类案例中，通过案例的层级、效力、裁判文书说理是否透彻进一步筛选，挑选可以作为索引的优秀案例；最后，在前述案例中提炼出同类案件的裁判规则，并广泛征求意见，再三修改精炼，以期给读者带来参考的意义。我们希望，通过尝试建立起法律适用上的共识，消除主观性、地域性等因素造成的分歧，最大化节约司法裁判成本，同时提高类案检索便捷性，减轻法官们对运用类案检索的心理障碍，让法官在审判工作中充分感受到科技发展的红利。

专家组成员为了达成前述目标，既付出了大量的心血，也遇到了前所未有的挑战。一方面，如何高效、熟练运用案例检索工具考验我们的科技信息化水平；另一方面，如何准确、深度提炼类案规则考验我们的司法理论与实践功底。面对挑战，我们毫不退缩，以极大的热情投入工作，付出最大的努力。当然，目前此项工作起步不久，我们的工作也可能存在一定疏漏，研究成果也存在不足，希望广大读者能够给予批评，并不吝提出宝贵建议，帮助我们高效开展下一步工作，做更为深入的研究。

目　录

房地产中介纠纷案件裁判规则第 3 条：

在新建商品房销售中，销售渠道商与房地产开发商达成协议，为楼盘输送客源、推介客户、促成房产交易的行为构成法律意义上的中介服务，其与购房人之间为合法有效的中介合同关系　/ 050

房地产中介纠纷案件裁判规则第 4 条：

新建商品房广告不得进行虚假或者引人误解的商业宣传，房地产开发商系虚假宣传的行为主体，为新建商品房输送客源的销售机构对此不承担责任　/ 063

房地产中介纠纷案件裁判规则第 5 条：

在新建商品房销售中，房地产中介机构与下游分销公司约定，以向下游分销公司支付佣金的条件为上游开发商或者总包公司向房地产中介机构结算佣金，此条款不违反法律法规强制性规范，如系当事人真实意思表示，当属合法有

房地产中介纠纷案件裁判规则第 6 条：

二手房交易中的买卖双方，在房地产中介机构的撮合下形成交易意愿，后绕开房地产中介机构与彼此直接订立合同的行为构成"跳单"，买卖双方应当向房地产中介机构支付中介费用　/100

房地产中介纠纷案件裁判规则第 7 条：

二手房交易中，购房人接受了房地产中介机构的服务、利用了其提供的信息机会和媒介服务后，绕开此房地产中介机构通过其他房地产中介机构订立合同构成"跳单"，应当向原房地产中介机构支付费用　/115

第一部分

房地产中介纠纷案件裁判规则研究摘要

第1条：

房地产中介机构利用技术手段抓取、存储其他房地产中介机构房源数据（包括房源实勘图、户型图、VR图等），并通过信息网络向其他用户和公众传播，构成侵权

【规则描述】　房地产中介机构房源数据是指房地产中介机构在长期经营过程中通过各种方式收集到的房地产市场中可供出售或出租的房产相关的信息，这些数据通常包括以下内容：房产的地址、面积、房型信息；房产的内部和外部照片、视频展示、VR图等。房地产中介机构经过长时间、资金、技术、服务等经营成本投入下建立的房源数据集合本质上是受到《反不正当竞争法》保护的竞争性利益，房源数据集合中的单个房源图片，系借助器械在感光材料或者其他介质上记录客观物体形象的艺术作品，具有独创性和美感，是受《著作权法》保护的摄影作品。因此，房地产中介机构抓取、存储、传播其他房地产中介机构建立的房源数据违反房地产中介行业的商业道德，损害房源数据拥有方的竞争性利益，构成侵权，应当承担相应责任。

第2条：

房地产中介机构所掌握的房源信息是其从事房地产中介活动的重要基础，具备经济价值，如其采取设置权限、签署保密协议等保护措施，应当认定为商业秘密

【规则描述】　商业秘密，是指不为公众所知悉，具有商业价值，并经权利人采取相应保密措施的技术信息、经营信息等商业信息。房地产中介机构以提供房地产信息咨询服务为其重要服务内容，向公众提供买卖或租赁房源信息是其重要的经营活动和收入来源。在房地产中介机构为掌握的房源信息付出相应的人力和物力成本，且采取设置权限、签署保密协议等必要保护措施时，因此，房地产中介机构所掌握的房源信息具备秘密性、保密性及价值性的特征，应当认定其掌握的房源信息为商业秘密。

第 3 条:

在新建商品房销售中,销售渠道商与房地产开发商达成协议,为楼盘输送客源、推介客户、促成房产交易的行为构成法律意义上的中介服务,其与购房人之间为合法有效的中介合同关系

【规则描述】 房地产开发商为有效促进新建商品房销售,往往会选择同房地产中介机构合作,由其融合自有或外部资源,为楼盘输送客源、推介客户,以促成房产交易。中介合同关系是指中介人向委托人报告订立合同的机会或者提供订立合同的媒介服务,委托人支付报酬的合同关系。据此,房地产开发商与房地产中介机构成立房产销售服务合同,房地产中介机构作为销售渠道商与购房人成立中介合同,房地产中介结构系受购房人委托,向其提供订立合同媒介服务,购房人与房地产开发商成立商品房买卖合同。基于合同相对性,房地产中介机构作为销售渠道商有权向购房人收取中介费,购房者无权主张房地产中介机构退还房款。

第 4 条:

新建商品房广告不得进行虚假或者引人误解的商业宣传,房地产开发商系虚假宣传的行为主体,为新建商品房输送客源的销售机构对此不承担责任

【规则描述】 虚假宣传是指在商业活动中经营者利用广告或其他方法对商品或者服务作出与实际内容不相符的虚假信息,导致客户或消费者误解的行为。虚假宣传违反诚信原则,违反公认的商业准则,是一种严重的不正当竞争行为。新建商品房广告应当保证真实性,不得对规划或者建设中的交通、商业、文化教育设施以及其他市政条件进行虚假或引人误解的宣传,否则将违反《广告法》及《反不正当竞争法》中的相关规定,房地产开发商作为广告主应当对具体虚假广告行为承担责任,而为新建商品房输送客源的房地产中介机构因系在开发商的指导下开展工作,不对虚假宣传的具体行为独立承担责任。

第5条：

在新建商品房销售中，房地产中介机构与下游分销公司约定，以向下游分销公司支付佣金的条件为上游开发商或者总包公司向房地产中介机构结算佣金，此条款不违反法律法规强制性规范，如系当事人真实意思表示，当属合法有效，具有法律约束力

【规则描述】　在新建商品房销售中，部分开发商会将房源承包给房地产中介机构进行销售，房地产中介机构作为此部分房源的总承包商，会同下游分销公司签署分销协议，由其为楼盘项目寻觅客源，为购房人提供宣传带看、签约咨询等服务。在存在多环节销售链的情况下，钱款结算也会存在多个步骤：（1）开发商根据其与房地产中介机构达成的合意，按照实际成交套数等方式向房地产中介机构结算佣金；（2）房地产中介机构与下游分销公司达成合意，根据成交套数等计算方式向分销公司结算佣金。其中，房地产中介机构为避免垫付佣金，往往会同下游分销公司设置"背靠背"支付条件，即只有当上游开发商为房地产中介机构结算佣金后，才会向下游分销公司支付对应部分佣金。此条款如果不违反法律、行政法规的强制性规定，不违背公序良俗，如系当事人真实意思表示，符合公平原则和诚信原则，当属合法有效，具有法律约束力。房地产中介机构在证明上游开发商未向其结算佣金的情况下，主张拒绝向下游分销商支付佣金的，应获法院支持。

第6条：

二手房交易中的买卖双方，在房地产中介机构的撮合下形成交易意愿，后绕开房地产中介机构与彼此直接订立合同的行为构成"跳单"，买卖双方应当向房地产中介机构支付中介费用

【规则描述】　根据《民法典》相关规定，"跳单"行为系指委托人在接受中介人的服务后，利用中介人提供的交易机会或者媒介服务，绕开中介人直接订立合同的行为。在二手房交易中，购房人在同时满足以下三个要件时构成"跳单"，应当向房地产中介机构支付费用：（1）接受了中介服务，中介人履行了向委托人报告订约机会或者提供媒介服务的义务；（2）绕开中介人直接与第三人订立合同；（3）达成交易主要是基于房地产中介机构提供的交易机会或者媒介服务，合同订立与中介人的中介服务具有因果关系。"跳单"行为不仅有悖于诚信原则，还违反了法律规定，对中介方的权益造成严重损害。

第 7 条：

二手房交易中，购房人接受了房地产中介机构的服务、利用了其提供的信息机会和媒介服务后，绕开此房地产中介机构通过其他房地产中介机构订立合同构成"跳单"，应当向原房地产中介机构支付费用

【规则描述】 在二手房交易中，购房人接受了原房地产中介机构的服务、利用了其提供的信息机会和媒介服务后，绕开此房地产中介机构，与另一房地产中介机构订立合同，并与房屋出卖人达成交易，同时满足以下构成要件的，构成"跳单"，应当向原房地产中介机构支付报酬：（1）购房人接受了原房地产中介机构提供的服务，原房地产中介机构履行了向购房人报告订约机会或者提供媒介服务的义务；（2）购房人绕开原房地产中介机构，与其他房地产中介机构订立中介合同，并与房屋出卖人达成交易；（3）达成交易主要是基于原房地产中介机构提供的交易机会或者媒介服务，合同订立与原房地产中介机构的服务具有因果关系；（4）购房人存在"跳单"的恶意。

第 8 条：

中介合同的"防跳单条款"系关于客户跳开房地产中介机构成交的违约责任条款，不存在免除己方责任、加重对方责任、排除对方主要权利的情形，当属合法有效

【规则描述】 在房产交易中，"跳单"行为是一种为了避免或减少佣金支付义务而违反合同义务的违约行为，严重损害房地产中介机构的利益。因此，房地产中介机构通过与委托人签订中介合同时所约定的"防跳单条款"避免这一违约行为的发生。"防跳单条款"通常为格式条款，旨在防止委托人利用从房地产中介机构获得的交易信息和服务，跳过房地产中介机构进行私下交易的背信行为，保护房地产中介机构作为居间人的合法权益。房地产中介机构与客户签订的中介合同中的"防跳单条款"不存在免除己方责任、加重对方责任、排除对方主要权利的情形，因此当属合法有效。

第9条：

房地产中介机构未促成房产交易合同成立的，可以要求委托人支付从事居间活动支出的必要费用

【规则描述】 依据《民法典》第964条的规定，中介人未促成合同成立的，不得请求支付报酬；但是，可以按照约定请求委托人支付从事中介活动支出的必要费用。在房屋交易中，房地产中介机构未能成功撮合房产交易合同成立的，不得请求委托人支付报酬，但是在撮合交易的过程中，房地产中介机构向委托人提供了为客户提供房源、带领客户看房、洽谈房产交易价格等中介服务，付出必要的时间、精力及相关费用等。因此，房地产中介机构有权要求委托人支付因房屋带看、交易介绍等居间活动而产生的必要费用。

第10条：

在房产交易中，房屋出卖人基于诚信原则，应当主动披露房屋主体结构内发生的非正常死亡事件，房地产中介机构应当就此信息向购房人履行告知义务

【规则描述】 根据我国民间风俗习惯，在房屋主体结构内发生的自杀、他杀、意外死亡非正常死亡事件通常会导致该房源被认定为"凶宅"，且此信息会对购房人是否愿意购买房屋以及以何种条件进行交易有重大影响。房屋出卖人作为房屋的所有者，系对房屋的情况最为了解。基于诚信原则，房屋出卖人应当主动向潜在购房人披露房屋内发生的非正常死亡事件。这不仅是对购房人的尊重，还是维护市场交易公平的重要举措。房地产中介机构作为房产交易的中介方，承担着信息传递和交易撮合的职责。房地产中介机构应当主动询问出卖人、进行必要审查，并主动告知购房人相关信息。房屋出卖人故意隐瞒的，房地产中介机构履行主动询问及审查义务的，不承担责任。

第 11 条：

房产交易中，房屋主体结构外的非正常死亡事件不属于房地产中介机构应当主动告知的义务范围

【规则描述】 根据我国民间风俗习惯，"凶宅"会对购房人是否愿意购买房屋以及以何种条件进行交易产生重大影响，房屋出卖人及房地产中介机构应当主动披露此信息。但是，发生在房屋主体结构外的非正常死亡事件，通常指的是在房屋外部或周边区域发生的类似事件，与一般大众对于"凶宅"的认识和预期相悖，与房屋的直接关联较弱，不应被定义为"凶宅"，因此，房屋主体结构外的非正常死亡事件不属于房地产中介机构应当主动告知的义务范围。

第 12 条：

房产交易中，房屋主体结构内发生的自然死亡事件不是影响合同订立、履行的重要事实，不属于房地产中介机构应当主动告知的义务范围

【规则描述】 根据我国民间风俗习惯，"凶宅"会对购房人是否愿意购买房屋以及以何种条件进行交易产生重大影响，房屋出卖人及房地产中介机构应当主动披露此信息。但是，发生在房屋主体结构内的自然死亡事件符合正常规律，是正常现象，不构成对房屋本身进行物质性使用的障碍，通常不会影响房屋的价值，是普通民众所能接受和认可的，因此不应被定义为"凶宅"，不属于房地产中介机构应当主动告知的义务范围。

第 13 条：

房地产中介机构在提供房产经纪服务时，应当根据合同约定履行房产税费的告知义务，但该义务仅限于税种的释明，而非具体、准确的税费金额

【规则描述】 在房地产交易中，税费是一个重要的组成部分，它直接影响到交易的总成本。因此，房地产中介机构在提供房产经纪服务时，应当在遵循诚信原则的基础上，合规、全面、尽职地向委托人履行中介合同中约定的义务，包括如实告知房屋交易涉及的税费，但是针对税费的告知义务仅限于税种的释明，而非具体、准确的税费金额。因为税费的计算涉及许多因素，包括房产的价格、购房者的身份、交易的时间等，这些因素可能会在交易过程中发生变化。因此，中介机构无法提前准确计算出税费的金额。此外，税费的计算也需要专业的财税知识，超出了中介机构的专业范围。

第14条：

房屋查封情况是影响合同订立、履行的重要事实，房地产中介机构应当对此履行必要的、审慎的审查核实及如实告知义务

【规则描述】　对于房屋这一特殊商品，影响其价值的最为核心的两个因素即质量和权利所属，以及是否存在负担。房屋查封信息属于房地产交易基本信息，会直接影响购房人的交易意愿以及交易条件，同时会对房屋买卖合同履行产生直接影响。房地产中介机构作为提供专业服务的居间人，因此，应当依据法律和合同约定对此履行必要的、审慎的审查核实及如实告知义务。

第15条：

房屋抵押情况是影响合同订立、履行的重要事实，房地产中介机构应当对此履行必要、审慎的审查核实及如实告知义务

【规则描述】　对于房屋这一特殊商品，影响其价值的最为核心的两个因素即质量和权利所属，以及是否存在负担。房屋抵押信息属于房屋权属信息之一，是房地产交易的基本信息，会直接影响购房人的交易意愿、交易条件，同时会对房屋买卖合同履行产生直接影响。房地产中介机构作为提供专业服务的居间人，因此，应当依据法律和合同约定对此履行必要、审慎的审查核实及如实告知义务。

第二部分

房地产中介纠纷案件裁判规则研究

房地产中介纠纷案件裁判规则第 1 条：

房地产中介机构利用技术手段抓取、存储其他房地产中介机构房源数据（包括房源实勘图、户型图、VR 图等），并通过信息网络向其他用户和公众传播，构成侵权

【规则描述】　　房地产中介机构房源数据是指房地产中介机构在长期经营过程中通过各种方式收集到的房地产市场中可供出售或出租的房产相关的信息，这些数据通常包括以下内容：房产的地址、面积、房型信息；房产的内部和外部照片、视频展示、VR 图等。房地产中介机构经过长时间、资金、技术、服务等经营成本投入下建立的房源数据集合本质上是受到《反不正当竞争法》保护的竞争性利益，房源数据集合中的单个房源图片，系借助器械在感光材料或者其他介质上记录客观物体形象的艺术作品，具有独创性和美感，是受《著作权法》保护的摄影作品。因此，房地产中介机构抓取、存储、传播其他房地产中介机构建立的房源数据违反房地产中介行业的商业道德，损害房源数据拥有方的竞争性利益，构成侵权，应当承担相应责任。

一、类案检索大数据报告

案例来源：Alpha 案例库，案件数量：87 件，数据采集时间：2023 年 10 月 31日，本次检索共获取相关房地产中介纠纷案件裁判文书 87 篇。

如图 1-1 所示，从案件主要地域分布来看，此类案件主要集中在北京市、上海市、浙江省，占比分别为 25.29%、16.09%、12.64%。其中北京市的案件数量最多，达到 22 件。

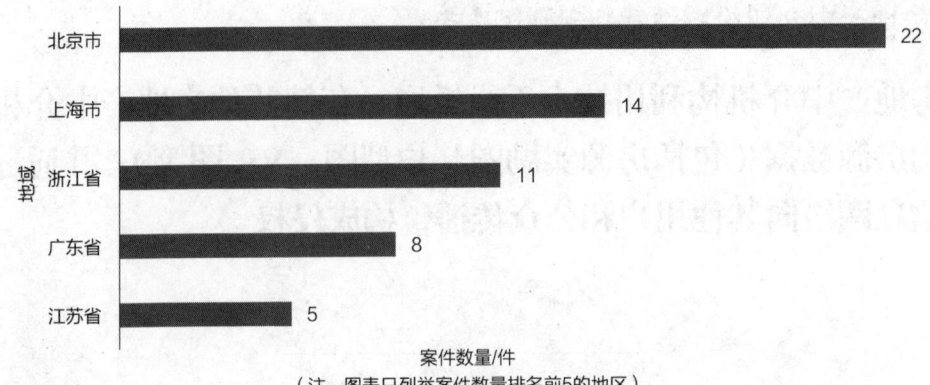

案件数量/件

（注：图表只列举案件数量排名前5的地区）

图1-1 案件主要地域分布情况

如图1-2所示，可以看到此类案件的审理程序分布状况。一审案件有56件，二审案件有31件。

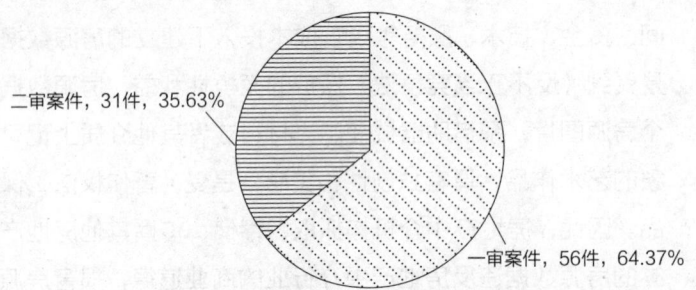

二审案件，31件，35.63%

一审案件，56件，64.37%

图1-2 案件的诉讼程序分布情况

如图1-3所示，通过对二审裁判结果的可视化分析可以看到，此类案件维持原判的有24件，占比77.42%；改判的有7件，占比22.58%。

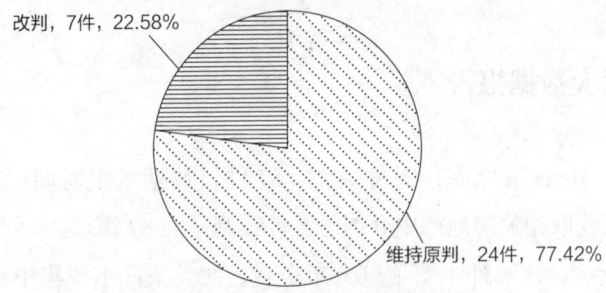

改判，7件，22.58%

维持原判，24件，77.42%

图1-3 二审裁判结果情况

二、可供参考的例案

例案一：北京某家房地产经纪有限公司、天津某屋信息科技有限公司与北京某鹰城讯科技股份有限公司、成都某鹰城讯科技有限公司不正当竞争纠纷案

【法院】

北京市海淀区人民法院

【案号】

（2021）京0108民初9148号

【当事人】

原告：北京某家房地产经纪有限公司

原告：天津某屋信息科技有限公司

被告：北京某鹰城讯科技股份有限公司

被告：成都某鹰城讯科技有限公司

【基本案情】

原告北京某家房地产经纪有限公司（以下简称某家公司）、天津某屋信息科技有限公司（以下简称天津某屋公司）诉称：某家公司在经营"某家"房产经纪业务的过程中投入巨大人力、物力、财力，收集、制作、积累了海量真实房源数据，建立了"楼盘字典"真房源数据库，形成了房源大数据集合。某壳网（网址为www.ke.com）系房地产交易信息平台，该平台使用并展示了上述"楼盘字典"中的房源数据，由天津某屋公司经营。二被告北京某鹰城讯科技股份有限公司（以下简称北京某鹰公司）、成都某鹰城讯科技有限公司（以下简称成都某鹰公司）是推推99网、推推微店App、"推推99经纪人端"微信公众号、蜂鸟全景App（上述各平台以下简称为推推99产品）的运营者。二被告通过其运营的推推99产品，利用技术手段抓取、存储某壳网中的房源基本信息、交易信息、特色信息、实勘图、VR图（即全景图）、户型图（上述房源数据以下简称案涉数据，其中前三类信息为文字形式，后三类信息为图片形式），在上述过程中自动去除某壳网房源图片的水印；并将上述抓取、存储的案涉数据通过信息网络向其用户或公众传播，包括将案涉数据打上二被告用户水印后发布至第三方房产信息平台以及微信等社交媒体。二原告认为上述行为依据《反不正当竞争法》第2条，构成不正当竞争。请求法院判令二被告立即停止案涉不正当竞争行为、消除影响，并连带赔偿二原告经济损失及合理开支共计1050万元。

二被告北京某鹰公司、成都某鹰公司共同辩称：（1）案涉数据中的房源实勘图、户型图、VR图均属于《著作权法》的保护对象，应当适用《著作权法》予以保护，因此有关房源图片的被诉行为不应在本案审理范围之内，仅应对二原告是否就除此之外的房源信息本身是否享有竞争利益进行判断。（2）推推99产品的核心定位是多平台账户管理工具，并非以侵权为主要功能目的。（3）二被告与二原告之间不存在直接竞争关系，二原告应直接起诉使用推推99产品的竞争对手。

法院经审理查明：某家公司在经营"某家"房产经纪业务的过程中，长期、大量地投入人力、物力、财力等经营成本，收集、制作、积累了海量真实房源信息，由此建立了"楼盘字典"房源数据库；在作为房产信息平台的某壳网成立后，二原告将"楼盘字典"中的案涉数据在某壳网中公开并使用，吸引房产经纪公司在某壳网中发布房源信息，并通过与房产经纪公司订立相关服务协议，合法地对某壳网中的案涉数据进行利用和传播，以此获得房产交易佣金等商业收益。二原告不仅为某壳网中的房产经纪公司发布房源信息提供了网络服务，还对所发布的房源信息进行加工和审核，依托"楼盘字典"保障房源信息的真实性。经过二原告的收集、存储、制作、管理、传播等经营活动，使得一条条分散的、原始的房源信息汇集到某壳网及"楼盘字典"中，通过某壳网标准化地、整体地向其用户和社会公众进行传播，并由此产生了巨大的商业价值，帮助二原告建立起了市场竞争优势。

二被告通过其运营的推推99产品实施了如下被诉行为：一是利用技术手段抓取、存储案涉数据，在上述过程中自动去除某壳网房源图片（包括房源实勘图、户型图、VR图）的水印。抓取行为的技术实现方式是：当用户发出复制房源的指令后，推推99产品使用计算机程序，模拟真实用户向某壳网的服务器目标位置发出访问请求，从某壳网返回的数据中提取出案涉数据，存储在北京某鹰公司的服务器中。二是将抓取、存储的案涉数据通过信息网络向其用户和公众传播，包括在推推99产品内向其用户本身展示、供用户编辑和下载，将案涉数据发布至第三方房产信息平台以及微信等社交媒体向公众传播。

【案件争点】

1. 二原告就案涉数据所主张的权益是否应受《反不正当竞争法》保护；

2. 被诉行为是否因违反《反不正当竞争法》第2条构成不正当竞争；

3. 如被诉行为构成不正当竞争，二被告应承担何种法律责任。

【裁判摘要】

法院经审理认为：案涉某壳网中的房源数据是二原告投入大量经营成本建立、维护和不断扩充的具有相当数据规模的房源数据集合，是二原告的核心经营资源。二原告据此获得的商业利益本质上是一种竞争性权益，应当受到《反不正当竞争法》的保护。关于《著作权法》与《反不正当竞争法》的适用，案涉数据本质上是客观反映房屋情况的事实类信息，而案涉数据的价值即体现在其所承载的信息本身，被诉行为是对案涉数据这一整体成果实施抓取和使用行为，因此从被诉行为的行为方式和所造成的损害后果层面考虑，被诉行为无法被《著作权法》所涵盖。

案涉"虚假房源"问题是指房产经纪人发布其无授权的房源信息或者房源信息与房屋实际情况不符的房源信息。发布"虚假房源"的目的在于增加其个人联系方式的曝光度以吸引消费者与其联系，再借机推荐其实际掌握的房源，"虚假房源"问题是房产经纪行业的顽疾和重点治理对象。现有证据证明推推99产品抓取和传播的某壳网房源数据实被主要用于了发布"虚假房源"，二被告为"虚假房源"的发布提供了重要工具和便利条件，客观上助长了房产经纪行业这一典型违规行为的蔓延，并据此年利年均超千万元。不仅抢夺了本属于二原告的用户流量，还使消费者的知情权、选择权和交易安全因"虚假房源"直接受损，严重损害了社会公共利益，甚至造成房产经纪行业"劣币驱逐良币"的后果，依据《反不正当竞争法》第2条规定，构成不正当竞争。

北京市海淀区人民法院于2022年7月30日作出（2021）京0108民初9148号民事判决：一、本判决生效之日起10日内，二被告在被告北京某鹰公司官方网站（网址为www.bjsycx.com）、推推99网（网址为www.tuitui99.com）的首页连续7日刊登声明，就案涉不正当竞争行为为二原告消除影响；二、本判决生效之日起10日内，二被告连带赔偿二原告经济损失500万元及合理开支50万元；三、驳回二原告的其他诉讼请求。宣判后，二被告提出上诉，后撤回上诉。北京知识产权法院于2022年10月12日作出（2022）京73民终4201号民事裁定：准许二被告撤回上诉。

例案二：北京某八信息技术有限公司与青岛某华快讯网络传媒有限公司侵犯著作权及不正当竞争纠纷案

【法院】

北京知识产权法院

【案号】

（2017）京 73 民终 2102 号

【当事人】

上诉人：北京某八信息技术有限公司

被上诉人：青岛某华快讯网络传媒有限公司

【基本案情】

青岛某华快讯网络传媒有限公司（以下简称某华公司）是"奋斗在韩国、奋韩网"网站（网址 www.icnkr.com）的经营者，该网站向用户提供包括韩国租房、住房、留学、旅游、招聘、韩语学习等分类综合信息。北京某八信息技术有限公司（以下简称某八公司）是某八网站（网址 www.58.com）的经营者，该网站主营业务为向用户提供招聘、房产等分类信息。某八韩国站于 2013 年成立，由某八公司运营。2017 年 1 月 5 日，某华公司发现某八韩国站对某韩网中用户发布的帖子进行了使用，具体情形是：某韩网用户发布了 175 个房源帖子，帖子的信息内容包括两部分，一是对房源进行的介绍，包括房屋地段、交通状况、房屋类型、房屋布局、其他介绍、房屋租金、联系方式等信息；二是房源图片，图片中有"奋斗在韩国"的水印。某八韩国站中可以找到对应信息，前述公证书对此亦进行了保全，某八韩国站中显示的内容包含租金、房屋概况、联系方式等房源信息和房源图片。经过比对，某八韩国站中使用的房源图片带有"奋斗在韩国"水印的共计 31 张。某八公司主张其系信息存储空间服务，上述内容均由网友上传，但拒绝提供网友上传的后台信息。某华公司向北京市海淀区法院提起诉讼，主张依据用户协议享有文字和图片的著作权或独占使用权，判令某八公司公开声明消除影响并赔偿经济损失及合理支出共计 1000 万元。

【案件争点】

某华公司经营的信息数据能否受到《反不正当竞争法》的保护。

【裁判摘要】

一审法院经审理后认为：奋韩网与某八韩国站均属于发布网络分类信息的市场主体，二者在经营模式、交易对象上相同，构成《反不正当竞争法》所调整的竞争关系。某八公司的行为违背了诚信原则和公认的商业道德，具有不正当性，客观上导致合法经营的合法权益受到损害，违反了《反不正当竞争法》第 2 条的规定。某华公司未提交案涉图片、文字作品的底稿或相关证据证明其创作者即为发帖人，亦未提交证据证明案涉作品系由其主持，代表其公司意志创作，在案涉作品原始权利人不明确的情况下，仅凭其网站注册协议中的约定无法据此认定某华公司享有其网站中案涉图片、文字作品的著作权。一审法院判决某八公司刊登声明消除影响，赔偿经济损失 600 万元和合理支出 1 万元。某八公司不服，向北京知识产权法院提起上诉。二审法院判决：驳回上诉，维持原判。某八公司不服，向北京市高级人民法院提起再审申请。北京市高级人民法院裁定：驳回再审申请。

综上所述，UGC[①] 经营模式的网站通常不能基于用户协议享有用户上传文字、图片等内容的著作权，但网站可以使用用户上传的上述内容，由此形成了网站经营中的数据信息利益。未经许可使用网站经营的数据信息的行为，若违背了诚信原则和公认的商业道德，具有不正当性，客观上导致合法经营的合法权益受到损害，则可以认定违反了《反不正当竞争法》第 2 条的规定，构成不正当竞争行为，从而应当承担相应的民事责任。

例案三：深圳爱某某梦想科技有限公司与上海某家信息技术有限公司、北京某八信息技术有限公司著作权权属、侵权纠纷案

【法院】

广东省深圳市南山区人民法院

【案号】

（2016）粤 0305 民初 1437 — 1456 号

【当事人】

原告：深圳爱某某梦想科技有限公司

被告：上海某家信息技术有限公司

被告：北京某八信息技术有限公司

【基本案情】

原告系一家主要从事办公室租赁信息推介的网络信息技术公司，名下运营有"点点租"网站，该网站系一家主要为用户提供办公室写字楼租赁信息服务的"O2O"平台。本系列案的案涉作品系原告对多个办公写字楼进行了内外实景摄影，并将摄影图片通过电脑软件修图美化后，公开放置在"点点租"网站上展示；社会公众可通过网络或手机客户端，搜索并查看到上述摄影作品，用户通过上述摄影作

---

① UGC 是 "User Generated Content" 的缩写，中文可译作：用户原创内容。

品可以对租赁办公室有直观的了解，同时可以通过网络平台，进行线上预约线下看房，最终与出租人达成交易。经（2016）深南证字第 1920 号公证书记载显示，原告在"点点租"平台上传了 20 张案涉图片，并在图片右下角印有"点点租"字样和"野猪"图形的水印，原告已经针对上述字样和图形申请了注册商标。经（2015）深南证字第 21408 号公证书显示，被告上海某家信息技术有限公司（以下简称上海某家公司）在其名下的"某租"网站（××/）上使用了 20 张图片并对外进行商业宣传展示；经对比发现，该 20 张照片整体布局、拍摄角度、色彩组合、光影效果皆与原告照片一致，构成相同侵权。经调查发现，被告上海某家公司系一人有限责任公司，被告北京某八信息技术有限公司（以下简称北京某八公司）系被告上海某家公司的唯一股东和实际管控人；其中被告上海某家公司的注册资本为 110 万元，但经全国企业信用信息公示系统查询显示，被告北京某八公司无实际出资。原告和被告上海某家公司均主要经营互联网租赁服务平台，其二者系相同行业、相同商业模式的竞争关系；二被告所经营的"某租"网站与原告"点点租"网站的主营业务完全一致，并且在抄袭原告网站设计风格的基础上，未经原告允许，擅自盗用原告网站上的照片，其行为既存在不正当竞争的情形，又故意侵害了原告的著作权，给原告带来重大经济损失。故提出诉讼请求：（1）立即停止侵权，并删除案涉图片链接；（2）各案向原告赔偿因侵权所造成的损失 8000 元和合理维权支出 2000 元，共计人民币 1 万元，本系列案共 20 案，合计人民币 20 万元；（3）共同承担本案诉讼费用。

被告上海某家公司和北京某八公司共同辩称：（1）本系列案涉及的图片仅是指代建筑物的名称和具体位置，并不具有审美意义，不是《著作权法》意义上的作品；（2）案涉图片是存在于"某租"网上，而"某租"网的实际经营人是北京某租科技发展有限公司，本案中二被告不是适格的被告；（3）被告北京某八公司是通过案外人转让股权的形式取得被告上海某家公司的股份，且被告上海某家公司在设立时出资到位；（4）原告并非图片经营公司，即使本系列案的案涉图片为原告所有，本系列案的侵权行为亦未给原告造成损失。

法院经审理认定：原告系于 2014 年 12 月 10 日注册成立的公司，主营范围包括房地产经纪等。2016 年 1 月 11 日，原告委托代理人王某某向广东省深圳市南山公证处申请保全证据公证，在公证员张某和公证员助理李某的监督下，由王某某操作公证处电脑，进行了如下保全证据行为，对操作过程全程进行屏幕录像并刻录至光盘，对操作过程中所浏览的网页打印保存，广东省深圳市南山公证处出具（2016）深南证字第 1920 号《公证书》，根据上述公证书及其所附打印页面和光盘，与本系列案有关的操作步骤及内容如下：（1）打开360安全浏览器7.1，删除历史浏览记录，关闭浏览器；（2）重新打开360安全浏览器7.1，在地址栏中输入"www.diandianzu.com"，进入页面；（3）在上一步页面搜索栏中输入"创建大厦（宝安）"，进入页面，点击图片链接，在图片位置鼠标右键选择"审查元素"，展开相应的页面，在元素页面其中一行鼠标右键选择"EditasHTML"，选择其中的图片名称W_55ce07b52a55d.jpg；（4）在页面中新建选项卡，在地址栏中输入www.aliyun.com，输入登录名"ibu×××@foxmail.com"及登录密码进行登录，登录后点击页面顶部的"管理控制台"，进入新的页面，点击路径"对象储存OSS"→"office998"→"Object管理"→"Uploads/"→"Photo/"搜索"W_55ce07b52a55d.jpg"，显示名称为"W_55ce07b52a55d.jpg"的图片由该用户于2015年6月19日上传；（5）点击上一页面中的"获取地址"，复制地址至新的选项卡的地址栏，按Enter键，显示下载界面，点击直接打开，显示图片，该图片与步骤2中所显示的图片内容一致。按照上述第3-5操作步骤搜索"国际互联网金融创业中心""蚝业雅苑""华安腾商务""惠恒大厦""美生创谷""赛格科技园""厦门大学龙华产学研基地""深健大厦""金捷""绵商大厦""虚拟大学园R3""研祥智谷""优品"等，显示各图片的内容、编号及通过阿里云上传至www.diandianzu.com网站的时间，各图片上均印有"点点租"字样和"野猪图形"水印，上述图片包含本系列案案涉的20幅图片。

原告申请在第35类商品或服务上注册"野猪图形"和"点点租diandianzu.com"商标，目前原告的商标注册申请已由中华人民共和国工商行政管理总局商标局受理。

庭审中，原告出示了电脑上关于案涉图片的原始照片，查看照片属性，可以显示拍摄照片的日期，拍摄照片的器材型号，拍摄时使用的焦距、光圈大小，拍摄者名称等信息。范某亦当庭提供了其所使用的相机，与照片属性中显示的器材型号相符。经比对，原告电脑上的照片与（2016）深南证字第1920号《公证书》中所记载的www.diandianzu.com网站上的20幅图片内容相同。原告称案涉照片均由摄影师范某拍摄。

2014年8月18日，原告与范某签订《爱某某补充协议》，约定经双方协商一致，在2014年8月18日签订的《劳动合同》的基础上，订立补充协议，约定劳动合同期内，范某因完成职位工作、原告安排任务等与工作相关的一切成果（包括但不限于照片、文件、方案和其他资料）的所有知识产权、使用权等归原告独家所有。原告同时出具了范某的社保清单，以佐证范某系原告公司员工。

2016年1月31日，原告出具著作权声明，称案涉的20张摄影作品由其员工拍摄、美工完成，双方约定该摄影作品知识产权全部归原告所有，任何第三方未取得其书面许可，不得行使相关知识产权。

2015 年 10 月 23 日，原告委托代理人王某某向广东省深圳市南山公证处申请保全证据公证，在公证员张某和公证员助理黄某的监督下，由王某某操作该公证处电脑，使用 Windows7 操作系统，进行了如下保全证据行为：（1）打开 InternetExplorer，删除历史浏览记录，关闭 InternetExplorer；（2）重新打开 InternetExplorer，在地址栏输入 www.ganji.com，进入页面，点击页面中的"租写字楼"，即链接进入地址为"××"的"某租网"网站；（3）在上一页面中的搜索栏中输入"创建大厦""互联网""蚝业""华安腾""金捷""美生""绵商大厦""赛格科技园""厦门大学""深健""研祥智谷""优品""腾飞大厦"等关键词，按 Enter 键，进入相应的页面，再分别点击各页面中的"创建大厦（宝安—西乡）深圳市宝安区前进二路 101""国际互联网金融创业中心""蚝业雅苑""华安腾商务""金捷广场""美生创谷科技创新园""绵商大厦""赛格科技园""厦门大学龙华产学研基地""深健大厦""研祥智谷""腾飞大厦"等图片链接。广东省深圳市南山公证处对上述操作过程进行了屏幕录像，并将上述所有打开的页面截屏打印、保存，据此制作了（2015）深南证字第 21408 号《公证书》。

2015 年 11 月 9 日，原告委托代理人王某某向广东省深圳市南山公证处申请保全证据公证，在公证员张某和公证员助理黄某的监督下，由王某某操作该公证处电脑，使用 Windows7 操作系统，进行了如下保全证据行为：（1）打开 InternetExplorer，删除历史浏览记录，关闭 InternetExplorer；（2）重新打开 InternetExplorer，在地址栏输入"××"，点击页面中的"虚拟大学园孵化器""惠恒大厦二期"图片链接，对页面进行浏览。广东省深圳市南山公证处对上述操作过程进行了屏幕录像，并将上述所有打开的页面截屏打印、保存，据此制作了（2015）深南证字第 22406 号《公证书》。

经比对，（2015）深南证字第 21408 号《公证书》和（2015）深南证字第 22406 号《公证书》中记载的从 ×× 网站上打开的 20 幅图片与（2016）深南证字第 1920 号《公证书》中从 www.diandianzu.com 网站上打开的 20 幅图片相对应的部分画面整体布局、拍摄角度、色彩组合、光影效果及各物件在画面中所占的比例、位置等均相同，为同一作品。

原告还委托深圳市爱某信知识产权服务有限公司（以下简称爱某信公司）对其主张著作权的图片和 ×× 网站上涉嫌侵权的图片进行了比对，爱某信公司得出图片具有一致性的结论。

原告为证明其主张著作权的图片带来的使用价值，提交了以下证据：（1）其与案外人深圳市冠日某通技术有限公司于 2015 年 10 月 23 日签署的《物业租赁代理合同》，约定深圳市冠日某通技术有限公司委托原告代理"虚拟大学园 R3－B 栋 3 楼"的租赁事宜，若原告成功租出该物业，由深圳某海锦泓投资有限公司向原告支付首年首月租金 100% 作为佣金；（2）原告与案外人深圳某未来智慧科技有限公司签订的《著作权授权许可使用合同》，约定原告将"丽雅查尔顿酒店"图片共 2 张许可深圳某未来智慧科技有限公司用于外部宣传、对外公开陈列、展示、可在对外平台或产品上使用（包括但不限于网站、微信平台、海报、广告），许可使用期限为 1 年，许可使用费为人民币 2 万元。

原告为证明其为制止本系列案侵权行为所支付的合理开支，提交了以下证据：（1）原告与爱某信公司之间签订的《委托代理合同》，约定原告委托爱某信公司代为办理包括本案被告上海某家公司在内的三被告之间的版权侵权纠纷案件的知识产权调查、公证保全等法律事务，原告须向爱某信公司支付知识产权服务费人民币 86000元；（2）原告与广东某海律师事务所之间签订的《委托代理合同》，约定原告委托广东某海律师事务所代理其与包括本案被告上海某家公司在内的三被告之间的版权侵权纠纷，律师费为人民币 1 万元；（3）公证费发票金额为人民币 5460 元；（4）律师费发票金额为人民币 5250 元；（5）知识产权调查服务费发票金额为人民币 27500 元；（6）打印费、汽油费、停车费发票金额为人民币 3424 元。

经查，被告上海某家公司于 2007 年 1 月 31 日成立，类型为有限责任公司（法人独资），主营业务包括设计、制作各类广告，利用自有媒体发布广告等。被告北京某八公司于 2015 年 4 月 9 日由他人转让取得被告上海某家公司的股权，系被告上海某家公司的投资人。

原告提交了一份于 2016 年 1 月 27 日从 www.zun.com 网站上查询的域名备案信息打印件，显示 ×× 网站的主办单位为被告上海某家公司，备案/许可证号为沪B2－20090008，网站负责人为夏某某。二被告对该打印件不予确认。被告上海某家公司认为案涉的"某租网"由案外人北京某租科技发展有限公司（以下简称某租公司）经营，提交了 2016 年 3 月 10 日和 2016 年 7 月 27 日"某租网"网站中"关于某租"信息的网页打印件，上述网页中均显示某租公司自称其系"××"网站的经营人，庭审中，原、被告通过本院电脑连接本院外网，进入工信部 ICP/IP 地址/域名信息备案管理系统进行查询，"××"网站目前的主办单位为案外人某租公司，审核通过时间为 2016 年 4 月 19 日。原告认为，上述证据形成时间均在原告进行侵权取证之后，仅能证明 2016 年 3 月 10 日之后案涉网站由案外人某租公司运营，不能证明案涉侵权行为发生时，该网站的实际管理人为某租公司。为此，本院向上海市通信管理局调查"haozu.com"域名的备案主体信息，根据上海市通信管理局调取的证据显示，域名为"haozu.com"的网站首页网址为××，网站名称为某租网，网站备案 / 许可证号为 B2 — 20090008，自 2010 年 11 月 25 日起一直由被告上海某家公司主办，网站负责人为夏某某，2016 年 3 月 28 日注销网站。

被告北京某八公司提交了被告上海某家公司成立时的《验资报告》，证明其已出资到位，但被告北京某八公司未提交证据证明被告上海某家公司财产独立于股东自己的财产。

【案件争点】

1. 原告是否为案涉图片的著作权人；

2. 二被告是否实施了侵权行为、是否需要承担责任以及需要承担何种责任的问题。

【裁判摘要】

法院经审理认为：

本系列案案涉的 20 幅图片系借助器械在感光材料或者其他介质上记录客观物体形象的艺术作品，具有独创性和美感，系受我国《著作权法》保护的摄影作品。

1. 关于原告是否系案涉摄影作品的著作权人的问题。首先，原告称案涉的摄影作品由其员工范某拍摄，庭审中，原告提供了其电脑中关于案涉摄影作品的原始数码照片，展示了摄影作品的属性，其中所显示拍摄的器械与范某庭审中提供的摄影器械型号相符；其次，原告与范某签订了协议，约定范某在原告公司就职期间所拍摄的摄影作品著作权由原告所有，原告亦对案涉作品作出了著作权声明，并可以说明案涉摄影作品的拍摄时间；最后，根据原告提交的（2016）深南证字第 1920 号《公证书》，原告于 2015 年 6 月 18 日至 2015 年 9 月 7 日间将案涉摄影作品上传至其经营的 www.diandianzu.com 网站，并印有"点点租"和"野猪图形"水印，上述文字与图形原告已申请注册商标，虽然被告上海某家公司网站上传的案涉图片也有"某租"的水印，但二被告未能提供证据证明被告上海某家公司的网站上案涉图片上传时间早于原告网站上案涉图片的上传时间，亦未能证明早于原告网站上传案涉图片的时间，通过公开渠道能够搜索到案涉图片。故在无相反证据证明的情况下，法院认为案涉摄影作品著作权归原告所有。

2. 关于二被告是否实施了侵权行为、是否需要承担责任以及需要承担何种责任的问题。原告对侵权行为进行证据保全公证的时间为 2015 年 10 月 23 日和 2015 年 11 月 9 日，根据法院从上海市通信管理局调取的证据可以确定，某租网（××）自 2010 年 11 月 25 日至 2016 年 3 月 28 日间的主办单位登记为被告上海某家公司，被告上海某家公司提交的关于某租网上申明经营人为案外人某租公司的网页打印件形成日期为 2016 年 3 月 10 日和 2016 年 7 月 27 日，且根据工信部 ICP/IP 地址 / 域名信息备案管理系统所登记的信息，案外人某租公司于 2016 年 4 月 19 日才成为某租网的备案主体，故被告上海某家公司无法证明原告公证取证时由案外人某租案公司经营案涉网站，而该时间内被告上海某家公司才是某租网的主办单位，该网站对外的法律责任均应由被告上海某家公司承担。被告上海某家公司未经原告许可，在其经营的网站上使用的 20 张图片与原告享有著作权的 20 张摄影作品内容一致，原告主张的案涉图片已在其网站上公开发表，被告上海某家公司有接触到该作品的可能性，上海某家公司未提交其使用案涉图片具有合法来源的证据，因此被告上海某家公司的行为已构成对原告著作权的侵犯，其应承担停止侵权、赔偿损失的责任。被告上海某家公司称其网站上已将案涉摄影作品予以删除，原告对此亦予确认，对原告关于此方面的诉讼请求法院不再进行处理。关于赔偿数额，原告未举证证明其实际损失或被告上海某家公司的违法所得数额。原告提交的《图片使用许可合同》只是其与案外人之间关于图片许可使用费的约定，与本系列案无关；其提交的《物业租赁代理合同》亦不能作为确定本系列案损失的认定标准。综合被告上海某家公司的侵权程度，侵权行为的情节，原告作品的类型、内容，以及原、被告经营业务相同等因素，原告各案主张的人民币 8000 元赔偿数额过高，法院不予全部支持，酌定为人民币 2000 元，本系列案共 20 案，共计人民币 4 万元。原告提交的维权合理开支很多并非仅针对本系列案而支出，且其提交的公证费、知识产权调查费发票明显偏高，法院不予全额支持，酌定各案为人民币 1000 元，本系列案共 20 案，共计人民币 2 万元。被告上海某家公司为一人有限责任公司，被告北京某八公司系其唯一投资人和股东，其不能证明公司财产独立于股东自己的财产，应当对本系列案中被告上海某家公司的债务承担连带责任。

三、裁判规则提要

房地产中介机构以房源和客源两类信息为主要经营资源，因此房源信息直接影响房地产中介机构的经营利益和竞争利益。随着数字经济的高速发展，房地产中介机构越来越依赖互联网进行房源信息展示和传播，随之而来的房源数据搬运行为也越来越常见，法院在审理涉及房源搬运的案件时可注意以下几方面：

1. 法院应基于原告主张判断房源数据是否涉及相关权益。

房地产中介机构在面对房源信息抓取、存储和传播行为时，可以选择基于单独的房源图片主张著作权侵权，也可以基于房源数据集合整体带来的竞争性权益主张不正当竞争。法院应当基于案件原告的具体诉求进行审判，当其基于数据集合带来的竞争性权益主张房源搬运行为构成不正当竞争时，其是否对房源数据享有著作权不影响对案件行为的认定。

2. 主张著作权的裁判规则。

首先，房地产中介机构员工自行拍摄的房源图片，系其借助器械在感光材料或者其他介质上记录客观物体形象的艺术作品，具有独创性和美感，是受我国《著作权法》保护的摄影作品。在房地产中介机构与其员工明确约定了工作期间创作的作品权属时，法院可以根据《著作权法》第18条关于职务作品的规定，判断案涉作品著作权的归属。其次，其他房地产中介机构搬运房源图片构成著作权侵权的要件包括：（1）未经著作权人许可使用相关摄影作品；（2）无法证明使用相关摄影作品的合法来源。如满足上述两点，法院可认定案涉房地产中介机构的房源搬运行为构成著作权侵权，应当承担停止侵权及赔偿损失的责任。

3. 主张不正当竞争的裁判规则。

第一，一家房地产中介机构经过长期、大量的资金、技术、服务等经营成本的投入建立的房源数据集合，是其吸引客源、撮合房产交易的重要经营资源，房地产中介机构基于房源数据建立的市场竞争优势本质上是竞争性权益，应当受到《反不正当竞争法》的保护。随着数字经济的高速发展，大型房地产中介机构已经建立了完备的线上房源信息展示平台，由于我国采取多边委托，房源信息是非公开信息，不同房地产中介机构可以通过客户委托的方式取得同一房源信息。享有公开数据的房地产中介机构对于他人合法收集或利用其平台中的公开数据负有一定程度的容忍义务，以避免阻碍互联网平台的互联互通以及社会福祉的提升。但是，这并不意味着其他经营者可以不受任何限制地获取和使用该类公开数据，而应当受到《反不正当竞争法》的约束，遵循自愿、平等、公平、诚信的原则，遵守法律和商业道德，且不得扰乱市场竞争秩序或损害其他经营者或者消费者的合法权益。

第二，在具体案件的审判中，法院可以根据《反不正当竞争法》第 2 条对房源信息搬运等第二章规定以外的市场竞争行为予以规范。房源搬运行为虽不是《反不正当竞争法》第二章中明确规定的具体侵权行为，但是《反不正当竞争法》作为管制市场竞争秩序的法律不可能对各种行为方式都作出具体化和预见性的规定，第二章的相关条款亦不足以涵盖所有的、尤其是新型的不正当竞争行为，因此《反不正当竞争法》第 2 条的适用要件主要考虑以下三点：（1）法律对该种竞争行为未作出特别规定；（2）其他经营者的合法权益因该不正当竞争行为而受到了损害；（3）该种不正当竞争行为因确属违反诚信原则和公认的商业道德而具有不正当性及可责性。第一点已由上文提及，现不再赘述。关于第二点"其他经营者的合法权益因该不正当竞争行为而受到了损害"，法院在审理时可考虑以下几点：（1）房源信息是开展房产交易的前提和基础，能够带来竞争优势和交易机会；（2）房源信息抓取搬运等行为会导致竞争优势和交易机会被剥夺。房源信息搬运行为使得案涉数据在其他具有竞争关系的房产信息平台以及社交媒体中大量传播，抢夺了本属于房源信息集合生产者的用户流量，使得投入了大量资源搭建房源信息集合的房地产中介机构流失了大量交易机会，因此遭受了损害。由于不正当竞争行为是一种扰乱社会经济秩序，损害他人依法从事合法经营、公平参与市场竞争的行为，通常情况下，只要行为人从事了不正当竞争行为，即可认定其构成不正当竞争，无须要求实际损害尤其是经济损失的发生。因此，此点中的"损害"包括已发生的损害，也包括今后可能发生的损害，主张竞争性权益的房地产中介机构无须证明其遭受的具体损失数额，法院需要根据案涉行为的性质、损害形式和内容对损害的可能性进行综合判断。关于第三点"该种竞争行为因确属违反诚信原则和公认的商业道德而具有不正当性及可责性"，首先，诚信原则是民法的基本原则，是民事活动最为基本的行为准则，它要求人们在从事民事活动时，讲究信用，恪守诺言，诚实不欺，用善意的方式取得权利和履行义务，在不损害他人利益和社会公共利益的前提下追求自身的利益。在《反不正当竞争法》意义上，诚信原则更多体现为公认的商业道德，需要根据特定商业领域、商业模式等个案情形具体确定。在依靠客源和房源信息竞争的房地产中介领域，公认的商业道德是其他房地产中介机构不得以不正当手段复制、抄袭同业竞争者的房源或客源信息来增加自身信息量，为自身谋得更多商业利益。房源搬运行为会间接鼓励房地产中介机构或经纪人肆意攫取他人竞争资源以牟利，导致通过诚信经营、提升自身产品或服务水平获取竞争优势的房地产中介机构和房产信息平台，因交易机会和生存空间被抢占而无法从市场竞争中获得相应的回报和有效的激励，造成"劣币驱逐良币"的后果。同时，房源搬运行为助长了"虚假房源"的大量滋生和传播，损害了消费者在房产交易中极为关键的知情权、选择权和交易安全。长此以往，将严重扰乱竞争秩序，引发市场激励机制失灵，破坏房产经纪行业的竞争生态，导致符合社会需求的产品和服务供应不足，最终阻碍社会总体福利的提升。由此可见，抓取、存储和传播房源数据，属于不当利用了其他房地产中介机构的竞争利益，对数据集合的权益人的经营利益造成不良影响，侵害消费者合法权益，扰乱房地产中介行业秩序，有违该行业的商业道德。因此，在满足以上三点时，实施搬运房源的房地产中介机构构成不正当竞争。

第三，构成不正当竞争的房地产中介机构应当停止侵权和承担损失赔偿责任。法院可综合考虑侵权行为持续时间、行为范围、侵权人的经营收益等情况对赔偿责任进行判定。

四、辅助信息

《反不正当竞争法》

第二条 经营者在生产经营活动中，应当遵循自愿、平等、公平、诚信的原则，遵守法律和商业道德。

本法所称的不正当竞争行为，是指经营者在生产经营活动中，违反本法规定，扰乱市场竞争秩序，损害其他经营者或者消费者的合法权益的行为。

本法所称的经营者，是指从事商品生产、经营或者提供服务（以下所称商品包括服务）的自然人、法人和非法人组织。

《著作权法》

第十八条 自然人为完成法人或者非法人组织工作任务所创作的作品是职务作品，除本条第二款的规定以外，著作权由作者享有，但法人或者非法人组织有权在其业务范围内优先使用。作品完成两年内，未经单位同意，作者不得许可第三人以与单位使用的相同方式使用该作品。

有下列情形之一的职务作品，作者享有署名权，著作权的其他权利由法人或者非法人组织享有，法人或者非法人组织可以给予作者奖励：

（一）主要是利用法人或者非法人组织的物质技术条件创作，并由法人或者非法人组织承担责任的工程设计图、产品设计图、地图、示意图、计算机软件等职务作品；

（二）报社、期刊社、通讯社、广播电台、电视台的工作人员创作的职务作品；

（三）法律、行政法规规定或者合同约定著作权由法人或者非法人组织享有的职务作品。

第五十三条 有下列侵权行为的，应当根据情况，承担本法第五十二条规定的民事责任；侵权行为同时损害公共利益的，由主管著作权的部门责令停止侵权行为，予以警告，没收违法所得，没收、无害化销毁处理侵权复制品以及主要用于制作侵权复制品的材料、工具、设备等，违法经营额五万元以上的，可以并处违法经营额一倍以上五倍以下的罚款；没有违法经营额、违法经营额难以计算或者不足五万元的，可以并处二十五万元以下的罚款；构成犯罪的，依法追究刑事责任：

（一）未经著作权人许可，复制、发行、表演、放映、广播、汇编、通过信息网络向公众传播其作品的，本法另有规定的除外；

（二）出版他人享有专有出版权的图书的；

（三）未经表演者许可，复制、发行录有其表演的录音录像制品，或者通过信息网络向公众传播其表演的，本法另有规定的除外；

（四）未经录音录像制作者许可，复制、发行、通过信息网络向公众传播其制作的录音录像制品的，本法另有规定的除外；

（五）未经许可，播放、复制或者通过信息网络向公众传播广播、电视的，本法另有规定的除外；

（六）未经著作权人或者与著作权有关的权利人许可，故意避开或者破坏技术措施的，故意制造、进口或者向他人提供主要用于避开、破坏技术措施的装置或者部件的，或者故意为他人避开或者破坏技术措施提供技术服务的，法律、行政法规另有规定的除外；

（七）未经著作权人或者与著作权有关的权利人许可，故意删除或者改变作品、版式设计、表演、录音录像制品或者广播、电视上的权利管理信息的，知道或者应当知道作品、版式设计、表演、录音录像制品或者广播、电视上的权利管理信息未经许可被删除或者改变，仍然向公众提供的，法律、行政法规另有规定的除外；

（八）制作、出售假冒他人署名的作品的。

《最高人民法院关于适用〈中华人民共和国反不正当竞争法〉若干问题的解释》

第三条　特定商业领域普遍遵循和认可的行为规范，人民法院可以认定为反不正当竞争法第二条规定的"商业道德"。

人民法院应当结合案件具体情况，综合考虑行业规则或者商业惯例、经营者的主观状态、交易相对人的选择意愿、对消费者权益、市场竞争秩序、社会公共利益的影响等因素，依法判断经营者是否违反商业道德。

人民法院认定经营者是否违反商业道德时，可以参考行业主管部门、行业协会或者自律组织制定的从业规范、技术规范、自律公约等。

房地产中介纠纷案件裁判规则第 2 条：

房地产中介机构所掌握的房源信息是其从事房地产中介活动的重要基础，具备经济价值，如其采取设置权限、签署保密协议等保护措施，应当认定为商业秘密

【规则描述】 　　商业秘密，是指不为公众所知悉，具有商业价值，并经权利人采取相应保密措施的技术信息、经营信息等商业信息。房地产中介机构以提供房地产信息咨询服务为其重要服务内容，向公众提供买卖或租赁房源信息是其重要的经营活动和收入来源。在房地产中介机构为掌握的房源信息付出相应的人力和物力成本，且采取设置权限、签署保密协议等必要保护措施时，因此，房地产中介机构所掌握的房源信息具备秘密性、保密性及价值性的特征，应当认定其掌握的房源信息为商业秘密。

一、类案检索大数据报告

　　案例来源：Alpha 案例库，案件数量：10 件，数据采集时间：2023 年 10 月 31 日，本次检索共获取相关房地产中介纠纷案件裁判文书 10 篇。

　　如图 2-1 所示，从案件主要地域分布来看，此类案件主要集中在北京市和河南省，占比均为 20.00%。

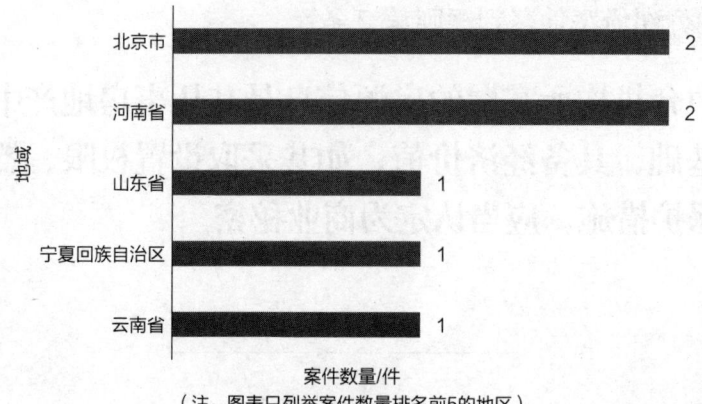

（注：图表只列举案件数量排名前5的地区）

图2-1　案件主要地域分布情况

如图2-2所示，可以看到此类案件的审理程序分布状况。一审案件有9件，二审案件有1件。

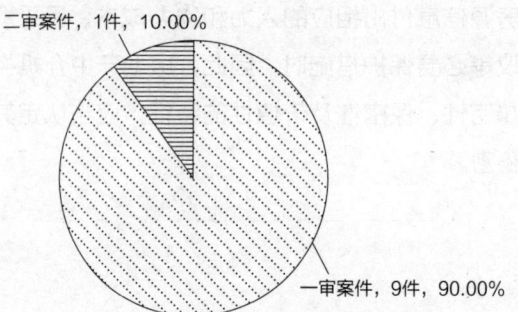

图2-2　案件的诉讼程序分布情况

如图2-3所示，通过对二审裁判结果的可视化分析可以看到，维持原判的有1件，占比100.00%。

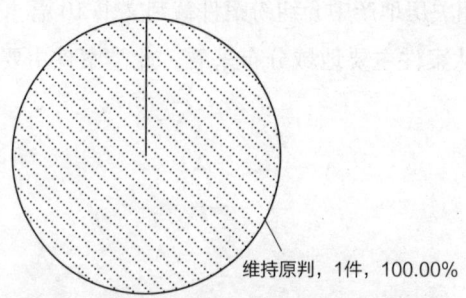

图2-3　二审裁判结果情况

二、可供参考的例案

例案一：宝鸡某房企业管理有限公司与李某某、宝鸡某城梦想房地产有限公司侵害商业秘密纠纷案

【法院】

陕西省宝鸡市中级人民法院

【案号】

（2020）陕 03 民初 46 号

【当事人】

原告：宝鸡某房企业管理有限公司

被告：李某某

被告：宝鸡某城梦想房地产有限公司

【基本案情】

原告宝鸡某房企业管理有限公司（以下简称某房公司）在宝鸡有 70 余家加盟店，在业内具有一定的影响力。第二被告宝鸡某城梦想房地产有限公司（以下简称某城梦想公司）系某找房旗下的某世纪房产的加盟店，系原告的竞争对手。2019 年 9 月 24 日，第一被告李某某与原告某房公司的加盟店宝鸡某房广园路分行签订了经纪人合作协议，成了原告加盟店的合作经纪人，当天，原告与第一被告签订了保密协议，约定第一被告在担任原告加盟门店经纪人期间，原告通过培训、技术交流、技术指导等方式使第一被告掌握了技术及业务方面的机密内容，包括薪酬、人事情报等，此后原告对第一被告进行了多方面的业务指导。为了方便业务交流，原告某房公司在微信上为加盟店所有合作经纪人建立了微信群，第一被告李某某也属于群内成员之一。但因微信群中的所有成员均掌握某房公司人事方面的信息和情报，且原告及合作经纪人经常在群中交流业务、技术，故通过设置入群批准的方式，对经营秘密进行保密，若进群必须经过原告授权的总经理助理姚某某审核同意。12 月 16 日，第一被告李某某申请将另外一头像与第一被告一模一样、名称为"某房小李"的微信号拉入群中，并告知群管理员姚某某这个微信号也是他自己，姚某某误以为真，故同意了该申请，批准"某房小李"进入微信群。"某房小李"进入微信群后，以李某某的名义挨个将微信群中的成员加为好友。此后，该微信号给所有其通过微信群加为好友的某房加盟店合作经纪人，发送了第二被告某城梦想公司的招聘信息，信

息内容为："宝鸡某城房地产公司（公园路店）招聘房产经纪人 10 名，待遇……联系电话：1303848×××。"经调查得知，该微信号根本不是第一被告李某某使用，而是第二被告某城梦想公司的法定代表人李某 1 在使用，李某 1 系第一被告李某某的亲哥哥。现"某房小李"微信号已经更名为"某壳找房1303848×××"，头像为某壳房产中介的宣传头像。综上，原告某房公司精心培养的优秀经纪人是原告的经营资源，他们掌握了大量的甚至只有某房公司独家所有的房源信息及客户资料，人事信息属于原告的商业秘密，原告通过入群需经过管理员批准的方法对人事情报进行保密。原告某房公司对第一被告李某某进行了多方面的培养，使其掌握了一定的房屋中介技术、房源信息及某房加盟门店经纪人的人事信息，第一被告违反了《保密协议》的约定，以欺骗的方式配合原告的竞争对手骗取了进入某房合作经纪人内部微信群的资格，变相盗取了原告的人事信息，第二被告某城梦想公司作为原告的竞争对手，以欺诈的不正当手段获取原告的商业秘密，企图挖取原告精心培养的优秀经纪人及经纪人掌握的原告更多的商业秘密，获取不当利益。二被告实施了上述违法行为，应当依法承担相应的法律责任。故提出诉讼请求：（1）判令二被告立即停止对原告人事情报信息的侵犯；（2）判令二被告向原告公开赔礼道歉；（3）判令第一被告李某某向原告支付违约金 10 万元，律师调查费、代理费 3500 元；（4）判令本案诉讼费由二被告承担。

被告李某某辩称：（1）其没有侵害原告某房公司商业秘密的主观故意。原告诉称其和李某 1 串通骗取原告商业秘密、人事信息不是事实，李某 1 收回电话号码"1303848×××"并退出"某房大家庭交流群"后，使用该号码在朋友圈和微信群发布招聘信息，与原告无关。（2）其没有造成对原告某房公司商业秘密的实际损害。关于人事信息，在房地产中介市场上是共享开放、互通有无的，可以通过多种渠道获取。虽然第二被告某城梦想公司发布了招聘信息，但从原告处没有一人应聘到第二被告处工作，没有给原告造成实际损害后果。（3）保密协议是霸王条款，是无效的，其不认可。原告某房公司没有向其支付保密费，其没有义务执行该协议，该协议所称的秘密只是原告自认的秘密，实际上不是法律意义上的商业秘密。

某城梦想公司辩称：（1）不存在"骗取入群、变相盗取信息"的事实。李某某从西安回宝鸡找工作，在原告某房公司处办理入职手续时填写的紧急联系人和联系电话就是第二被告的法定代表人李某 1。李某 1 出于对弟弟工作的支持为其办理了"1303848×××"的号码并送他一部手机，根本不存在原告诉称的以欺骗方式入群、变相盗取原告人事情报信息的情形。（2）因李某某经常玩手机游戏，影响他人休息，李某1收回手机，并退出了"某房大家庭交流群"。2019年12月27日，李某1在手机上添加了一些微信好友，将头像由原来的"某房小李"更改为"A某壳找房1303848×××ｘ"，于12月29日在微信好友群中发了招聘信息，并非在原告某房公司的"某房大家庭交流群"发布。（3）原告某房公司所谓的房源信息不属于商业秘密。原告房源是通过互联网数据手段复制、变更而来，没有秘密可言，不属于商业秘密。（4）不存在侵犯原告某房公司房产经纪人人事信息的事实。关于人事信息，在房地产中介市场上是共享开放、互通有无的，可以通过多种渠道获取。（5）原告提醒后李某1立即停止了1303848×××ｘ的使用。（6）保密协议是霸王条款，是无效的。（7）李某1用自己微信在自己的朋友圈发布招聘信息，没有侵犯原告某房公司的任何权利。

法院经审理认定：原告某房公司于2017年12月8日成立，经营范围主要为房地产经纪、中介服务、代理、销售及信息咨询、房屋租赁等，在宝鸡有多家加盟店。2019年9月24日，被告李某某应聘到原告某房公司旗下加盟店宝鸡市渭滨区某居房产信息经营部，双方及原公司签订了经纪人合作协议及保密协议书，在保密协议书中约定："鉴于乙方（李某某）在担任丙方（甲方加盟门店）经纪人期间，已经知悉或掌握甲方（某房公司）的商业秘密，甲方通过培训、技术交流、技术指导等方式，使乙方掌握了甲方技术及业务方面的机密内容。现甲、乙、丙经充分协商一致后共同订立本协议：第一条乙方保证无论是否在职，乙方应对其在担任甲方加盟门店经纪人期间接触、知悉的甲方商业秘密承担保密义务，乙方在保密期限内不得将知悉的甲方商业秘密泄露给第三方或擅自使用甲方商业秘密。保密期限为甲方宣布解密之日止……"为方便业务交流，原告在微信上为加盟店所有合作经纪人建立了微信群，并由总经理助理姚某某进行管理，因微信群内容涉及交流业务、技术及人事方面的信息，入群须经管理人的审核同意批准。被告李某某系原告某房公司经纪人，属于群内成员之一。2019年12月16日，被告李某某申请将名称为"某房小李"的微信号（1303848×××ｘ）加入群中，并告知群管理员此微信号也是他自己的，管理员通过验证批准入群。该微信号入群后，将群内其他成员加为好友，后李某1使用该微信号向所有好友发送了被告某城梦想公司的招聘信息，内容为："宝鸡某城房地产公司（公园路店）招聘房产经纪人10名，要求：……待遇：……联系电话1303848×××ｘ。"该微信号于2019年11月底退群。被告李某某于2020年1月离开原告某房公司旗下加盟店，同年3月初到某城梦想公司就职。

另查，李某某与某城梦想公司法定代表人李某1系亲兄弟。手机号（微信号）

为 1303848×××× 的机主为李某1。

再查，某城梦想公司成立于2019年7月2日，经营范围为：房屋销售、房屋租赁、二手房交易以及房地产营销策划、房屋信息咨询、物业管理、家政服务、楼盘代理、装饰装修工程、园林绿化工程。

【案件争点】

1. 原告主张的相关信息是否系商业秘密；

2. 被告行为是否构成侵犯商业秘密及赔偿数额如何认定。

【裁判摘要】

法院经审理认为：

1. 关于商业秘密，《反不正当竞争法》第9条规定："经营者不得实施下列侵犯商业秘密的行为：（一）以盗窃、贿赂、欺诈、胁迫、电子侵入或者其他不正当手段获取权利人的商业秘密；（二）披露、使用或者允许他人使用以前项手段获取的权利人的商业秘密；（三）违反保密义务或者违反权利人有关保守商业秘密的要求，披露、使用或者允许他人使用其所掌握的商业秘密；（四）教唆、引诱、帮助他人违反保密义务或者违反权利人有关保守商业秘密的要求，获取、披露、使用或者允许他人使用权利人的商业秘密。经营者以外的其他自然人、法人和非法人组织实施前款所列违法行为的，视为侵犯商业秘密。第三人明知或者应知商业秘密权利人的员工、前员工或者其他单位、个人实施本条第一款所列违法行为，仍获取、披露、使用或者允许他人使用该商业秘密的，视为侵犯商业秘密。本法所称的商业秘密，是指不为公众所知悉、具有商业价值并经权利人采取相应保密措施的技术信息、经营信息等商业信息。"本案原告主张的商业秘密为经纪人人事信息、房源信息等。被告李某某作为原告某房公司旗下加盟店宝鸡市渭滨区某居房产信息经营部合作经纪人，与原告及该加盟店共同签订保密协议，其中约定包括人事、房源、技术、经营等信息为约定的商业秘密。原告某房公司作为以房屋中介为主业的营利性公司，该商业秘密存在潜在的市场价值，能带来竞争优势，对其具有商业价值，且经保密协议措施进行保护，应认定原告主张的相关信息系商业秘密。

2. 原告某房公司在开展业务过程中建立了包括被告李某某在内的微信工作群，李某某应明知该群是工作交流群，群内人员信息、房源信息等均应遵照保密协议约定履行保密义务，但其未将群内信息予以保护，将手机交由其哥哥李某1使用，李某1系某城梦想公司法定代表人，该公司经营范围中包括房屋中介相关业务，李某1法庭陈述其发布招聘信息部分来源于李某某使用手机内已存相关信息，二被告的行为违反了《反不正当竞争法》第9条之规定，均可认定为侵犯原告所保护商业秘密的行为。该法第17条规定："经营者违反本法规定，给他人造成损害的，应当依法承担民事责任。经营者的合法权益受到不正当竞争行为损害的，可以向人民法院提起诉讼。因不正当竞争行为受到损害的经营者的赔偿数额，按照其因被侵权所受到的实际损失确定；实际损失难以计算的，按照侵权人因侵权所获得的利益确定。经营者恶意实施侵犯商业秘密行为，情节严重的，可以在按照上述方法确定数额的一倍以上五倍以下确定赔偿数额。赔偿数额还应当包括经营者为制止侵权行为所支付的合理开支。经营者违反本法第6条、第9条规定，权利人因被侵权所受到的实际损失、侵权人因侵权所获得的利益难以确定的，由人民法院根据侵权行为的情节判决给予权利人五百万元以下的赔偿。"二被告侵权行为成立，应承担侵权民事赔偿责任。本案中，原告某房公司主张第一被告李某某承担违反保密协议的违约责任，要求支付违约金10万元，赔偿维权费用3500元，主张第二被告某城梦想公司承担停止侵权、赔礼道歉，因原告诉讼以侵犯商业秘密为主要事实依据，故法院认定其所诉为侵权之诉，二被告应共同承担立即停止侵权责任，原告未举证证明二被告的行为对其公司名誉造成了不良影响，故对其要求公开赔礼道歉的诉讼请求不予支持。

例案二：承德市某合房地产经纪有限公司与丁某某侵害商业秘密纠纷案

【法院】

河北省承德市中级人民法院

【案号】

（2019）冀08民初120号

【当事人】

原告：承德市某合房地产经纪有限公司

被告：丁某某

【基本案情】

原告承德市某合房地产经纪有限公司（以下简称某合公司）诉称，被告丁某某曾系原告某合公司的二手房经纪人，负责向原告引荐客户资源，并就订立房屋买卖合同等事项提供居间服务。被告丁某某在原告某合公司工作期间，故意记录和保存了原告公司内部其他员工的系统登录密码和相关应用程序。被告丁某某离职加入某牛房产公司后，通过事先保存的原告某合公司的应用程序，借助技术手段秘密侵入原告计算机管理系统，窃取原告4套独家房源信息，并擅自将该房源信息录入与原告具有业务竞争关系的某牛房产公司的房屋销售媒介上进行公开销售。同时，被告丁某某还浏览并掌握了大量涉及原告某合公司以及员工的秘密信息。综上所述，被告丁某某严重侵害原告某合公司商业秘密的行为，给原告造成了难以估量的经济损失和不可弥补的巨大商业损失。故原告某合公司诉至贵院，请求支持原告诉讼请求，以维护原告的合法权益和社会的正常经济秩序。提出诉讼请求：（1）请求依法判令被告消除影响并公开向原告赔礼道歉；（2）请求依法判令被告赔偿原告经济损失10万元；（3）请求依法判令被告承担本案全部诉讼费用。

被告丁某某未进行答辩。

法院经审理认定：2018年3月29日，被告丁某某到原告某合公司工作，原告某合公司作为甲方，被告丁某某作为乙方签订了《居间服务协议》，其中第1条居间服务内容约定"甲方委托乙方为二手房经纪人对所设立的项目提供信息、客户资源等居间服务，向甲方报告订立合同的机会或者提供订立合同的媒介，并按照甲方要求完成项目引资相关的居间服务"。第3条约定"乙方应当对本协议的内容、因履行本协议期间获得的或收到的甲方的商务、财务、技术、产品的信息、用户资料或其他表明保密的文件或信息的内容（简称：保密资料）保守秘密，未经甲方书面事先同意，不得向本协议以外的任何第三方披露。乙方可仅为本协议目的向其确有知悉必要的客户披露对方提供的保密资料，但同时须指示其客户遵守本条规定的保密及不披露义务，乙方应仅为本协议目的而复制和使用保密资料，除非得到另一方的书面许可，乙方不得将本协议中的内容及在本协议执行过程中获得的对方的商业信息向任何第三方泄露"。第5条协议期限约定"本协议有效期六个月，自双方签署协议之日起，期满后双方无异议可自动顺延，顺延期满，以此类推"。第7条"法律关系"中约定"甲方与乙方之间的法律关系为居间合同法律关系，甲方和乙方之间不构成任何劳动关系，乙方不具有甲方任何类别的员工身份"。签订《居间服务协议》的同时，被告丁某某阅读了《某合公司员工手册》和《某合公司二手房员工岗位职责》，签订了《某合地产保密协议》《知情同意书》。

在工作期间，被告丁某某私自记录了原告某合公司其他员工及管理人员的电脑系统登录密码和相关应用程序。2018年10月15日，被告丁某某离职，并与原告某合公司签订了《离职协议》。

2019年7月29日，被告丁某某利用其掌握的原告某合公司电脑系统登录密码和相关应用程序私自登录某合公司管理系统时，发现有4套新的房源，即将该4套房源信息登录到其工作的某牛公司的二手房销售网上，第二天被发现后，即将该房源从某牛网中删除。2019 年 8 月 15 日，原告某合公司经理张某某与被告丁某某解决被告私自侵入原告计算机网络系统盗取信息问题时，被告丁某某出具了《关于登录某合管理系统盗取房源的情况说明》，经理张某某在该说明上签字认可该说明陈述的内容。被告丁某某在该说明中承认盗取 4 套房源的事实，并保证 3 年内不再从事与房地产相关的工作。

【案件争点】

1. 原告主张信息是否为商业秘密；

2. 被告行为是否构成侵犯商业秘密及赔偿数额如何认定。

【裁判摘要】

法院经审理认为：

1. 商业秘密应当具有秘密性、实用性、保密性，即该权利人掌握的信息不为公众所知悉，具有商业价值能够为权利人带来经济利益，且权利人对掌握的信息采取了保密措施。原告某合公司为从事房屋买卖居间代理、房屋租赁居间代理等经营内容的中介机构，其客户委托的业务信息为原告独自享有的信息资源，非经原告允许，其他人不可获得；原告某合公司利用掌握的信息资源从事居间代理活动，从而获得收益，其掌握的信息资源具有经济价值；原告某合公司为保证独自享有信息资源，对进入企业网络信息系统的员工按照工作性质、职级分别设置了密码，每名员工只能获得自己职级范围内的信息情况。被告丁某某入职原告某合公司时签订了《居间服务协议》《保密协议》，对企业相关保密规定知悉，但被告丁某某却在工作期间私自窃取原告单位及其员工的网关密码，并在离职后擅自侵入原告的网络系统，窃取原告的商业信息资料，其行为已构成侵害商业秘密，被告应对其侵权行为承担惩罚性赔偿责任。

2. 鉴于原告某合公司所举证据均为自己认为可能获得的利益损失，未能举出给其造成损失或被告丁某某因此获益情况的充分证据，法院对原告请求判令被告丁某某赔偿 10 万元损失的请求不予支持。综上所述，被告丁某某侵权事实成立，应进行惩戒并承担赔偿责任。原告虽未能举出被告的行为给其造成损失或被告因此获益情况的充分证据，但客观上对原告的经营收益已构成影响，故法院综合考虑原告企业规模、行业通行收费情况、被告侵害方式、侵害持续时间及对原告收益的影响等具体情况，酌定由被告赔偿原告 2 万元。

例案三：宁津县某街坊房屋信息中介部与赵某侵害商业秘密及竞业限制纠纷案

【法院】

山东省德州市中级人民法院

【案号】

（2016）鲁 14 民初 14 号

【当事人】

原告：宁津县某街坊房屋信息中介部

被告：赵某

【基本案情】

原告宁津县某街坊房屋信息中介部（以下简称某街坊）诉称，2014 年 11 月 5 日，被告赵某受聘于原告某街坊，在原告某街坊从事房屋中介业务，双方签订了聘用协议，2015 年 4 月 10 日被告赵某离职。被告赵某在职期间，以个人名义窃用原告某街坊房屋信息购买府荣嘉园（诉状中笔误书写为"福荣家园"）北楼 3 单元 × 室，购买后被告赵某没有向原告某街坊缴纳相关费用，造成原告某街坊经济损失。被告赵某离职后多次利用原告某街坊处房屋信息从事房屋中介活动，给原告某街坊带来无法弥补的损失及不良的社会影响，被告赵某的违约行为严重侵害了原告某街坊的合法权益，特诉至法院，请求判令：（1）被告赵某赔偿原告某街坊各项损失共计 2 万元。（2）被告赵某两年内不得在宁津县区域内从事房屋中介业务，停止对原告某街坊的侵权，删除侵权网页。故提出诉讼请求：（1）被告赵某赔偿原告某街坊各项损失费计 2 万元。（2）被告赵某两年内不得在宁津县区域内从事房屋中介业务，停止对原告某街坊的侵权，删除侵权网页。

赵某辩称：（1）原告某街坊与其之间是劳动合同关系，本案应适用劳动仲裁程序处理，原告某街坊没有权利直接向法院起诉。（2）原告某街坊处不存在商业秘密，其也没有侵害其商业秘密。原告某街坊应当提供证据证明其存在商业秘密。（3）双方签订的用工协议中约定的竞业限制条款没有约定补偿金，显失公平，竞业限制条款无效，该条款对双方不具有约束力。（4）原告某街坊所诉没有向其交纳费用及损失的主张没有事实和法律依据。

法院经审理认定：2014 年 11 月 5 日，被告赵某填写了一份《某街坊地产中介公司招聘报名表》后，应聘到原告某街坊处从事房屋中介服务工作，双方签订了一份《员工聘用协议》，该协议第5条约定"乙方（赵某）在一年内离职者须向公司缴纳1000元培训费用"；第6条约定"乙方保证不向任何第三方泄露在工作过程中知悉的包括但不限于业务流程、商业秘密、客户资料等商业机密"；第7条约定"乙方保证离职后一年内不受聘于与甲方（某街坊）有竞争关系的公司或自己投资入股与甲方有竞争关系的公司"，其中第7条中打印体"一"变更为手写体"两"。同日，原、被告双方还签订了一份《保密协议书》，协议第1条约定"甲乙双方确认，关于甲方的秘密信息包括商业秘密、客户秘密，无论是否明确规定，均包含了职务成果、甲方依约或依法对第三方负有保密责任的第三方秘密"；第7条约定"甲、乙双方均应严格执行本协议，任何一方违约给对方造成损失，应按国家法律法规及本协议约定内容承担全部赔偿责任"；第9条约定"乙方违反本保密协议的约定，甲方有权解除与乙方的劳动关系，并追究乙方最少1000元的赔偿金"。2015年4月10日，被告赵某向原告某街坊提交了一份《辞职报告》后离职，《辞职报告》中记载"工资已结清，自愿申请离职，本公司程序不予对外泄露"。被告赵某质证后认可《某街坊地产中介公司招聘报名表》《员工聘用协议》《保密协议书》及《辞职报告》的真实性，但主张《员工聘用协议》中手写体"两"年是事后添加的，原为打印体"一"年。

庭审过程中，原告某街坊明确其在诉状中所主张的2万元损失其中的1000元是因被告赵某违反竞业限制条款而应当赔偿的损失数额，另外19000元是被告赵某购买房产应交纳的中介费、违约金等，1000元竞业限制违约金的依据是双方签订的《员工聘用协议》。但被告赵某主张《员工聘用协议》中约定的1000元是培训费而不是竞业限制所对应的违约金，且其并没有参加过培训，原告某街坊也没有支出该项费用。剩余的19000元损失赔偿金原告某街坊主张是因被告赵某在职期间利用职务便利窃取客户房源信息后购买了一套坐落于中心街北侧的府荣嘉园北楼3单元×室的房产，但该房产是原所有权人银某某委托原告某街坊出售的，被告赵某购买了该套房产却没有向其交纳中介费、违约金等，损失共计4万余元，仅向被告赵某主张19000元。为证明上述观点，原告某街坊提供了一份宁津县房产管理局于2015年7月23日出具的《宁津县房屋权属证明》、银某某与原告某街坊于2015年1月11日签订的《卖房委托协议》以及一份案外人崔某与原告某街坊于2015年1月17日签订的《求购房屋委托协议》。其中《宁津县房屋权属证明》记载"德宁房权证宁津县字第××号，房屋所有权人：赵某，坐落于：中心街北侧府荣嘉园北楼×单元×××，面积：123.33平方米，设计用途：住宅。于2015年2月15日办理转移登记购买于银某某（371422……），房产价值：332991元"。《卖房委托协议》是银某某与原告某街坊于 2015 年 1 月 11 日签订的，内容是银某某将其所有的府荣嘉园北楼 3 单元 × 楼西户 123.3 平方米的房产委托给原告某街坊代为出售，委托期限自 2015 年 1 月 11 日至 2016 年 1 月 10 日，佣金为 1000 元。《求购房屋委托协议》是由案外人崔某（甲方）与原告某街坊（乙方）于 2015 年 1 月 17 日签订的，协议下方有被告赵某的签字。协议第 4 条第 1 项约定"乙方为甲方提供业务咨询并介绍甲方与第三方接洽，确认有关证件，并签订相关合同协议，甲方应在房屋买卖合同签约之日按总房款的百分之一支付佣金"；第 2 项约定"自甲方委托乙方之日起 1 年内，甲方（包括但不限于甲方本人、亲属、代理人、承办人）故意隐瞒乙方而通过（无论是中介或个人）与乙方提供的第三方达成协议，一经查实则视为本次交易成功，甲方即构成违约并承担法律责任。甲方除应按总房款的百分之一支付佣金给乙方外，还应赔偿双倍应付佣金的违约金给乙方。并且乙方每日按应付佣金的 5% 向甲方收取滞纳金。乙方向甲方收取滞纳金的时间从甲方与第三方签约之日次日算起"。被告赵某对上述证据进行质证后认可上述《宁津县房屋权属证明》《卖房委托协议》及《求购房屋委托协议》的真实性，认可的确购买了府荣嘉园北楼 3 单元 × 楼西户的房产，但购买价格并非《宁津县房屋权属证明》记载的 332991 元，而是 23 万元。同时质证认为，其是在某八网站中获得银某某的售房信息再直接与银某某进行联系后购买的房产，没有给原告某街坊造成损失，即使造成损失也是银某某造成的，与被告赵某无关。被告赵某还主张《求购房屋委托协议》中的客户崔某是其带领看了 3 套房，不能证明是被告赵某给原告某街坊造成的损失。

原告某街坊主张被告赵某在其处离职后仍然从事房屋中介行业，且带走了其就职期间所获得的原属于原告某街坊的部分客户房源信息资料，并将这些客户房源信息资料提供给现就职单位使用，构成对原告某街坊商业秘密的侵害，应当停止侵权、删除侵权网页。为证明其主张，原告某街坊提供了一份录音光盘、一些照片和一份系统资料修改记录。其中根据录音光盘整理的对话记录共计 5 页，第 3 页第 20 行（录音光盘第 4 分 33 秒）记载："赵：俺这么跟你说，你的房源有一千多套，这是我个人备的份。我找来的房源，给你后我个人做的备份。备份后我个人带着走。"第 4 页第 12 行（录音光盘第 5 分 53 秒）记载："孟：还有你上边网上你发的还有爱某的帖子，你得拆了。这也是侵权，在网上。赵：侵权，侵权那个没办法，侵权你可以告我。对不对，我现在发某家的帖子，北京某家是不是也可以来告我，对不对。孟：还有一个事，你在咱那上过班，你这房源都是从那盗来的。赵：你要是有证据的话，你可以告我，我不说嘛，我个人有俺自己的备份，俺在北京也上过班，俺也有北京的备份，俺发的也有北京的帖子，难道北京某家也告我吗，你可以试试吧，对不对，俺个人有笔记本。"被告赵某质证认可对话的真实性，但主张对话中并未提到其备份原告某街坊房源信息的情况，对依据录音光盘整理的对话记录认可除第3页以外的其余内容。原告某街坊提供的侵权网页共计11张，第一张、第二张照片显示的是"爱某房屋中介"的招牌，招牌下方的电话号码为133×××2642，第三张照片显示为乐某房屋中介内部情况，第四张至第十一张照片均为网页照片，其中第四张、第五张、第七张、第十张、第十一张照片中均登记的中介联系电话为133×××2642，第五张、第七张、第九张照片中均显示中介机构名称为"爱某房屋中介"。原告某街坊主张第一张、第二张照片能够证明被告赵某离职后曾注册了与其所经营的"宁津县爱某信息中介服务部"名称相近的"宁津县爱某房屋中介"（以下简称爱某房屋中介），招牌下方的电话就是被告赵某的电话，其是该房屋中介的实际所有人。被告赵某对上述照片质证后主张认可其曾经就职于爱某房屋中介，但是爱某房屋中介的名称是因工商局注册登记错误导致的，现名称已经变更为"宁津县乐某房屋中介"（以下简称乐某房屋中介），且中介负责人均是田某某，同时认可133×××2642确为其现在仍在使用的手机号码。对第三张照片，被告赵某主张因照片模糊不发表质证意见，对第四张至第十一张照片认为只能显示房屋信息及一些售房信息，并不能证明是被告赵某发布的原告某街坊的信息，且该信息是乐某房屋中介发布的，同时认为这些房屋信息不构成商业秘密。为证明其观点，被告赵某向法庭提交了一张爱某房屋中介的营业执照的手机照片，一份乐某房屋中介的营业执照复印件以及一宗网页照片共计14张。其中两份营业执照中登记的经营者均是田某某，注册时间均为2015年4月23日。14张网页照片中显示的是2015年10月至2016年1月间某街坊、乐某房屋中介、太某房屋中介及部分个人在网上发布的出售房屋的房源信息情况，部分房源信息存在多个中介机构及房屋所有者独立发布的情形。原告某街坊对上述两份营业执照质证后认为爱某房屋中介的营业执照手机照片系伪造，且被告赵某在其处工作期间就明知原告某街坊经营者孟某燕还经营着另外一家名称为"宁津县爱某信息中介服务部"的中介服务机构，被告赵某却仍然在注册个体工商户名称时使用了"爱某"字样。对于被告赵某提供的14张网页照片原告某街坊质证后认为上述网页照片均是2015年10月3日之后甚至2016年的信息，不是被告赵某在其处工作期间获得的信息，不能证明其未侵权。原告某街坊提供的系统资料修改记录显示被告赵某在2015年2月25日11时58分至13时10分共查看租房信息8次、查看售房信息3次、修改售房2次、修改租房2次、跟进房源1次。原告某街坊主张上述记录能够证明被告赵某在工作以及非工作时间内对系统资料进行了修改。被告赵某质证后认为上述记录均是其在工作期间对信息进行的修改。

以上事实，有原告某街坊提供的《某街坊地产中介公司招聘报名表》《员工聘用协议》《保密协议书》《宁津县房屋权属证明》《卖房委托协议》《求购房屋委托协议》、录音光盘、侵权网页照片、系统资料修改记录、宁津县爱某信息中介服务部营业执照，被告赵某提供的爱某房屋中介营业执照、乐某房屋中介营业执照、14张网页照片及当事人陈述等在卷证实。

【案件争点】

1. 赵某是否应当支付某街坊竞业限制违约金1000元、是否两年内不得在宁津县区域内从事房屋中介业务；

2. 赵某是否侵犯了原告某街坊的商业秘密，是否应当停止侵权、承担19000元损害赔偿金及删除侵权网页。

【裁判摘要】

法院经审理认为：

1. 根据原告某街坊提供的《某街坊地产中介公司招聘报名表》《员工聘用协议》《辞职报告》以及被告赵某的当庭自认，能够认定被告赵某曾于2014年11月5日至2015年4月10日间受聘并在原告某街坊处工作。根据《劳动合同法》第23条"用人单位与劳动者可以在劳动合同中约定保守用人单位的商业秘密和与知识产权相关的保密事项。对负有保密义务的劳动者，用人单位可以在劳动合同或者保密协议中与劳动者约定竞业限制条款，并约定在解除或者终止劳动合同后，在竞业限制期限内按月给予劳动者经济补偿。劳动者违反竞业限制约定的，应当按照约定向用人单位支付违约金"的规定，虽然原告某街坊与被告赵某在《员工聘用协议》中约定了竞业限制条款，但在该协议中未约定竞业限制经济补偿金，原告某街坊亦没有证据证明其已向被告赵某支付了竞业限制经济补偿金，因此，根据权利义务对等原则，《员工聘用协议》第7条有关竞业限制的约定不对双方发生法律效力，原告某街坊据此要求被告赵某承担1000元竞业限制违约金及要求被告两年内不得在宁津县区域内从事房屋中介业务的请求法院不予支持。另，对于被告赵某主张违反竞业限制约定应适用劳动争议仲裁前置程序进行审理的问题，法院认为，原告某街坊主张被告赵某违反竞业限制约定的行为与侵害其商业秘密的行为具有密切关联性，且原告某街坊的诉讼请求是要求被告赵某停止侵权并赔偿损失的侵权民事责任，本案的诉讼标的是原、被告之间的侵权法律关系，并非双方之间的劳动合同法律关系。因此，本案不属于劳动争议案件，作为侵权案件，人民法院可以直接受理。

2. 原告某街坊主张被告赵某在其处就职期间利用职务便利窃取客户房源信息并与之进行房屋买卖交易、离职后在其新就职单位将其在原告处就职期间获得的客户房源信息在网上发布的行为侵害了原告某街坊的商业秘密，因此应停止侵权、承担19000元损害赔偿金并删除侵权网页。首先，关于案涉客户房源信息是否构成商业秘密。根据《反不正当竞争法》第10条第3款和《最高人民法院关于审理不正当竞争民事案件应用法律若干问题的解释》（已失效）第13条第1款的规定，商业秘密是不为公众所知悉，能为权利人带来经济利益，具有实用性并经权利人采取保密措施的技术信息和经营信息。原告某街坊作为房屋中介机构以提供房屋信息咨询服务为其重要服务内容，向公众提供租、售房源信息是其重要经营活动和收入来源，为获得房源信息原告某街坊需要付出相应的人力和物力，且原告某街坊亦通过与员工签订保密协议的方式约定客户资料为受保密协议保护的商业秘密，因此，案涉客户房源信息应属商业秘密。其次，被告赵某是否侵害了原告某街坊的商业秘密。根据《反不正当竞争法》第10条第1款第3项①"违反约定或者违反权利人有关保守商业秘密的要求，披露、使用或者允许他人使用其所掌握的商业秘密"的规定，违反权利人保守商业秘密的要求使用其所掌握的商业秘密的行为可以认定为侵害商业秘密。结合本案情况，原告某街坊提供的《卖房委托协议》能够证实坐落于宁津县中心街北侧府荣嘉园北楼3单元×室的房产原所有权人银某某曾委托原告出售上述房屋，《宁津县房屋权属证明》及被告赵某的当庭自认能够认定被告赵某与银某某进行了房屋买卖交易并于2015年2月15日办理了房屋过户手续。因被告赵某与银某某进行房屋买卖交易时其仍在原告某街坊处就职，具有获得银某某出售房屋的房源信息的便利条件，且被告赵某虽主张其获得银某某出售房屋的房源信息并非来源于原告却未能提供任何证据予以证明，故法院对原告某街坊主张被告赵某利用职务便利窃取原告客户银某某出售房屋的房源信息并与之进行交易的行为予以确认。被告赵某的上述行为符合《反不正当竞争法》第10条第1款第3项②的规定，应属侵害商业秘密的行为。最后，对于应当承担的损害赔偿额问题，原告某街坊主张依据《求购房屋委托协议》作为其员工的被告赵某应明知在其处购买房屋应支付包括佣金在内的多项费用，因此，主张依据《求购房屋委托协议》第2条的约定计算损失赔偿金19000元。根据《最高人民法院关于审理不正当竞争民事案件应用法律若干问题的解释》

---

①②　该法已于2019年4月23日修正，本案所涉法条条数修改为第9条第1款第3项。

（已失效）第 17 条"确定反不正当竞争法第十条规定的侵犯商业秘密行为的损害赔偿额，可以参照确定侵犯专利权的损害赔偿额的方法进行"及《专利法》第 65 条第 1 款[①] "侵犯专利权的赔偿数额按照权利人因被侵权所受到的实际损失确定；实际损失难以确定的，可以按照侵权人因侵权所获得的利益确定"的规定，结合本案情况，法院认为，被告赵某与原告某街坊之间并未签订《求购房屋委托协议》，双方之间不存在合同关系，原告某街坊依据《求购房屋委托协议》的约定计算被告赵某侵害其商业秘密而对其造成的损失数额缺乏事实及法律依据。但赵某利用职务便利获得原属于原告某街坊的客户银某某的信息并与之进行交易，该交易行为剥夺了原告某街坊与银某某进行交易的商业机会，使原告某街坊丧失了与银某某依照双方签订的《卖房委托协议》而获得佣金的机会，因此，被告赵某赔偿原告某街坊的损失应为银某某应当支付的佣金数额 1000 元。

3. 原告某街坊主张被告赵某在新就职单位发布原属其所有的房源信息，应当停止侵权并删除侵权网页。结合原告某街坊提交的侵权照片、录音光盘，被告赵某提供的爱某房屋中介的营业执照手机照片、乐某房屋中介的营业执照复印件以及被告赵某的当庭自认，能够认定被告赵某在原告处离职后随即进入爱某房屋中介工作，后爱某房屋中介更名为乐某房屋中介，经营者均登记为田某某。虽然原告某街坊主张被告赵某系爱某房屋中介和乐某房屋中介的实际经营者，但其提供的侵权照片仅能证明爱某房屋中介和乐某房屋中介在经营过程中使用了被告赵某的手机号码作为联系电话，不能证明被告赵某即为上述两房屋中介的实际经营者。原告某街坊提交的录音光盘虽为录音证据，被告赵某认可录音的真实性，仅主张录音中其陈述备份房源带走的话语没有听到。经过对录音光盘的播放，被告赵某在录音中多次自述将其在原告处就职期间获得的房源备份带走并发布在网上的内容，被告赵某虽在庭审过程中主张原告某街坊提供的侵权照片中载有其联系电话的房源信息系其现就职单位乐某房屋中介提供，却未能提供任何证据予以证明。被告赵某提供的 14 张网页照片仅能证明网上发布的部分房源信息存在多个中介机构及房屋所有者独立发布的情形，但与本案没有关联性，不能证明其未侵害原告商业秘密。另，原告某街坊为证明被告赵某在职期间擅自修改客户信息仅提供了一份系统资料修改记录，因该证据中记录的时间均是被告赵某在原告处就职期间的工作时间内，故仅凭该证据无法分辨被告赵某进行上述行为系职务行为还是其个人行为，故原告某街坊主张被告赵某

---

① 该法已于 2020 年 10 月 17 日修正，本案所涉法条条数修改为第 71 条第 1 款。

擅自修改房源信息的主张不予认可。综上，法院认为，原告某街坊主张被告赵某将其在原告处就职期间获得的房源信息在网上发布的主张予以认可。因原、被告双方签订的《保密协议书》系双方真实意思表示，且不违反法律、行政法规的强制性规定，应为有效合同，被告赵某应遵守《保密协议书》的约定。被告赵某在原告处工作期间所获得的房源信息系其因履行职务行为而获得的房源信息，应归原告某街坊所有，其擅自在离职后将房源信息备份带走并将其发布在网上的行为恶意明显，有违诚信原则，扰乱了正常的市场竞争秩序，构成对原告某街坊的商业秘密的侵害，应当承担停止侵权的责任。对于原告某街坊主张要求被告赵某删除所有载有被告赵某手机号码网页的主张，因原告某街坊未能提供证据证明具体网页地址，亦没有证据证明所有载有被告赵某手机号码的房源信息均系窃取自原告处的商业秘密，因此，对于该项主张原告某街坊证据不足，法院不予支持。

三、裁判规则提要

根据《反不正当竞争法》第 9 条规定，商业秘密是指不为公众所知悉、具有商业价值并经权利人采取相应保密措施的技术信息、经营信息等商业信息。由此可见，商业秘密有四个构成要件：（1）不为公众所知悉；（2）具有商业价值；（3）采取保密措施；（4）属于商业信息。

综合上述案例，法院在审理房地产中介房源信息商业秘密纠纷时，可从以下构成要件入手分析：第一，不为公众所知悉。房地产中介机构提供的房源信息咨询服务的客体包括房源所属小区信息、房源本身信息及房源交易信息。消费者需要通过房地产中介了解的房源信息是经过房地产中介机构二次分析后整理的，且需要经纪人根据消费者需求进行匹配，并非可以通过公众渠道知悉的信息。因此，具备商业秘密"秘密性"特征。第二，具有商业价值。有租购房需求的消费者选择通过房地产中介机构提供中介服务进而实现交易目的，原因在于房地产中介机构拥有大量房源信息，能够扩大商品范围和选择机会，快速匹配自身需求，提高房产交易效率、质量和安全性，促进美好居住实现。房源信息对每一个中介机构而言具有相当独特性和竞争性，因此，更多、更广泛的房源信息能够为房地产中介机构带来更多的客户资源，具有极大的商业价值。第三，采取保密措施。常见的房地产中介机构约束员工行为、保护房源信息的措施有设置员工操作权限、签署保密协议、签署竞业禁止协议等。法院在审理类似案件时可根据证据进行审查。因此，房源信息具备了"保密性"特征。第四，属于商业信息。提供房产交易咨询服务是房地产中介机构的主营业务，而咨询服务的客体是房源信息，其存在商业价值，当属于商业信息。

四、辅助信息

《反不正当竞争法》

第九条　经营者不得实施下列侵犯商业秘密的行为：

（一）以盗窃、贿赂、欺诈、胁迫、电子侵入或者其他不正当手段获取权利人的商业秘密；

（二）披露、使用或者允许他人使用以前项手段获取的权利人的商业秘密；

（三）违反保密义务或者违反权利人有关保守商业秘密的要求，披露、使用或者允许他人使用其所掌握的商业秘密；

（四）教唆、引诱、帮助他人违反保密义务或者违反权利人有关保守商业秘密的要求，获取、披露、使用或者允许他人使用权利人的商业秘密。

经营者以外的其他自然人、法人和非法人组织实施前款所列违法行为的，视为侵犯商业秘密。

第三人明知或者应知商业秘密权利人的员工、前员工或者其他单位、个人实施本条第一款所列违法行为，仍获取、披露、使用或者允许他人使用该商业秘密的，视为侵犯商业秘密。

本法所称的商业秘密，是指不为公众所知悉、具有商业价值并经权利人采取相应保密措施的技术信息、经营信息等商业信息。

第十七条　经营者违反本法规定，给他人造成损害的，应当依法承担民事责任。

经营者的合法权益受到不正当竞争行为损害的，可以向人民法院提起诉讼。

因不正当竞争行为受到损害的经营者的赔偿数额，按照其因被侵权所受到的实际损失确定；实际损失难以计算的，按照侵权人因侵权所获得的利益确定。

经营者恶意实施侵犯商业秘密行为，情节严重的，可以在按照上述方法确定数额的一倍以上五倍以下确定赔偿数额。赔偿数额还应当包括经营者为制止侵权行为所支付的合理开支。

经营者违反本法第六条、第九条规定，权利人因被侵权所受到的实际损失、侵权人因侵权所获得的利益难以确定的，由人民法院根据侵权行为的情节判决给予权利人五百万元以下的赔偿。

在新建商品房销售中，销售渠道商与房地产开发商达成协议，为楼盘输送客源、推介客户、促成房产交易的行为构成法律意义上的中介服务，其与购房人之间为合法有效的中介合同关系

【规则描述】 房地产开发商为有效促进新建商品房销售，往往会选择同房地产中介机构合作，由其融合自有或外部资源，为楼盘输送客源、推介客户，以促成房产交易。中介合同关系指中介人向委托人报告订立合同的机会或者提供订立合同的媒介服务，委托人支付报酬的合同关系。据此，房地产开发商与房地产中介机构成立房产销售服务合同，房地产中介机构作为销售渠道商与购房人成立中介合同，房地产中介结构系受购房人委托，向其提供订立合同媒介服务，购房人与房地产开发商成立商品房买卖合同。基于合同相对性，房地产中介机构作为销售渠道商有权向购房人收取中介费，购房者无权主张房地产中介机构退还房款。

一、类案检索大数据报告

案例来源：Alpha 案例库，案件数量：5739 件，数据采集时间：2023 年 10 月 31 日，本次检索共获取相关房地产中介纠纷案件裁判文书 5739 篇。

如图 3-1 所示，从案件主要地域分布来看，此类案件主要集中在广东省、北京市、河北省，占比分别为 20.94%、13.77%、12.32%。其中广东省的案件数量最多，达到 1202 件。

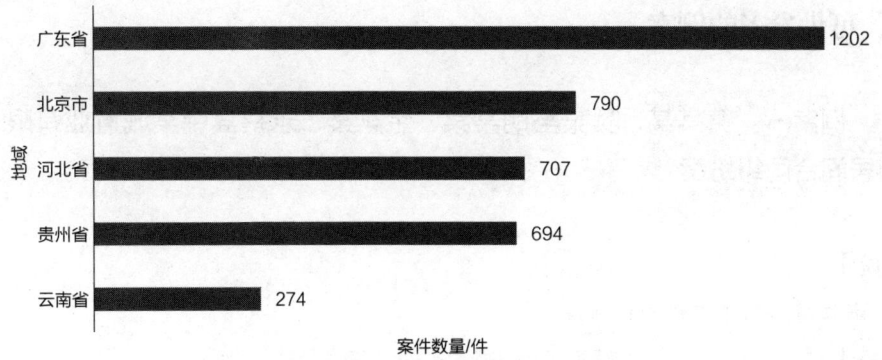

（注：图表只列举案件数量前5的地区）

图 3-1　案件主要地域分布情况

如图 3-2 所示，可以看到此类案件的审理程序分布状况。一审案件有 4141 件，二审案件有 1504 件，再审案件 91 件，其他案件 3 件。

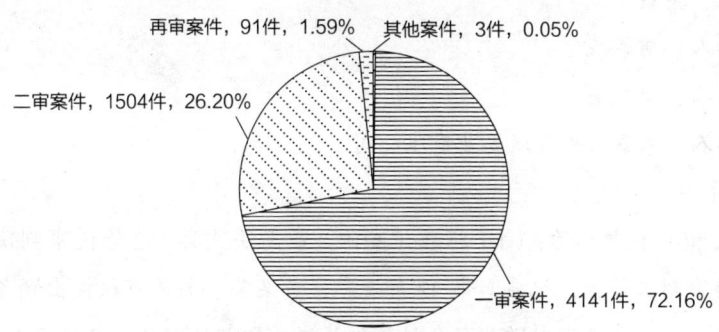

图 3-2　案件的诉讼程序分布情况

如图 3-3 所示，通过对二审裁判结果的可视化分析可以看到，此类案件维持原判的有 1252 件，占比 83.24%；改判的有 242 件，占比 16.09%；发回重审的有 3 件，占比 0.20%；其他案件有 7 件，占比 0.47%。

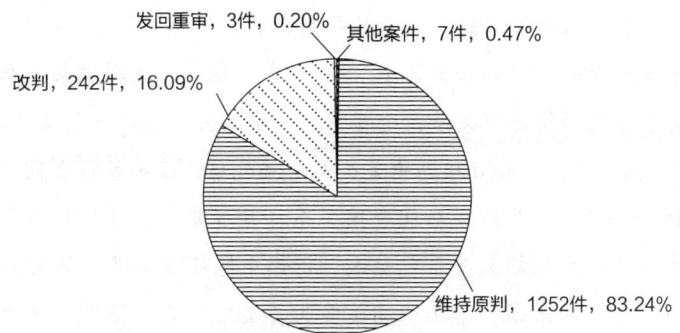

图 3-3　二审裁判结果情况

二、可供参考的例案

例案一：黄某某、吴某与胡某某、金某某、永嘉县中某城置业有限公司居间合同纠纷案

【法院】

浙江省温州市中级人民法院

【案号】

（2021）浙03民终4740号

【当事人】

上诉人：黄某某

上诉人：吴某

被上诉人：胡某某

被上诉人：金某某

被上诉人：永嘉县中某城置业有限公司

【基本案情】

黄某某和吴某上诉称：（1）根据（2019）最高法民再152号民事判决和《全国法院民商事审判工作会议纪要》第42条规定，黄某某、吴某有权提出预备性诉讼请求。黄某某、吴某在庭审中增加预备性诉讼请求，即若法院认为双方存在合同关系，则请求撤销该合同或确认该合同无效，但一审未对上述诉讼请求进行审理，存在重大遗漏。永嘉县中某城置业有限公司（以下简称中某公司）与胡某某恶意串通，在房款之外收取中介费违反国家强制性规定，应属无效。另外，中某公司与胡某某虚构房源已全部被胡某某买断，要购房必须向胡某某支付中介费，构成欺诈。（2）中某公司陈述胡某某系永嘉县经纪人行业协会副会长，作为一个专业的房地产经纪人，应当知晓《房地产经纪管理办法》第16条的规定，但其无法提供书面居间合同证明与黄某某、吴某存在居间合同关系，违背常理。中某公司确认王某某系其销售人员，2019年10月，黄某某、吴某直接到中某公司售楼处与王某某签订合同，整个过程未与胡某某接触，双方不可能达成居间合同关系，且黄某某、吴某无需中介服务。金某某、胡某某购房时主张胡某某系包销商，诉讼中陈述黄某某、吴某为了获得优惠参加其组织的九折团购活动，后又称胡某某为黄某某、吴某提供了房源及向中某公司砍价，其提供的发票等又显示为黄某某、吴某提供了营销推广服务，相互矛盾。

（3）黄某某、吴某提供的证据显示，中某公司销售人员王某某多次表示所有房源都掌握在包销人手中，要购房必须找包销人，一审未认定上述事实错误。黄某某、吴某提交的付款凭证注明为包销费，能够证明案涉款项性质，进而证明中某公司、金某某对外宣传胡某某为包销人的事实。黄某某、吴某申请的证人能够证明中某公司、金某某、胡某某存在欺诈行为，一审未予认定不当。（4）一审认定黄某某、吴某与胡某某存在居间合同关系且已履行完毕属于主观臆断。首先，商品房备案价为合法成交的最高价，在胡某某所谓的2019年7月至2019年12月包销期间外，中某公司商品房的实际成交价格普遍为备案最高价的九折。黄某某、吴某系在与中某公司的销售人员王某某谈好房价之后，才被要求另交中介费，故案涉费用属于额外收取的费用。其次，黄某某、吴某已举证证明因中某公司与胡某某虚构所有房源已被买断，必须向胡某某购房的事实，黄某某、吴某才支付的中介费，不能以黄某某、吴某支付中介费的行为认定胡某某收取中介费合法。最后，案涉房地产销售服务协议系黄某某、吴某在被欺诈的情况下签订，并非团购合同，若是团购，应签订团购合同。团购系胡某某、中某公司为应付本案诉讼临时杜撰，且销售服务费是销售费用，不属于购房者应承担的费用。（5）中某公司、胡某某向黄某某、吴某收取案涉款项的行为，违反了《价格法》第12条、《商品房销售明码标价规定》第13条、《国家发展改革委办公厅关于开展商品房销售明码标价专项检查的通知》的规定，应为无效。根据《商品房销售管理办法》第25条及第28条规定，即使胡某某确实雇用人员在中某公司售楼处销售商品房，其也是为中某公司服务，应当由中某公司支付佣金，该佣金计入开发销售成本，不得向购房者摊派。另外，杭州市、济南市、嘉兴市、贵溪市、淄博市等多地出台政策，明确任何房地产商品房承销机构不得向买受人收取"团购费""入会费""诚意金""服务金""电商费"等形式费用；不得通过第三方价外加价，向买受人变相收取佣金。买受人所支付的用于购房的全部费用应计入买受人总房款，并与合同约定的总房款一致。房产公司工作人员与他人恶意串通虚构房源被买断的事实，骗取买受人中介费，许多法院认定构成诈骗罪，一审却认定本案胡某某的行为合法，明显不当。综上，提出诉讼请求：（1）撤销原判，依法改判胡某某、金某某、中某公司立即返还中介费9万元并赔偿利息损失（利息损失自2019年10月31日按全国银行间同业拆借中心公布的贷款基准利率计算到实际返还之日止）；（2）若法院认定双方存在合同关系，请求撤销该合同或确认该合同无效。

胡某某、金某某辩称：（1）2019年7月1日，胡某某、施某某与中某公司达成口头协议，约定胡某某等人合作组织买受人向中某公司团购商品房，并向中某公司交付保证金 200 万元，胡某某等人承诺保证介绍购房不少于 20 套，否则少一套扣除保证金 10 万元，中某公司同意给予胡某某等人组织的团购客户九折购房的优惠。胡某某与中某公司之间有无签订团购服务协议，并不影响双方之间的法律关系。（2）黄某某、吴某主张一审对其诉讼请求、事实与理由存在重大遗漏、错误。黄某某、吴某一审诉请返还不当得利与在庭审中主张撤销合同、确认合同无效系不同的法律关系，每一个案件诉讼请求必须明确，不存在预备性诉讼请求的说法。黄某某、吴某一审请求返还不当得利，二审又主张返还中介费，不符合程序规定。（3）胡某某、金某某在一审中已经提供证据证明其收取中介费有合法依据，黄某某、吴某有关胡某某、金某某未能提供书面居间合同违背常理、前后陈述相互矛盾等主张不成立。胡某某提供的发票显示案涉费用为广告代理服务及推广服务费，庭审中陈述的"营销推广服务费"并不影响案件基础法律关系。（4）黄某某、吴某没有证据证明胡某某存在欺诈，案涉《房地产营销服务》载明案涉款项为"营销服务费"，转账记录备注系黄某某、吴某单方行为，不能证明胡某某系包销行为。（5）胡某某在一审中提供的一系列证据均能证明其已经为黄某某、吴某提供服务的事实，自双方达成团购协议后，胡某某提供了派单、走访、电话回访等服务，并经与胡某某磋商，黄某某、吴某获得九折优惠。黄某某、吴某主张其他未支付中介费的业主也享受九折优惠，不符合事实。房屋系"一房一价"，不同时期、不同幢数、不同楼层、不同朝向、不同身份客户等因素均会影响房屋价格。黄某某、吴某主张的 202、501、701、1902、2501 业主均系在 2019 年 7 月前购买，故无法证明其他客户在同等条件下取得九折优惠的事实。（6）胡某某与中某公司系团购关系，胡某某与黄某某、吴某系居间合同关系，符合法律、行政法规的规定，应适用《合同法》调整，不适用《价格法》《商品房销售明码标价规定》《商品房销售管理办法》等。综上，请求驳回上诉，维持原判。

中某公司辩称：（1）一审认定事实清楚，适用法律正确。胡某某为中介从业者，且为永嘉县经纪人行业协会副会长。2019 年 7 月，胡某某、案外人施某某与中某公司达成合作，胡某某支付 200 万元保证金，保证其客户实际购房套数不少于 20 套，少一套扣 10 万元保证金，中某公司同意给予胡某某组织的客户九折购房优惠。因胡某某组织团购，向中某公司支付保证金并为黄某某、吴某提供购房服务，黄某某、吴某支付团购费 9 万元，才促成黄某某、吴某以九折优惠购房。若黄某某、吴某未参与胡某某组织的团购，则无法以九折优惠购房。故胡某某收取案涉团购费符合法律规定，且案涉协议已履行完毕，黄某某、吴某要求返还案涉费用，缺乏依据。（2）中某公司基于与胡某某的合作关系，给予其组织的团购客户九折优惠价格。黄某某、吴某向胡某某支付款项参与团购，未构成欺诈。结合黄某某、吴某支付团购费后，签订房地产营销服务（协议）以及胡某某通过永嘉县南城街道文某房屋介绍所向黄某某、吴某开具增值税发票的事实，进一步证明黄某某、吴某知晓案涉款项性质。况且，中某公司并非收取案涉款项的主体，黄某某、吴某要求中某公司返还，无事实和法律依据。黄某某、吴某主张中某公司与胡某某恶意串通，未提供任何证据证明，应承担举证不能的不利后果。综上，请求驳回上诉，维持原判。

法院经审理查明：中某公司系"中某锦园"楼盘的开发商。2019 年 10 月 31 日，黄某某、吴某欲购买中某锦园第 36 幢 × 室，转账支付金某某 9 万元，同日支付中某公司定金 5 万元。后黄某某、吴某与中某公司签订《商品房买卖合同》，约定：黄某某、吴某购买中某公司"中某锦园"第 36 幢 × 室，建筑面积 149.34 平方米，该商品房单价为每平方米 15464.68 元，总金额 2309495 元人民币（贰佰叁拾万玖仟肆佰玖拾伍元整），并对权利义务进行了相关约定。

另查明：浙江某鸿房地产营销策划有限公司于 2019 年 7 月 25 日成立，公司经营范围：房地产营销策划、房地产中介服务；法定代表人系胡某某。2019 年 7 月 1 日，胡某某交付 200 万元至中某公司作为团购保证金并保证购房套数不少于 20 套（少团购一套则由中某公司扣 10 万元保证金），与中某公司达成口头协议：由中某公司提供中某锦园商品房剩余房源，胡某某组织购房者以团购形式购买，中某公司给予胡某某组织的团购客户房价九折的购房优惠价格。此后，胡某某雇用金某某等人为其开展中某锦园团购事项的推广介绍服务工作。金某某在"中某锦园"售楼处收取 9 万元，后将费用转交胡某某。

【案件争点】

1.黄某某、吴某与金某某、胡某某之间构成何种法律关系；

2.金某某、胡某某是否应当返还黄某某、吴某 9 万元；

3.是否应当撤销或确认黄某某、吴某与胡某某、金某某之间的合同关系无效。

【裁判摘要】

法院经审理认为：

1.《合同法》第 424 条① 规定："居间合同是居间人向委托人报告订立合同的机会或者提供订立合同的媒介服务，委托人支付报酬的合同。"2019 年 10 月 31 日，吴某、黄某某除向中某公司支付 5 万元定金外，另向金某某支付 9 万元，其签订的《房地

① 参见《民法典》第 961 条。

产营销服务》中明确该款项系营销服务费。上述行为表明，吴某、黄某某知道金某某及胡某某的中介身份以及该9万元款项的性质；并且，吴某、黄某某此后确已按备案价九折的价格与中某公司订立了商品房买卖合同。因此，可以认定胡某某作为中介已经履行了订立合同的媒介服务。

2. 中某公司与胡某某采取交纳保证金而未订立包销合同的方式销售商品房，是否违反商品房销售相关法律、法规之规定，属行政管理范畴，不影响本案诉争纠纷的处理结果。吴某、黄某某请求返还9万元并支付利息的主张，一审判决不予支持，并无不当，二审予以维持。另，吴某、黄某某未在法定期限内明确提出确认合同无效或撤销合同的诉讼请求，况且一审已对吴某、黄某某有关合同无效或应予撤销的主张进行了审查，现主张一审遗漏其诉讼请求，缺乏依据。综上，依照《合同法》第 424 条[①]、《民事诉讼法》第 177 条第 1 款第 1 项之规定，判决驳回上诉，维持原判。二审案件受理费 2050 元，由上诉人黄某某、吴某负担。

例案二：范某某、范某英与上海帝某房地产经纪有限公司、上海鸿某房地产开发有限公司商品房销售合同纠纷案

【法院】

上海市青浦区人民法院

【案号】

（2019）沪 0118 民初 18979 号

【当事人】

原告：范某某

原告：范某英

被告：上海帝某房地产经纪有限公司

被告：上海鸿某房地产开发有限公司

【基本案情】

原告范某某、范某英诉称，2016 年 1 月，原告向上海鸿某房地产开发有限公司（以下简称鸿某公司）购买上海市青浦区竹盈路 339 弄"青浦卓越商务广场"×号××室办公房（以下简称案涉房屋），总价 1122755 元。2016 年 1 月 16 日，双方签

---

① 参见《民法典》第 961 条。

订了购房意向书。2016 年 2 月 28 日，鸿某公司的销售人员告知原告需额外支付团购费 10 万元。原告考虑已支付了各项定金等房款，如果不支付团购费，那前期房款便白付，所以才支付了团购费。上海帝某房地产经纪有限公司（以下简称帝某公司）向原告出具 10 万元的收据，事由一栏载明系团购费。之后收据被收回，帝某公司另向原告开具 10 万元的发票，事由一栏载明系服务费。原告认为被告以团购费或服务费名义收取额外房款 10 万元，该行为不符合《上海市发展改革委关于贯彻落实商品房销售明码标价规定的通知》中"一房一价"以及"不得在标价之外加价销售商品房"的相关规定，应当退还。虽然帝某公司系收款人，但该交易行为发生在鸿某公司售房处，且经办人亦为案涉房屋的销售人员，原告故诉至法院要求判如所请。故提出诉讼请求：（1）判令二被告退还原告以团购费或服务费名义收取的房款人民币 10 万元；（2）判令二被告支付原告相应利息，以 10 万元为基数，按同期银行存款利率，从 2016 年 2 月 28 日起计算至实际退款之日止。

被告帝某公司辩称：不同意原告的诉讼请求。（1）帝某公司不是本案适格被告，商品房出售合同系原告与鸿某公司签署，帝某公司不是房屋销售合同缔约方。（2）案涉的 10 万元系 2016 年 2 月 28 日原告支付的，至今已过去 3 年多，原告的诉讼请求已超过诉讼时效。（3）案涉的 10 万元是服务费（团购费归在服务费中），不是额外收取的购房款。案涉房屋的房款在原告提供的确认书和合同中已明确，原告在明知案涉的 10 万元并非约定的购房款的情况下，仍自愿额外支付 10 万元服务费，视为认可，故不存在加价销售房屋的情况。（4）原告由分销方带到售房现场，并接受了被告售房现场销售人员的售房服务，既然接受了服务理应支付相应服务费，而且帝某公司已将案涉房屋服务费中的大部分支付给了分销方。（5）对办公房售房收取服务费或团购费，法律并无禁止。2017 年 7 月，《上海市住房和城乡建设管理委员会关于进一步加强本市房地产市场监管规范商品住房预销售行为的通知》明确商品住房不得收取团购费，监管对象是住房，而案涉房屋是办公房，案涉房屋一不是住房，二购买时监管规定也未出台，故收取服务费合理合法。且原告就被告收取服务费向有关监管单位提出过申诉，但被告并未因此受过处罚，故被告收取服务费的行为并无不妥。

被告鸿某公司辩称：不同意原告的诉讼请求。（1）收取团购费或服务费的主体并非鸿某公司，鸿某公司不是本案适格被告，原告要鸿某公司返还相关钱款并支付相应利息，无事实和法律依据。（2）原告支付的 10 万元，不是案涉房屋的房款，鸿某公司也从未授权帝某公司代收额外房款，发票明确记载为服务费而不是房款，原告要求鸿某公司返还 10 万元房款无事实和法律依据。（3）10 万元款项不是商品房销售合同中的相关款项，本案案由错误。

法院经审理查明：鸿某公司（甲方、委托方）与帝某公司（乙方、代理方）签订《销售代理合同》，约定由乙方对甲方开发建设的上海市青浦区"青浦卓越世纪中心"项目进行市场调研、营销策划并代理销售，合作期限自 2016 年 1 月 1 日起至 2016 年 6 月 30 日止。帝某公司委托某隆公司分销案涉房屋所在的"青浦卓越世纪中心"项目。

2016 年 1 月 16 日，范某英（乙方）与鸿某公司（甲方）签订《购房确认书》。乙方向甲方购买案涉房屋，房屋总价 1122755 元，采取分期付款方式支付：乙方应于 2016 年 1 月 16 日前支付房款 5 万元，应于 2016 年 1 月 19 日前支付房价款 7 万元，应于 2016 年 2 月 29 日前支付房价款 452755 元，应于 2016 年 3 月 15 日前支付房价款 56 万元。购房确认书上除原告范某英的签名、被告鸿某公司的盖章外，还有销售员、专案经理、地产销售经理、地产财务的签名。

随后，鸿某公司（甲方、卖方）与范某英、范某某（乙方、买方）签订了《上海市商品房出售合同》，明确乙方购买甲方案涉房屋，房屋总价为 1122755 元。原告按约履行了案涉房屋房款的支付义务。

另查明：范某英向帝某公司支付了 10 万元。2016 年 10 月 14 日，帝某公司向范某英开具了相应上海增值税普通发票，名目为服务费。

2017 年 4 月 21 日，范某某的法定代理人龚某某通过网站方式，向上海市青浦区市场监督管理局提出价格投诉。2017 年 5 月 9 日，龚某某得到（2017）第 1168 号价格投诉受理告知书，被告知上海市青浦区市场监督管理局将按照《价格行政处罚规定》组织调解。

上海市青浦区住房保障和房屋管理局出具的《一房一价表》明确，案涉房屋用途为办公，备案总价为 1138479 元。

【案件争点】

1. 案由是否为商品房销售合同纠纷；

2. 原告诉讼请求是否超过诉讼时效；

3. 案涉的 10 万元系购房款还是服务费，是否应予退还。

【裁判摘要】

法院经审理认为：

1. 民事案件案由应当依据当事人主张的民事法律关系的性质来确定。本案中，原告诉讼请求为二被告退还以团购费/服务费名义收取的房款10万元并支付相应利息，即原告主张二被告违反案涉房屋销售合同，在合同确定的房款之外，额外收取了10万元房款，故以商品房销售合同纠纷为案由并无不妥，法院予以确认。

2. 权利人向人民调解委员会以及其他依法有权解决相关民事纠纷的国家机关、事业单位、社会团体等社会组织提出保护相应民事权利的请求，诉讼时效从提出请求之日起中断。本案中，原告范某君的法定代理人龚某某于2017年4月21日通过网站方式，向上海市青浦区市场监督管理局提出价格投诉。上海市青浦区市场监督管理局向其出具告知书，告知将按照《价格行政处罚规定》组织调解。据此，2017年4月21日，本案诉讼时效中断。本案立案之日为2019年10月9日，未超过《民法总则》规定的3年诉讼时效期间。

3. 当事人对自己提出的诉讼请求所依据的事实或者反驳对方诉讼请求所依据的事实，应当提供证据加以证明。本案中，就原告提出的案涉10万元款项实际系被告加价收取的购房款的主张，购房确认书和上海市商品房出售合同均明确案涉房屋的总价为1122755元，原告在明知案涉房屋总价的情况下，仍额外支付10万元，与购房确认书载明的付款时间、付款金额不符。此外，作为案涉房屋所在的楼盘项目销售总代理的帝某公司，就案涉房屋向原告开具的发票以及就案涉房屋向案外人（分销方）某隆公司开具的发票均明确该款项为服务费，且原告在购房过程中的确享受了包括销售员、专案经理、地产销售经理、地产财务等多人提供的销售服务，帝某公司亦就案涉房屋向某隆公司支付了相应的服务费，故根据原、被告的陈述和被告的举证，帝某公司辩称原告因享受了案涉房屋的销售服务而向帝某公司支付10万元服务费有事实依据，法院予以采纳。现原告要求帝某公司和鸿某公司退还服务费并支付相应利息，无事实及法律依据，法院不予支持。

4. 当事人依法享有自愿订立合同的权利，依法成立的合同，对当事人具有法律约束力。本案中，原告在明知案涉的10万元款项并非购房确认书和商品房出售合同中约定的购房款的情况下，仍向帝某公司额外支付了10万元。且原告确实享受了包括销售员、专案经理、地产销售经理、地产财务等多人提供的销售服务，故原告支付案涉的10万元服务费具有法律和事实上的给付原因，且与被告达成了合意。现其要求予以退还并支付相应利息，缺乏事实和法律依据，法院不予支持。据此，依照

《合同法》第 8 条[①]、第 60 条[②]，《最高人民法院关于适用〈中华人民共和国民事诉讼法〉的解释》第 90 条，《最高人民法院关于适用〈中华人民共和国民法总则〉诉讼时效制度若干问题的解释》（已失效）第 2 条，《最高人民法院关于审理民事案件适用诉讼时效制度若干问题的规定》第 14 条[③]之规定，判决驳回原告范某英、范某君的全部诉讼请求。

三、裁判规则提要

目前新建商品房市场主要存在两种楼盘销售方式：第一，房地产开发商自销，即开发商利用自身资源进行广告推销、宣传推广，吸引购房人到其所开发的楼盘项目，进而直接与购房人达成商品房销售协议；第二，渠道商进行包销或分销，即房地产开发商与中介机构达成协议，由其作为渠道商为楼盘项目寻觅客源，为购房人提供购房优惠、宣传带看、签约咨询等服务，撮合房地产开发商与购房人达成商品房买卖合同。

综合以上案例判断，人民法院在审理渠道商包销或者分销新建商品房楼盘的案件时，需注意以下几方面：

1. 渠道商与购房人之间为中介合同关系。根据《民法典》第 961 条规定，中介合同是中介人向委托人报告订立合同的机会或者提供订立合同的媒介服务，委托人支付报酬的合同。渠道商在承接房地产开发商需求后，为达成楼盘销售目的，往往是从买方资源入手，依托其自有的客源信息，通过匹配客户需求和喜好，引导客户至不同的合作楼盘或者同一合作楼盘的不同房源，通过介绍宣讲、带看引导、协助手续办理等服务，促成商品房买卖交易。在此情形下，渠道商为购房人订立商品房买卖合同提供了媒介服务，二者之间为中介合同关系，且这一关系会随着商品房买卖合同的签订而终止，而在此项下的裁判审查重点为渠道商是否提供了实质性服务内容。

2. 购房者在接受了渠道商的中介服务且签署商品房买卖合同后，主张退还中介费用的，法院不应支持。渠道商在撮合订立商品房销售协议后，会以"团购费""服

---

① 参见《民法典》第 465 条。
② 参见《民法典》第 509 条。
③ 该司法解释已于 2020 年 12 月 23 日修正，本案所涉法条条数修改为第 12 条。

务费"等多种名义向购房人收取中介费用，购房人在满足下列条件时主张退还中介费用的，法院不应支持：（1）渠道商提供了中介服务，并举证证明。举证证明内容包括：渠道商通过销售策划、宣传为购房者提供房源信息，带看选房、销售咨询、贷款办理、合同网签、交易过户等服务，或者购房者实际享受了经由渠道商购买商品房才得以使用的购房优惠（大多表现为"团购优惠"，即以 × 万抵 × 万房款）。（2）购房人与开发商实际签署了商品房买卖合同。

需要特别注意的是，购房人在渠道商的撮合下，与开发商签署商品房买卖合同，并已经交付了中介费用后，开发商未能按时交房，购房人请求渠道商返还中介费用的，法院不应支持。因为对于渠道商来说，其提供的中介服务已经随着双方签订商品房买卖合同而履行完毕，其作为中介与商品房交付情况并无联系。

四、辅助信息

《民法典》

第九百六十一条　中介合同是中介人向委托人报告订立合同的机会或者提供订立合同的媒介服务，委托人支付报酬的合同。

《房地产经纪管理办法》

第十六条　房地产经纪机构接受委托提供房地产信息、实地看房、代拟合同等房地产经纪服务的，应当与委托人签订书面房地产经纪服务合同。

房地产经纪服务合同应当包含下列内容：

（一）房地产经纪服务双方当事人的姓名（名称）、住所等情况和从事业务的房地产经纪人员情况；

（二）房地产经纪服务的项目、内容、要求以及完成的标准；

（三）服务费用及其支付方式；

（四）合同当事人的权利和义务；

（五）违约责任和纠纷解决方式。

建设（房地产）主管部门或者房地产经纪行业组织可以制定房地产经纪服务合同示范文本，供当事人选用。

第十八条　房地产经纪服务实行明码标价制度。房地产经纪机构应当遵守价格法律、法规和规章规定，在经营场所醒目位置标明房地产经纪服务项目、服务内容、收费标准以及相关房地产价格和信息。

房地产经纪机构不得收取任何未予标明的费用；不得利用虚假或者使人误解的标价内容和标价方式进行价格欺诈；一项服务可以分解为多个项目和标准的，应当明确标示每一个项目和标准，不得混合标价、捆绑标价。

《商品房销售管理办法》

第二十八条　受托房地产中介服务机构在代理销售商品房时不得收取佣金以外的其他费用。

房地产中介纠纷案件裁判规则第 4 条：

新建商品房广告不得进行虚假或者引人误解的商业宣传，房地产开发商系虚假宣传的行为主体，为新建商品房输送客源的销售机构对此不承担责任

【规则描述】　　虚假宣传是指在商业活动中经营者利用广告或其他方法对商品或者服务作出与实际内容不相符的虚假信息，导致客户或消费者误解的行为。虚假宣传违反诚信原则，违反公认的商业准则，是一种严重的不正当竞争行为。新建商品房广告应当保证真实性，不得对规划或者建设中的交通、商业、文化教育设施以及其他市政条件进行虚假或引人误解的宣传，否则将违反《广告法》及《反不正当竞争法》中的相关规定，房地产开发商作为广告主应当对具体虚假广告行为承担责任，而为新建商品房输送客源的房地产中介机构因系在开发商的指导下开展工作，不对虚假宣传的具体行为独立承担责任。

一、类案检索大数据报告

案例来源：Alpha 案例库，案件数量：371 件，数据采集时间：2023 年 10 月 31 日，本次检索共获取相关房地产中介纠纷案件裁判文书 371 篇。

如图 4-1 所示，从案件主要地域分布来看，此类案件主要集中在北京市、广东省、江苏省，占比分别为 14.82%、11.05%、9.70%。其中北京市的案件数量最多，达到 55 件。

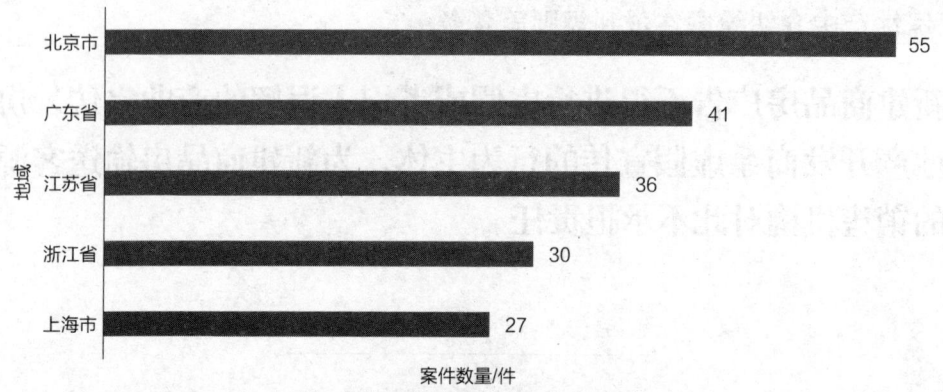

（注：图表只列举案件数量排名前5的地区）

图 4-1　案件主要地域分布情况

如图 4-2 所示，可以看到此类案件的审理程序分布状况。一审案件有 191 件，二审案件有 146 件，再审案件 24 件，其他案件 10 件。

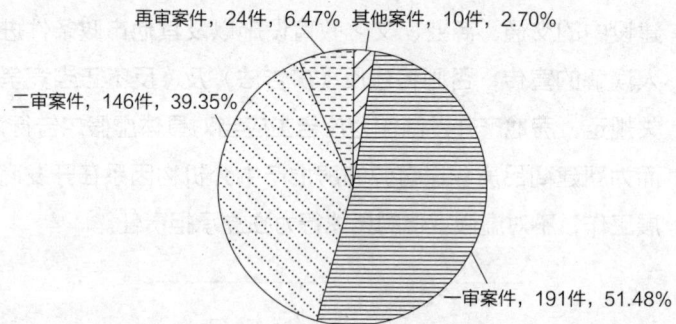

图 4-2　案件的诉讼程序分布情况

如图 4-3 所示，通过对二审裁判结果的可视化分析可以看到，此类案件维持原判的有 124 件，占比 84.93%；改判的有 12 件，占比 8.22%；其他的有 10 件，占比 6.85%。

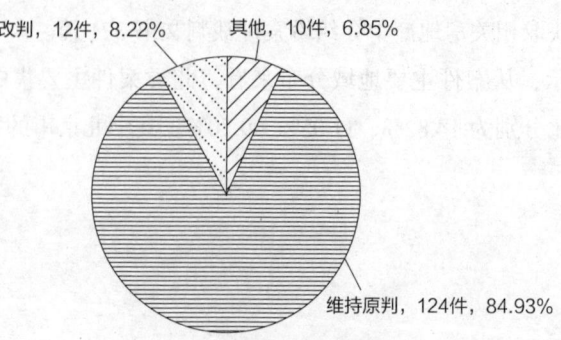

图 4-3　二审裁判结果情况

二、可供参考的例案

例案一：北京金某置业有限公司与北京市房山区市场监督管理局、北京市市场监督管理局行政纠纷案

【法院】

北京市房山区人民法院

【案号】

（2020）京 0111 行初 137 号

【当事人】

原告：北京金某置业有限公司

被告：北京市房山区市场监督管理局

被告：北京市市场监督管理局

【基本案情】

原告北京金某置业有限公司（以下简称金某置业公司）诉称，2019 年 12 月 11 日，北京市房山区市场监督管理局（以下简称房山区市监局）作出被诉处罚决定。金某置业公司不服，向北京市市场监督管理局（以下简称北京市市监局）提起行政复议，2020 年 7 月 1 日，金某置业公司收到北京市市监局作出被诉复议决定，决定维持被诉处罚决定。对此金某置业公司认为，（1）房山区市监局作出的被诉处罚决定，认定事实错误。案涉项目销售人员的行为并不构成《反不正当竞争法》所列举的"不正当行为"，该法对不正当竞争行为已有明确规定，而房山区市监局于法无据地认定属"等外列举"，仅根据笔录就认定案涉销售属虚假宣传，无事实根据。此外，被诉处罚决定还毫无标准和事实依据地认定金某置业公司造成"群体投诉"，造成不良社会影响，应从重处罚。（2）房山区市监局适用法律不当。金某置业公司认为项目销售人员的行为未违反《反不正当竞争法》，依法也不应适用该法处罚规定。此外，房山区市监局所依据的《北京市工商行政管理局行政处罚裁量基准》也与本案无关，因此金某置业公司认为房山区市监局适用《反不正当竞争法》作出的被诉处罚决定适用法律错误。（3）北京市市监局和房山区市监局的两决定书均存在程序违法问题。房山区市监局在作出被诉处罚决定前，未依法保障金某置业公司陈述、申辩、质证的权利；北京市市监局和房山区市监局均只能对其行政决定和拟作出的决定依法决定，而非利用各自决定程序"补救"本方错误决定。故提出诉讼请求：（1）撤

销北京市市监局作出的被诉复议决定及房山区市监局作出的被诉处罚决定。（2）房山区市监局、北京市市监局承担本案诉讼费用。

房山区市监局辩称：（1）房山区市监局认为案涉项目销售人员的行为构成引人误解的虚假宣传，宣传内容符合《反不正当竞争法》"虚假宣传"的构成要件，足以造成公众误解，认定事实无误。①《最高人民法院关于审理行政案件适用法律规范问题的座谈会纪要》中认为：法律规范在列举其适用的典型事项后，又以"等、其他"等词语进行表述的，属于不完全列举的例示性规定。房山区市监局认为配套学校与商品房的关联性较强，对商品房的品质、价格和购房者的选择都会产生较大影响。因此，本案中金某置业公司宣传配套小学的行为应当属于《反不正当竞争法》第8条第1款所列举内容的等外情形。②金某置业公司称房山区市监局仅根据笔录就认定案涉销售属虚假宣传，无事实依据。本案证据材料中，证明金某置业公司虚假宣传的主要证据不仅有12位举报人的询问笔录，还有其他证据，如举报人和某狐焦点提供的销售人员在售楼处以现场直播形式进行宣传的视频、金某置业公司提供的《案件说明》、北京市房山区教育委员会和北京市海淀区中关村第一小学（以下简称中关村一小）的证明文件以及房山区市监局对申请人的询问笔录等。③金某置业公司称房山区市监局认定为"群体投诉"，造成不良社会影响，应从重处罚毫无标准和事实依据。房山区市监局认为14人集体举报可以认定为"群体投诉"，金某置业公司的违法行为属于情节严重，应当从重处罚。（2）房山区市监局对金某置业公司作出的被诉处罚决定，适用法律正确。①金某置业公司称房山区市监局适用法规错误。房山区市监局认为金某置业公司在售楼期间宣传配套小学是中关村一小，但实际入驻的是北京市第十二中学教育集团良乡小学铭品校区，构成了虚假宣传行为，违反了《反不正当竞争法》第8条之规定。②金某置业公司称房山区市监局依据的裁量基准与本案无关。房山区市监局认为申请人的虚假宣传行为截止时间为2019年5月14日，适用于2019年《反不正当竞争法》。但由于北京市市监局关于2019年《反不正当竞争法》行政处罚裁量基准正在修订当中，执法人员只能参照2016年颁发的裁量基准，按照等比同理原则进行处罚。（3）本案执法程序合法，已充分保障金某置业公司享有的合法权利。综上所述，房山区市监局认为对金某置业公司的处罚程序合法，证据确凿，处罚适当。

北京市市监局辩称：（1）北京市市监局具有作出该被诉复议决定的法定职责。根据《行政复议法》规定，北京市市监局作为房山区市监局上一级主管部门，是该行政复议申请的复议机关，有作出该复议决定的法定职权。（2）北京市市监局作出行政复议决定符合法定程序。（3）北京市市监局作出的行政复议决定认定事实清楚，适用法律正确。本案中，经房山区市监局调查，五矿名品项目销售人员在售楼处现场介绍五矿名品项目时，宣称该项目配套小学为中关村一小等，并于2017年3月29日将包含上述宣传内容的直播视频上传至某狐焦点网站。2019年5月，该项目实际入驻的配套小学为北京市第十二中学教育集团良乡小学铭品校区。商品房周边的配套设施是体现房产品质、质量的要素之一，也是购房者购房时重点考虑的因素，会对购房决定产生重要影响，五矿名品项目实际入驻的配套学校与金某置业公司销售宣传的学校不一致，违反了《反不正当竞争法》第8条第1款规定，房山区市监局依据《反不正当竞争法》第20条第1款规定对金某置业公司作出行政处罚，事实认定清楚，适用法律正确，因金某置业公司的违法行为导致多名购房人投诉举报，属于"造成严重后果或不良社会影响"，根据《北京市工商行政管理局行政处罚裁量权实施办法（试行）》（已失效）第27条第6项的规定，房山区市监局决定对金某置业公司从重处罚，处以罚款180万元，裁量适当。但房山区市监局作出被诉处罚决定时，未指明适用该实施办法第27条的具体项，鉴于对金某置业公司权利义务未产生实际影响，北京市市监局予以指正。该案于2019年5月30日立案，经调查、听证及延期等程序，房山区市监局于2019年12月11日作出被诉处罚决定。并于2019年12月18日将该处罚决定书送达金某置业公司，符合《市场监督管理行政处罚程序暂行规定》《市场监督管理行政处罚听证暂行办法》的相关规定，程序合法。另外，针对申请人在复议审理过程中向北京市市监局提出的听证要求，北京市市监局不予支持。根据《行政复议法》规定，北京市市监局决定维持被诉处罚决定。

　　法院经审理认定：金某置业公司成立于2013年9月24日。2019年5月，北京市非紧急救助服务中心"12345"接刘先生、张女士等人举报，举报内容主要为"举报人购买了房山区长阳镇五矿铭品小区的房屋，买房之前开发商宣传该小区入驻中关村一小等重点名校，然而实际入驻的小学为良乡小学分校，开发商未履行宣传承诺，认为存在虚假宣传，要求处理"。此外，"12315"举报热线及北京市工商局房山分局长阳工商所举报电话均收到市民的同类举报投诉。针对上述投诉举报，房山区市监局于2019年5月20日前往金某置业公司售楼处进行了现场检查，并制作了现场笔录。2019年5月23日，房山区市监局向金某置业公司委托代理人进行了第一次询问，询问中该委托代理人称"五矿名品项目系金某置业公司开发，该项目开工时间为2013年，该项目包含有商品房、两限房、幼儿园、小学等建设。商品房开盘预售时间从2015年3月开始。目前商品房已转成现房，仍在销售中。原来该项目的名称为五矿铭品，后于 2017 年年底变更为五矿名品。该项目备案名称为铭品嘉苑，均指代同一个项目"。随后，房山区市监局亦对部分举报人进行了询问调查，制作了询问调查笔录，并获取了部分举报人的《北京市商品房预售合同》，合同中载明出卖人系金某置业公司，项目名称为铭品嘉苑，委托销售代理机构为北京中某房地产经纪有限公司（以下简称中某公司）。2019 年 5 月 27 日，房山区市监局前往中某公司进行了询问调查，并获取了金某置业公司与中某公司签订的《北京市房山区理工大学 7 号地项目销售代理合同》。

2019 年 5 月 30 日，房山区市监局作出立案审批表，就销售五矿铭品项目房屋时存在虚假宣传或引人误解的商业宣传事项进行立案调查。因该案案情复杂，取证困难，无法在 90 日内结案，经该案负责人同意延期 30 日。由于该案经延期后仍不能在上述期限内结案，经过房山区市监局负责人集体讨论，同意进行第二次延期，延长期限为 2 个月。房山区市监局在调查的过程中，向其他举报人进行了询问调查，并制作了询问调查笔录，同时，获取了某狐焦点的视频资料、微信聊天记录、投诉照片等证据材料。调查过程中，房山区市监局前往北京某信息服务有限公司进行调查，制作了现场笔录，并向相关人员进行了询问调查，获取了五矿铭品电商服务报告、某狐焦点网页截图等证据材料。2019 年 7 月 3 日，房山区市监局向北京市房山区教育委员会作出协助调查函，北京市房山区教育委员会作出复函称"2019 年铭品嘉苑业主子女小学入学于北京十二中良乡小学铭品校区。开发单位前期有意引进名校，但未能成功"。在调查过程中，金某置业公司向房山区市监局提交了案件说明，就引进中关村一小的相关情况进行了说明。2019 年 9 月 29 日，房山区市监局向北京市海淀区教育委员会作出协助调查函。次日，中关村一小向北京市海淀区教育委员会作出书面说明，称"该小学与金某置业公司没有签订过任何办学协议"。

2019 年 9 月 16 日，结合上述调查之事实，房山区市监局拟对金某置业公司作出行政处罚，并向金某置业公司下发了《行政处罚听证告知书》，告知金某置业公司享有陈述、申辩和听证的权利。2019 年 9 月 27 日，金某置业公司申请听证。随后，该听证会经过金某置业公司申请延期，决定于 2019 年 11 月 12 日举行。2019 年 11 月 12 日，该案听证举行，金某置业公司的委托代理人到场参加听证，并形成听证笔录。2019 年 11 月 19 日，房山区市监局作出听证报告。2019 年 12 月 10 日，房山区市监局负责人对该案的调查处罚情况进行了集体讨论。2019 年 12 月 11 日，房山区市监局作出被诉处罚决定。2020 年 1 月 20 日，金某置业公司缴纳罚款 180 万元。2020 年 2 月 17 日，北京市市监局收到金某置业公司的复议申请书，后经补正，北京市市监局受理了金某置业公司的复议申请。2020年6月24日，北京市市监局作出被诉复议决定，决定维持房山区市监局作出的被诉处罚决定。

【案件争点】

1. 被告房山区市监局作出的被诉处罚决定认定的责任主体是否有误；

2. 销售人员针对"五矿名品"项目商品房周边拟建小学等附属设施的不实宣传能否构成《反不正当竞争法》所述的"虚假或者引人误解的商业宣传"；

3. 针对原告存在的上述违法行为，被告适用2018年施行的《反不正当竞争法》是否存在法律适用错误；

4. 被告对原告的罚款幅度是否适当。

【裁判摘要】

法院经审理认为：

《反不正当竞争法》第4条规定"县级以上人民政府履行工商行政管理职责的部门对不正当竞争行为进行查处；法律、行政法规规定由其他部门查处的，依照其规定"。该法第5条第2款规定"国家鼓励、支持和保护一切组织和个人对不正当竞争行为进行社会监督"。依据上述规定，被告房山区市监局作为履行工商行政管理职责的部门，对本辖区内违反《反不正当竞争法》的行为具有依法查处的法定职责。

1. 被告房山区市监局作出的被诉处罚决定认定的责任主体是否有误。庭审中，原告金某置业公司主张相关宣传视频及对所售房屋的宣传行为系中某公司销售人员为提高销售业绩之行为，对此原告不知情、未参与，被告房山区市监局不应认定原告为被诉处罚决定的责任主体。法院认为，本案中，原告金某置业公司与中某公司签订了《北京市房山区理工大学7号地项目销售代理合同》，该合同就相关项目的销售代理行为进行了约定，其中第3条"营销策划服务"部分约定，中某公司于合同签署后30日内出具营销策划方案初稿提交原告，且在项目销售过程中，中某公司负责制定的推广、销售计划等营销方案需经原告书面认可实施。结合被告房山区市监局向北京某信息服务有限公司进行的调查、获取的电商服务报告等证据材料可以证实，中某公司销售人员的销售行为系经原告授权之代理行为，销售人员上传至某狐焦点网页直播视频的内容，原告亦知道或应当知道。因此，被告房山区市监局将原告金某置业公司认定为被诉处罚决定的责任主体，并无不当。

2. 销售人员针对"五矿名品"项目商品房周边拟建小学等附属设施的不实宣传能否构成《反不正当竞争法》所述的"虚假或者引人误解的商业宣传"。庭审中，原告主张周边拟建小学等设施并非原告所售之商品，对此宣传不应认定为"对其商品的性能、功能、质量、销售状况等作虚假或者引人误解的商业宣传"。法院认为，本案中举报人的询问调查笔录及直播视频等证据能够形成证据链，证明销售人员在销售案涉项目商品房时向拟购房人或大众宣传案涉项目将引进中关村一小等名校入驻。另，结合原告在调查阶段提交的情况说明及被告房山区市监局获取的中关村一小的说明、北京市房山区教育委员会复函可知，销售人员在作出上述宣传时并未能确定引入中关村一小等名校入驻，且最终入驻小学亦与宣传的中关村一小等名校存在出入。故此，销售人员对案涉项目商品房周边拟建小学确存在不实宣传。尽管，针对案涉项目商品房周边拟建小学的不实宣传并未直接列举至《反不正当竞争法》第8条第1款中，但《反不正当竞争法》的相关规定只是对虚假或者引人误解的商业宣传的情形作出了有限列举，不能以此认为虚假或者引人误解的宣传行为的种类仅限于《反不正当竞争法》所列举的范围之内。结合《反不正当竞争法》的立法本意进行考量，该法中所称的不正当竞争行为，是指经营者在生产经营活动中，违反本法规定，扰乱市场竞争秩序，损害其他经营者或者消费者的合法权益的行为。根据日常生活经验，商品房周边学校等设施在一定程度上会影响商品房的价格及拟购房人的购买意向，故此，原告销售人员对"五矿名品"项目入驻小学的虚假宣传行为，违反了《反不正当竞争法》规定的诚信原则，损害了其他经营者及消费者的合法权益，扰乱了正常的市场竞争秩序，构成虚假或者引人误解的商业宣传行为。

3. 针对原告存在的上述违法行为，被告适用2018年施行的《反不正当竞争法》是否存在法律适用错误。对此，法院认为，本案中，举报人的询问调查笔录、直播视频光盘等证据可以形成证据链证明销售人员在预售案涉项目商品房时便存在上述违法行为。另，被告房山区市监局向北京某信息服务有限公司进行调查所收集的证据材料可证实销售人员在直播视频中亦存在上述虚假或引人误解的商业宣传行为，直至2019年5月14日该直播视频的宣传内容被删除，由此可知，原告金某置业公司所进行的违法行为持续至2019年5月。故此，被告房山区市监局适用2018年施行的《反不正当竞争法》第8条第1款之规定，对原告的违法行为进行认定，并无不当。

4. 被告房山区市监局认定原告金某置业公司违反《反不正当竞争法》第8条第1款之规定，对原告处以罚款180万元的行政处罚，该处罚幅度是否适当。法院认为，根据《反不正当竞争法》第20条第1款之规定，"经营者违反本法第八条规定对其商品作虚假或者引人误解的商业宣传，或者通过组织虚假交易等方式帮助其他经营者进行虚假或者引人误解的商业宣传的，由监督检查部门责令停止违法行为，处二十万元以上一百万元以下的罚款；情节严重的，处一百万元以上二百万元以下的罚款，可以吊销营业执照"。本案中，结合"12345"等平台的投诉举报派遣单、投诉照片等证据可以证实，原告金某置业公司的违法行为已经导致多位购房人前往五矿总部大楼、售楼处进行集体投诉，且相关投诉举报平台亦接到多起针对原告存在虚假或引人误解商业宣传违法行为的举报电话。故此，原告的违法行为确已造成不良社会影响，被告房山区市监局据此认定原告的违法行为存在情节严重的情形，并无不当。结合案件情况，被告房山区市监局对原告的违法行为作出罚款180万元的行政处罚，处罚幅度适当。

5.另，被告房山区市监局在作出被诉处罚决定的过程中，履行了立案、调查询问、延期处罚告知、听证、集体讨论、作出决定、送达等行政程序，处罚程序亦符合法律规定。

综上所述，被告房山区市监局作出的被诉处罚决定，认定事实清楚，证据确凿，适用法律、法规正确，履行了法定程序。被告北京市市监局在受理原告的行政复议申请后，并履行了通知答复、作出复议决定、送达等法定程序，其作出的被诉复议决定程序合法，复议结论正确。原告金某置业公司要求撤销被诉处罚决定和被诉复议决定的理由不能成立，法院不予支持。

例案二：卢某某与北京市大兴区市场监督管理局行政纠纷案

【法院】

北京市大兴区人民法院

【案号】

（2020）京0115行初390号

【当事人】

原告：卢某某

被告：北京市大兴区市场监督管理局

【基本案情】

原告卢某某与金地某晟公司签订了《北京市商品房预售合同》，购买了位于北京市大兴区黄村镇兴韵雅苑项目房屋一套。原告卢某某发现小区存在多处虚假宣传的违法行为，严重损害了原告的合法权益。金地某晟公司宣传项目西侧规划有九年一贯制教育用地，但实际上该处教育用地并不存在。宣传项目有双地铁，但实际上地铁19号线星光影视城西站并不存在。宣传项目楼宇一层大堂为敞开式奢华大堂，但实际上也并不存在。原告卢某某于 2020 年 9 月 1 日向被告北京市大兴区市场监督管理局（以下简称大兴区市监局）邮寄了《查处申请书》，请求被告依法查处金地某晟公司开发建设的金地悦风华（兴韵雅苑）项目中虚假宣传的违法行为，对金地某晟公司进行罚款或吊销营业执照，并在法定期限内将查处结果书面告知原告。被告大兴区市监局于 2020 年 9 月 21 日作出的《回复函》，认为已对金地悦风华项目策划销售代理方北京某居乐房地产经纪有限公司（以下简称某居乐公司）进行了行政处罚。原告卢某某认为，被告大兴区市监局回复函内容与原告查处申请内容不符。原告要求被告查处的是金地某晟公司虚假宣传的行为，根据《广告法》的规定，金地某晟公司作为广告主，应当对广告内容的真实性负责。金地某晟公司在其发布的房地产广告中对地铁、学校、医院等进行了大量的虚假宣传，严重影响了原告的购房选择，而且也影响了房屋的价格，理应受到查处。被告查处的主体与原告申请查处的主体并不一致，且行政处罚已于 2019 年 4 月 15 日作出，但原告申请被告查处的虚假宣传行为至今仍然存在，而被告却未对广告主作出任何行政处罚。因此，被告大兴区市监局作出的《回复函》应依法予以撤销。被告大兴区市监局作为负责本行政区域内市场监督管理和行政执法的有关工作机关，具有对本行政区域内广告监督管理的法定职责。根据《广告法》第 6 条"县级以上地方市场监督管理部门主管本行政区域的广告监督管理工作"之规定，对于金地某晟公司虚假宣传的行为，被告具有查处的法定职责。根据《广告法》第 26 条"房地产广告，房源信息应当真实，面积应当表明为建筑面积或者套内建筑面积，并不得含有下列内容：……（四）对规划或者建设中的交通、商业、文化教育设施以及其他市政条件作误导宣传"及《房地产广告发布规定》第 4 条"房地产广告，房源信息应当真实，面积应当表明为建筑面积或者套内建筑面积，并不得含有下列内容：……（四）对规划或者建设中的交通、商业、文化教育设施以及其他市政条件作误导宣传"之规定，金地某晟公司对地铁、学校等内容的误导宣传显然违反了上述法律规定。根据《广告法》第 58 条规定："有下列行为之一的，由市场监督管理部门责令停止发布广告，责令广告主在相应范围内消除影响，处广告费用一倍以上三倍以下的罚款，广告费用无法计算或者明显偏低的，处十万元以上二十万元以下的罚款；情节严重的，处广告费用三倍以上五倍以下的罚款，广告费用无法计算或者明显偏低的，处二十万元以上一百万元以下的罚款，可以吊销营业执照，并由广告审查机关撤销广告审查批准文件、一年内不受理其广告审查申请：……（八）违反本法第二十六条规定发布房地产广告的……"《房地产广告发布规定》第 21 条规定："违反本规定发布广告，《广告法》及其他法律法规有规定的，依照有关法律法规规定予以处罚。法律法规没有规定的，对负有责任的广告主、广告经营者、广告发布者，处以违法所得三倍以下但不超过三万元的罚款；没有违法所得的，处以一万元以下的罚款。"《反不正当竞争法》第20条规定："经营者违反本法第八条规定对其商品作虚假或者引人误解的商业宣传，或者通过组织虚假交易等方式帮助其他经营者进行虚假或者引人误解的商业宣传的，由监督检查部门责令停止违法行为，处二十万元以上一百万元以下的罚款；情节严重的，处一百万元以上二百万元以下的罚款，可以吊销营业执照。"被告作为监督机关，应对金地某晟公司存在的虚假宣传行为进行罚款或吊销营业执照，而非仅对项目策划销售代理方进行行政处罚。综上所述，被告大兴区市监局于2020年9月21日作出的《回复函》内容与原告卢某某申请查处的对象和法律规定不符，应依法予以撤销。被告应依法履行查处职责，并向原告重新作出书面回复。故提出诉讼请求：（1）请求法院依法撤销被告于2020年9月21日作出的《回复函》；（2）请求法院判令被告依法履行查处职责，并向原告重新作出书面回复；（3）本案的诉讼费用由被告承担。

大兴区市监局辩称：（1）答辩人认为本案行政行为事实清楚、证据确凿、适用依据正确。2020年9月7日，大兴区市监局接到原告卢某某《查处申请书》，举报反映金地某晟公司开发建设的金地悦风华（兴韵雅苑）项目房屋买卖中存在虚假宣传的违法行为，请求进行查处，对金地某晟公司进行罚款或吊销营业执照，并在法定期限内书面告知查处结果。经核实，2019年4月3日，大兴区市监局对位于大兴区盛坊路与广茂大街交汇处东北角的金地悦风华项目进行检查，发现该地对外发放的房地产项目宣传折页印有"500米抵达地铁19号线星光影视城站""西侧1.2公里北京大学第一医院"；该地外围设立的房地产项目广告围挡印有"三纵一横双地铁畅达全城19号线+4号线双地铁新机场高速"等内容。因前述宣传内容违反《广告法》第26条第1款第4项规定，大兴区市监局于2019年4月15日对某居乐公司作出了京工商兴处字〔2019〕第1250号《行政处罚决定书》，责令停止发布违法广告，在相应范围内消除影响，并罚款6500元。综上，鉴于大兴区市监局对原告卢某某所举报事项已进行过处理，故大兴区市监局决定不再重复作出行政处理，并向原告卢某某作出了本案《回复函》。（2）答辩人作出本案行政行为程序合法。大兴区市监局于2020年9月7日收到原告卢某某的《查处申请书》。经核实发现不符合立案条件后，于2020年9月21日依据《市场监督管理行政处罚程序暂行规定》作出不予立案决定。同日，大兴区市监局对原告卢某某作出《回复函》并邮寄妥投，符合《市场监督管理投诉举报处理暂行办法》第31条第2款规定。综上，答辩人认为本案行政行为事实清楚，证据确凿，适用依据正确，程序合法，恳请北京市大兴区人民法院对其诉讼请求予以驳回。

法院经审理认定：2020 年 9 月 1 日，原告卢某某向被告大兴区市监局邮寄提交《查处申请书》，请求对金地某晟公司开发建设的金地悦风华（兴韵雅苑）项目房屋买卖中存在的虚假宣传的违法行为进行查处，对金地某晟公司进行罚款或吊销营业执照，并在法定期限内书面告知查处结果。被告大兴区市监局经核实，曾于 2019 年 4 月 15 日就案涉项目违法广告对策划销售代理方惠居乐公司作出行政处罚，认为本次举报情况不符合立案条件，于 2020 年 9 月 21 日作出不予立案决定，同日向原告作出《回复函》，称已对某居乐公司作出行政处罚，并邮寄送达原告卢某某。原告卢某某不服，诉至法院。截至原告卢某某提起本案诉讼之日止，金地悦风华项目网页介绍中仍有涉及规划或建设中的交通、商业、文化教育设施等宣传内容，且在本案审理过程中，仍有新闻媒体对该项目违法广告的相关报道。

另查明：2019 年 4 月 3 日，被告大兴区市监局对位于大兴区盛坊路与广茂大街交汇处东北角的金地悦风华项目进行现场检查，发现该地对外发放的宣传折页上印有"500 米抵达地铁 19 号线星光影视城站""西侧 1.2 公里北京大学第一医院"的内容，该地外围设立的广告围挡印有"三纵一横双地铁畅达全城 19 号线 +4 号线双地铁新机场高速"等内容，因前述宣传内容违反《广告法》第 26 条第 1 款第 4 项的规定，被告大兴区市监局次日对该项目策划销售代理方某居乐公司立案调查，并于 2019 年 4 月 15 日对某居乐公司作出京工商兴处字〔2019〕第 1250 号《行政处罚决定书》，责令其停止发布违法广告，在相应范围内消除影响，并罚款 6500 元。

【案件争点】

1. 被告是否已经就原告申请事项进行处理；

2. 被告作出的行政处罚决定认定的责任主体是否有误。

【裁判摘要】

法院经审理认为：

1. 依据《广告法》第 2 条第 2 款规定，本法所称广告主，是指为推销商品或者服务，自行或者委托他人设计、制作、发布广告的自然人、法人或者其他组织。第 4 条规定，广告不得含有虚假或者引人误解的内容，不得欺骗、误导消费者。广告主应当对广告内容的真实性负责。第 26 条第 4 项规定："房地产广告，房源信息应当真实，面积应当表明为建筑面积或者套内建筑面积，并不得含有下列内容：……（四）对规划或者建设中的交通、商业、文化教育设施以及其他市政条件作误导宣传。"

2. 原告卢某某《查处申请书》的被申请人为金地某晟公司，金地某晟公司作为金地悦风华项目的房地产开发商，应当对该项目广告内容的真实性负责，其发布的房地产广告内容不得违反《广告法》第 26 条的相关规定，对其房地产项目发布的违法广告应当承担相应的法律责任。被告大兴区市监局以曾经对策划销售代理方某居乐公司作出过行政处罚为由，对被申请人金地某晟公司不予立案，对金地某晟公司现阶段是否存在原告反映的广告违法行为未予调查核实。然而，对房地产项目销售代理方作出的行政处罚不等于免除房地产开发商对项目违法广告的法律责任，曾经作出过行政处罚也不等于案涉项目不再存在广告违法行为，故被告大兴区市监局对原告卢某某《查处申请书》反映的内容未予调查核实的行为属认定事实不清，缺乏法律依据。

3. 被告大兴区市监局收到原告卢某某的《查处申请书》后，仅对金地悦风华项目所在地进行了现场检查，未对该项目其他宣传途径和宣传平台进行全面调查，对该项目网页宣传内容的广告违法行为未能及时发现并予以处理，未充分履行法定职责，亦属认定事实不清。综上，原告卢某某要求撤销被告大兴区市监局作出的被诉《回复函》，并责令其依法履行查处职责的诉讼请求，法院予以支持。

例案三：青岛天某置业有限公司与青岛市黄岛区市场监督管理局行政纠纷案

【法院】

山东省青岛市中级人民法院

【案号】

（2021）鲁 02 行终 96 号

【当事人】

上诉人：青岛天某置业有限公司

被上诉人：青岛市黄岛区市场监督管理局

【基本案情】

青岛天某置业有限公司（以下简称天某公司）诉称，（1）原审法院认为"原告符合虚假宣传的两个构成条件，被告所作认定事实清楚，证据充分"错误，被上诉人青岛市黄岛区市场监督管理局（以下简称黄岛区市监局）进行行政处罚明显依据不足。①上诉人天某公司包括上诉人的职工从未在任何宣传平台发布、传播、宣传过"天和美寓"2号楼"类住宅，民水民电"，被上诉人认定上诉人涉嫌虚假宣传证据不足。②上诉人天某公司也从未授权任何单位和个人发布过任何"天和美寓"2号楼"类住宅，民水民电"的宣传内容。③上诉人天某公司开发的双子星商业开发项目，委托上海某房地产投资咨询有限公司青岛分公司进行项目策划、宣传、代理销售活动，但是上诉人也从未授权该代理公司发布过任何2号楼"类住宅，民水民电"的宣传内容。上诉人也从未发现过代理销售公司有上述宣传行为。④被上诉人黄岛区市监局提供的证据24、证据25充分说明在某狐焦点网上的宣传民水民电与上诉人无关。北京某信息服务有限公司回函证明："经查天和美寓项目从未和我公司进行广告合作，其在我网站上相关动态信息为我公司系统自动抓取发布或拨打电话提供的信息发布。"该证据被一审法院也作为有效证据证明上诉人虚假宣传实属错误。⑤被上诉人提供的证据34、证据35、证据36系王某某自行在安某客网上发布虚假信息，上诉人天某公司从未与王某某有过任何合作，王某某是青岛某房产有限公司的法定代表人，王某某为了自己的私利未经我公司同意自行进行的虚假宣传，造成的后果不应由我单位承担。⑥被上诉人提供的证据70《集体讨论记录》载明：因案情复杂，办案部门需要进一步补充证据，延期至2020年3月31日。⑦被上诉人黄岛区市监局提供的证据71《听证报告》载明：建议补充相关证据，提取上海某房地产投资管理公司青岛分公司与当事人之间的邮件等往来证据，进一步证明当事人对宣传内容知情并同意，同时进一步确定某狐网发布广告的主体。从被上诉人提供的以上证据可以看出，在听证报告作出时被上诉人自己都认为证据不足，在此后的补充调查中也未补充提供听证报告中指明的补充证据，相反，却补充了某狐网发布广告的主体与上诉人无关。综上理由，上诉人认为行政处罚的证据不足。（2）行政处罚的主体错误。原审法院认定"原告所称对代理销售公司的行为不知情不应作为委托方的原告承担责任的主张与事实和法律规定不符，法院不予采信"。但通过第1条上诉理由可以看出虚假宣传的行为主体是销售代理公司上海某房地产投资咨询有限公司青岛分公司、北京某信息服务有限公司以及王某某的青岛某房产有限公司，被上诉人黄岛区市监局不对上述三家公司进行处罚，却对没有作出任何宣传的上诉人进行处罚实属处罚主体错误。其中北京某信息服务有限公司、王某某的青岛某房产有限公司两家宣传主体与上诉人天某公司之间不存在任何关系。被上诉人并未提供有效证据证明上诉人对销售公司的虚假宣传知情，一审法院认为"原告主张'不应由作为委托方的原告承担责任的主张'与事实和法律规定不符"，对于该事实和法律规定，一审法院没有明示。（3）原审法院对一审起诉理由"广告内容涉嫌违法，违法情节一般，不应认罚"未进行审理，审理程序违法，应发回重审。上诉人天某公司认为，《广告法》第26条中的房地产属广义的房地产，房地产按属性又分为住宅性质房地产和商业性质房地产。对于住宅性质的房地产广告的确应该从严控制，这也是响应"房住不炒"政策的需要；对于商业类房地产本身就是商务、金融、住宿、餐饮、度假、办公用房，属于商业投资类房地产，应与住宅类房地产有所区别。特别是在2020年春节后全国疫情形势严峻，各行各业萧条，从中央到地方政府都大力扶持企业，帮助企业渡过难关，黄岛区市监局不顾市场形势的严峻，对天某公司横加高额处罚，造成生产经营严重困难。（4）被上诉人黄岛区市监局作出的行政处罚行为，程序违法。被上诉人在调查终结，案件审核后召开听证会，在听证会后又重新启动调查程序，补充证据，依据听证会后补充的证据直接作出了行政处罚，程序违法，剥夺了当事人陈述和申辩的权利。故提出上诉请求：请求二审法院依法撤销黄岛区人民法院（2020）鲁0211行初225号行政判决书，发回重审或依法撤销被上诉人作出的青黄市监罚字（2020）148号行政处罚决定书。

黄岛区市监局辩称：（1）被上诉人作出的行政处罚决定，事实清楚、证据确凿。（2）将上诉人天某公司作为案涉虚假宣传行为主体有充分的事实和法律依据。（3）案涉行政处罚程序合法。（4）上诉人天某公司在一审时对于其发布广告行为构成违法本身没有异议，只是认为"为照顾商业类地产的生存，该项目违法行为本身不应处罚"，上诉人该主张没有任何法律依据。原审法院已经对案件事实进行了充分调查，程序合法，上诉人关于一审程序违法的主张不符合事实。综上，请求维持原判。

法院经审理认定：2019年7月9日，黄岛区市监局执法人员根据举报线索对天某公司办公住所进行现场检查，发现天某公司在其开发的"天和美寓"项目销售过程中涉嫌违法，当天对天某公司立案调查。黄岛区市监局对天某公司住所进行检查，制作了现场笔录。2019年7月12日，黄岛区市监局对天某公司的法定代表人冯某某进行询问，制作了询问笔录。2019年8月30日，黄岛区市监局对天某公司的销售经理丁某某进行询问，制作了询问笔录。2019年9月17日，黄岛区市监局对青岛某房产有限公司法定代表人王某某进行调查询问，制作了询问笔录。黄岛区市监局对天某公司开发的"天和美寓"项目的销售相关情况进行调查，对天某公司的广告发布情况及广告费用以及营销中心宣传情况进行调查，提取了天某公司现场照片、户型宣传单页以及微信公众号"天和美寓"部分内容、"天和美寓"项目营销人员销售说辞等证据。2019年10月18日，对该案件进行了集体审理研究。审理记录记载："当事人在'天和美寓'项目房产销售过程中，对房屋类型作虚假宣传，宣称该项目2

号楼'类住宅、民水民电',欺骗、误导消费者,其行为涉嫌违反《反不正当竞争法》第8条第1款的规定,依据《反不正当竞争法》第20条第1款的规定,责令当事人停止违法行为,同意对当事人罚款20万元;当事人发布涉嫌违反《广告法》第26条第1款第1项、第2项规定的房地产广告,依据《广告法》第58条第8项的规定,鉴于当事人广告费用12140元,责令当事人停止发布违法广告,在相应范围内消除影响,同意对当事人罚款24280元。"2019年10月18日,黄岛区市监局向天某公司送达《行政处罚听证告知书》,告知书中记载的天某公司违法事实和处罚内容与前述集体审理案件记录一致。2019年11月1日,黄岛区市监局进行了听证会,天某公司参加听证会。2019年11月4日,黄岛区市监局召开重大案件负责人集体讨论会议,决定因案情复杂,同意延长办案期限至2020年3月31日。后黄岛区市监局对相关证据进行了补充调查。2020年2月25日,黄岛区市监局再次召开重大案件负责人集体讨论会议,会议记录载明的原告违法事实和处罚内容与前述集体审理案件记录、听证笔录记载内容一致。2020年2月26日,黄岛区市监局负责人对拟作出的行政处罚决定予以审批。同日,黄岛区市监局作出案涉行政处罚决定书[青黄市罚字(2020)148号],并于同日向天某公司送达。后天某公司缴纳了罚款,但不服该处罚决定诉至原审法院。

【案件争点】

1. 上诉人是否构成虚假宣传;

2. 被上诉人发布的处罚决定的对象是否正确;

3. 被上诉人是否存在程序违法。

【裁判摘要】

法院经审理认为:

1. 关于上诉人天某公司是否构成虚假宣传。上诉人委托上海某房地产投资咨询有限公司青岛分公司为策划销售代理方,进行项目宣传、代理销售活动。"天和美寓营销中心"销售人员在项目推广、销售过程中,宣称该项目2号楼为类住宅项目,民水民电。该宣传内容与"天和美寓"项目核定的房屋类型"商业、产权式酒店、办公"不符,项目交付后,水电收费与前期宣传行为不符,上述行为符合虚假宣传构成条件。

2. 关于行政处罚的对象问题。根据上诉人天某公司与上海某房地产投资咨询有限公司青岛分公司签订的《策划销售代理合同》的约定,上诉人对于销售人员有面试考核权,上诉人有权定期检查并指导工作,有权对项目合同约定的服务实施全程监督。结合被上诉人黄岛区市监局对上诉人公司销售经理的询问笔录等证据，上诉人关于其对于"类住宅、民水民电"的宣传毫不知情的主张不符合常理，且上诉人还是策划销售行为的被代理人，被上诉人将上诉人作为处罚对象并无不当。

3. 被上诉人黄岛区市监局对于案件进行了立案、调查，并组织了听证，被上诉人已在听证会中告知上诉人天某公司违法事实和处罚内容，充分听取了上诉人的陈述申辩，被上诉人在听证后对证据进行了补强，并未改变拟处罚的事实、依据和结果，在此情况下，并无规定需要重新组织听证，被上诉人处罚程序并无不当。

4. 上诉人天某公司行为已经构成违法，并造成相当的社会不良影响，因此，被上诉人黄岛区市监局对其进行处罚并无不当。上诉人关于其广告内容涉嫌违法，违法情节一般，不应处罚的理由不能成立。原审判决已经驳回上诉人的诉讼请求，不存在遗漏诉讼请求的情形，上诉人关于原审程序违法的主张不能成立。

三、裁判规则提要

1. 根据《广告法》第 4 条和第 26 条及《反不正当竞争法》第 8 条的规定，新建商品房在进行广告宣传时应当保证其内容的真实性，不得含有虚假或引人误解的内容，特别是对于楼盘的规划或者建设中的交通、商业、文化教育设施以及其他市政条件的描述不得作误导宣传。开发商若对上述因素进行了违反事实情况的虚假宣传将会导致消费者对房屋产生错误的认识和理解，欺骗消费者的同时，也损害了竞争对手的合法权益。新建商品房销售与二手房销售不同，消费者对于配套设施和周边环境的判断主要基于开发商的信息介绍和广告宣传，因此房地产开发商对于广告真实性应当负有更高的注意义务。

2. 结合上述案例可见，实践中，房地产开发商往往会以对广告宣传不知情、广告宣传系销售渠道公司发布等理由进行辩解，法院在审理类似案件时应当注意审查房地产开发商同销售渠道公司之间的实际合作模式，如根据案件证据显示房地产开发商对销售渠道公司（可能为销售公司或房地产中介机构）的工作内容存在实质审查，如对推广和销售计划等营销方案进行审批，对销售工作进行全程监督、定期检查等，使得销售渠道公司需在房地产开发商的批准审核下方可开展宣传活动，则应当认定房地产开发商为新建商品房的广告主，对于广告宣传内容承担责任。此外，在房屋销售过程中，房地产开发商通常会对销售渠道公司的宣传活动进行规范，因此，若出现虚假宣传的情形，也应当由开发商承担相应的责任。

四、辅助信息

《广告法》

第二条 在中华人民共和国境内，商品经营者或者服务提供者通过一定媒介和形式直接或者间接地介绍自己所推销的商品或者服务的商业广告活动，适用本法。

本法所称广告主，是指为推销商品或者服务，自行或者委托他人设计、制作、发布广告的自然人、法人或者其他组织。

本法所称广告经营者，是指接受委托提供广告设计、制作、代理服务的自然人、法人或者其他组织。

本法所称广告发布者，是指为广告主或者广告主委托的广告经营者发布广告的自然人、法人或者其他组织。

本法所称广告代言人，是指广告主以外的，在广告中以自己的名义或者形象对商品、服务作推荐、证明的自然人、法人或者其他组织。

第四条 广告不得含有虚假或者引人误解的内容，不得欺骗、误导消费者。广告主应当对广告内容的真实性负责。

第二十六条 房地产广告，房源信息应当真实，面积应当表明为建筑面积或者套内建筑面积，并不得含有下列内容：

（一）升值或者投资回报的承诺；

（二）以项目到达某一具体参照物的所需时间表示项目位置；

（三）违反国家有关价格管理的规定；

（四）对规划或者建设中的交通、商业、文化教育设施以及其他市政条件作误导宣传。

第五十八条 有下列行为之一的，由市场监督管理部门责令停止发布广告，责令广告主在相应范围内消除影响，处广告费用一倍以上三倍以下的罚款，广告费用无法计算或者明显偏低的，处十万元以上二十万元以下的罚款；情节严重的，处广告费用三倍以上五倍以下的罚款，广告费用无法计算或者明显偏低的，处二十万元以上一百万元以下的罚款，可以吊销营业执照，并由广告审查机关撤销广告审查批准文件、一年内不受理其广告审查申请：

（一）违反本法第十六条规定发布医疗、药品、医疗器械广告的；

（二）违反本法第十七条规定，在广告中涉及疾病治疗功能，以及使用医疗用语或者易使推销的商品与药品、医疗器械相混淆的用语的；

（三）违反本法第十八条规定发布保健食品广告的；

（四）违反本法第二十一条规定发布农药、兽药、饲料和饲料添加剂广告的；

（五）违反本法第二十三条规定发布酒类广告的；

（六）违反本法第二十四条规定发布教育、培训广告的；

（七）违反本法第二十五条规定发布招商等有投资回报预期的商品或者服务广告的；

（八）违反本法第二十六条规定发布房地产广告的；

（九）违反本法第二十七条规定发布农作物种子、林木种子、草种子、种畜禽、水产苗种和种养殖广告的；

（十）违反本法第三十八条第二款规定，利用不满十周岁的未成年人作为广告代言人的；

（十一）违反本法第三十八条第三款规定，利用自然人、法人或者其他组织作为广告代言人的；

（十二）违反本法第三十九条规定，在中小学校、幼儿园内或者利用与中小学生、幼儿有关的物品发布广告的；

（十三）违反本法第四十条第二款规定，发布针对不满十四周岁的未成年人的商品或者服务的广告的；

（十四）违反本法第四十六条规定，未经审查发布广告的。

医疗机构有前款规定违法行为，情节严重的，除由市场监督管理部门依照本法处罚外，卫生行政部门可以吊销诊疗科目或者吊销医疗机构执业许可证。

广告经营者、广告发布者明知或者应知有本条第一款规定违法行为仍设计、制作、代理、发布的，由市场监督管理部门没收广告费用，并处广告费用一倍以上三倍以下的罚款，广告费用无法计算或者明显偏低的，处十万元以上二十万元以下的罚款；情节严重的，处广告费用三倍以上五倍以下的罚款，广告费用无法计算或者明显偏低的，处二十万元以上一百万元以下的罚款，并可以由有关部门暂停广告发布业务、吊销营业执照。

《反不正当竞争法》

第四条　县级以上人民政府履行工商行政管理职责的部门对不正当竞争行为进行查处；法律、行政法规规定由其他部门查处的，依照其规定。

第五条　国家鼓励、支持和保护一切组织和个人对不正当竞争行为进行社会监督。

国家机关及其工作人员不得支持、包庇不正当竞争行为。

行业组织应当加强行业自律，引导、规范会员依法竞争，维护市场竞争秩序。

第八条　经营者不得对其商品的性能、功能、质量、销售状况、用户评价、曾获荣誉等作虚假或者引人误解的商业宣传，欺骗、误导消费者。

经营者不得通过组织虚假交易等方式，帮助其他经营者进行虚假或者引人误解的商业宣传。

第二十条　经营者违反本法第八条规定对其商品作虚假或者引人误解的商业宣传，或者通过组织虚假交易等方式帮助其他经营者进行虚假或者引人误解的商业宣传的，由监督检查部门责令停止违法行为，处二十万元以上一百万元以下的罚款；情节严重的，处一百万元以上二百万元以下的罚款，可以吊销营业执照。

经营者违反本法第八条规定，属于发布虚假广告的，依照《中华人民共和国广告法》的规定处罚。

《房地产广告发布规定》

第四条　房地产广告，房源信息应当真实，面积应当表明为建筑面积或者套内建筑面积，并不得含有下列内容：

（一）升值或者投资回报的承诺；

（二）以项目到达某一具体参照物的所需时间表示项目位置；

（三）违反国家有关价格管理的规定；

（四）对规划或者建设中的交通、商业、文化教育设施以及其他市政条件作误导宣传。

　　第二十一条　违反本规定发布广告,《广告法》及其他法律法规有规定的,依照有关法律法规规定予以处罚。法律法规没有规定的, 对负有责任的广告主、广告经营者、广告发布者, 处以违法所得三倍以下但不超过三万元的罚款; 没有违法所得的, 处以一万元以下的罚款。

房地产中介纠纷案件裁判规则第 5 条：

在新建商品房销售中，房地产中介机构与下游分销公司约定，以向下游分销公司支付佣金的条件为上游开发商或者总包公司向房地产中介机构结算佣金，此条款不违反法律法规强制性规范，如系当事人真实意思表示，当属合法有效，具有法律约束力

【规则描述】 在新建商品房销售中，部分开发商会将房源承包给房地产中介机构进行销售，房地产中介机构作为此部分房源的总承包商，会同下游分销公司签署分销协议，由其为楼盘项目寻觅客源，为购房人提供宣传带看、签约咨询等服务。在存在多环节销售链的情况下，钱款结算也会存在多个步骤：（1）开发商根据其与房地产中介机构达成的合意，按照实际成交套数等方式向房地产中介机构结算佣金；（2）房地产中介机构与下游分销公司达成合意，根据成交套数等计算方式向分销公司结算佣金。其中，房地产中介机构为避免垫付佣金，往往会同下游分销公司设置"背靠背"支付条件，即只有当上游开发商为房地产中介机构结算佣金后，才会向下游分销公司支付对应部分佣金。此条款如果不违反法律、行政法规的强制性规定，不违背公序良俗，如系当事人真实意思表示，符合公平原则和诚信原则，当属合法有效，具有法律约束力。房地产中介机构在证明上游开发商未向其结算佣金的情况下，主张拒绝向下游分销商支付佣金的，应获法院支持。

一、类案检索大数据报告

案例来源：Alpha 案例库，案件数量：3436 件，数据采集时间：2023 年 10 月 31

日，本次检索共获取相关房地产中介纠纷案件裁判文书 3436 篇。

如图 5-1 所示，从案件主要地域分布来看，此类案件主要集中在广东省、上海市、浙江省，占比分别为 26.98%、16.09%、10.56%。其中广东省的案件数量最多，达到 927 件。

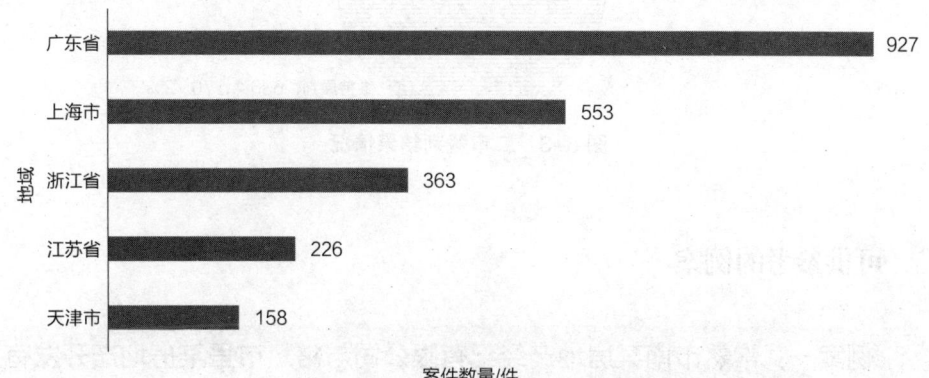

（注：图表只列举案件数量排名前5的地区）

图 5-1 案件主要地域分布情况

如图 5-2 所示，可以看到此类案件的审理程序分布状况。一审案件有 2576 件，二审案件有 829 件，再审案件 31 件。

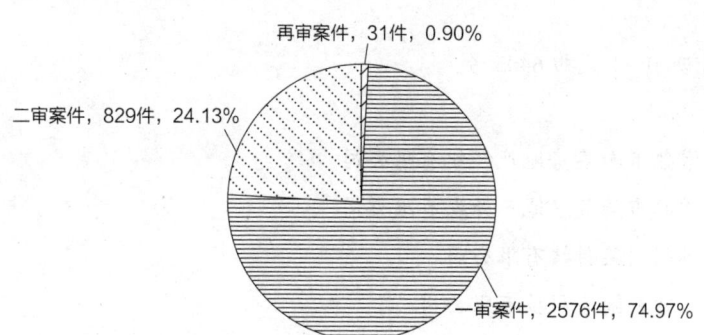

图 5-2 案件的诉讼程序分布情况

如图 5-3 所示，通过对二审裁判结果的可视化分析可以看到，此类案件维持原判的有 636 件，占比 76.72%；改判的有 179 件，占比 21.59%；发回重审的有 4 件，占比 0.50%；其他的有 10 件，占比 1.21%。

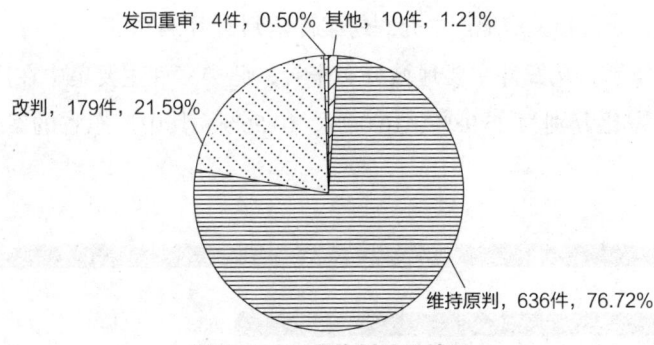

图 5-3　二审裁判结果情况

二、可供参考的例案

> **例案一：常熟市南某房地产经纪有限公司与常熟市呈某房地产开发有限公司、苏州闹某科技有限公司商品房委托代理销售合同案**

【法院】

　　江苏省常熟市人民法院

【案号】

　　（2022）苏 0581 民初 6405 号

【当事人】

　　原告：常熟市南某房地产经纪有限公司

　　被告：常熟市呈某房地产开发有限公司

　　被告：苏州闹某科技有限公司

　　第三人：常熟闹某科技有限公司

　　第三人：常熟环某房产经纪有限公司

　　第三人：陈某某

　　第三人：周某某

【基本案情】

　　原告常熟市南某房地产经纪有限公司（以下简称南某公司）诉称，二被告常熟市呈某房地产开发有限公司（以下简称呈某公司）、苏州闹某科技有限公司（以下简称苏州闹某公司）于 2021 年 10 月 12 日签订合同，约定被告苏州闹某公司为呈某公司开发的虞门雅苑项目提供居间代理服务。苏州闹某公司、常熟闹某科技有限公司（以下简称常熟闹某公司）均为天津某信息技术有限公司独资设立的公司，同属于"某壳方"的公司。原告南某公司与第三人苏州闹某公司于2021年11月25日签订《N渠道合作框架协议》，约定由第三人作为某壳方的代表，与原告签订分销服务协议，原告根据某壳方的要求对房源项目提供分销服务。双方对分销服务费（佣金）进行了约定，并约定某壳品牌费费率为原告应分得分销服务费的3%，在支付分销服务费时直接进行抵扣。上述协议签订后，原告南某公司针对虞门雅苑项目提供了分销服务，2021年12月21日，原告在报备后带领客户至虞门雅苑看房。根据原告南某公司核实，该客户于2021年12月成交了一套虞门雅苑的房屋，并于2022年1月17日签订了商品房销售合同。该套房屋实际成交价格为530万元，佣金为房屋总价的1.56%，故在扣除品牌费后，二被告应向原告支付分销服务费80199.6元。原告多次催讨未果，为此诉至法院，请求判如所请。故提出诉讼请求：（1）判令被告呈某公司、苏州闹某公司共同支付原告分销服务费80199.6元；（2）本案诉讼费由二被告承担。

被告呈某公司辩称：（1）呈某公司和原告南某公司没有合同关系，不能结佣给原告。（2）根据呈某公司和第三人常熟闹某公司签订分销合同约定，分销商的推荐流程是先要录入客户信息，必须包括客户的姓氏及客户真实有效完整的电话号码，原告提交的证据显示其录入的电话号码为158×××××××，但实际签约客户电话号码为152×××××××，与原告所说的电话号码不一致，无法确定为同一客户，所以也无法结佣给原告。

被告苏州闹某公司辩称：原告南某公司起诉所称的房源客户是否为原告推荐尚未经过呈某公司确认。原告起诉所涉房源是否为有效客户，是否达到成功销售条件，仍需呈某公司确认，苏州闹某公司尚未收到任何客户确认文件及佣金。苏州闹某公司对原告的付款条件尚未成就，原告诉请房源暂未达到合同约定的结算条件。原告诉请的金额尚不能确认，原告开具的发票类型也不同，则支付的佣金数额也不同，在原告未提供发票的情形下，佣金的数额尚不能确认。

第三人常熟闹某公司述称：呈某公司尚未确认该客户是否成交，故原告南某公司主张的分销服务费金额无法确定，也未能满足结算条件。

第三人常熟环某房产经纪有限公司（以下简称环某公司）述称：其不知道陈某某与原告南某公司之间的法律关系，其仅系按正常流程为陈某某推荐房产，其与本案无关。

　　法院经审理查明：2021 年 10 月 12 日，呈某公司（甲方）与常熟闹某公司（乙方）签订一份《虞门雅苑项目 VS 某壳分销合作合同（不包含车位）》，约定：甲方委托乙方为虞门雅苑项目住宅产品提供居间代理服务，并促成甲方与乙方招揽的客户签订商品房买卖合同，合作期限自 2021 年 10 月 12 日起至 2021 年 12 月 31 日止。乙方的经纪人须使用甲方分配给乙方的账户登录甲方凤凰同盟汇渠道登记系统录入客户信息，系统即时识别该客户是否为首次来访客户，如是，乙方经纪人则成功录入客户信息，录入之日为乙方推介之日，录入信息必须包括客户姓氏及客户真实有效完整的电话号码。客户信息成功录入后，乙方自行组织客户参观该项目，乙方需提前 30 分钟在渠道登记系统录入客户信息及预约客户到访时间，待甲方于渠道登记系统确认乙方的预约信息后，乙方须按渠道登记系统确认的时间组织客户前往项目参观。乙方陪同人员随团到达该项目后，应向甲方提供到访客户二维码并由案场负责人确认或通过销售案场 ASMJ 机自助扫码确认，完成到访确认。乙方未委派工作人员陪同客户参观或虽陪同参观但未按照上述要求完成客户到访确认的，则不视为乙方有效推介客户。若客户首次购买的商品房在乙方推介之日为甲方已经公开推售的商品房，则客户在乙方推介之日起 30 日内签署一套或多套商品房的《认购书》，且客户随后按照认购书或协议书约定时间签署对应商品房买卖合同并按照约定支付首期房价款的，则该客户购买的商品房视为乙方成功销售的商品房。关于争议客户的认定，如客户未到访该项目的，则业绩归属于最先录入该客户完整电话号码的一方，如该客户已确认到访该项目的，则业绩归属于最先陪同该客户到访项目的一方。佣金费率为 1.8%，在客户签署商品房买卖合同并按约定支付首期楼款后，甲方一次性计发 100% 的佣金。佣金按月结算，甲方在每月 20 日前将乙方上月促成的商品房明细提供给乙方确认，乙方需在 3 日内将签章确认的商品房明细交给甲方，本合同约定的佣金均为已包含税金及附加税的佣金，甲方须在收到商品房明细之日起 3 日内将上月的佣金数额提供给乙方，乙方须 3 日内开具合法等额有效的中介服务增值税专用发票给甲方，若乙方仅能提供增值税专用发票以外的普通发票，则佣金金额相应调减，调减金额为 6% 乘以原佣金数额，甲方收到乙方发票之日起 30 日内将前述应付佣金划转至乙方账号，乙方未提供上述发票的甲方有权顺延支付款项而不承担违约责任。

　　2021 年 11 月 25 日，苏州闹某公司（甲方）与南某公司（乙方）签订一份《N 渠道合作框架协议》，约定：甲方或甲方关联方与开发商委托的代理商签约，约定某壳方统一指定本协议中的甲方作为某壳方于本协议项下的签约代表，一经某壳方与乙方盖章，本协议即在甲方与乙方之间以及其他某壳方与乙方之间产生法律约束力，客户确认及成功销售等均以开发商对某壳方设定的规则为准。某壳方应支付乙方的分销服务费（含税）金额、计算标准、计算方式等均以某壳方发送的《关于分销服务费等合作内容的通知》为准，分销服务费（含税）结算条件为，乙方达到成功销售的条件，且乙方提供结算资料齐全（包括到访确认单、成功销售确认单、符合某壳方要求的发票等），且某壳方全额收到针对该客户项目开发商应支付给某壳方的全部佣金。若乙方为品牌主的门店，且乙方需向品牌主支付品牌费的，品牌费费率为某壳方应付乙方分销服务费的3%，乙方同意某壳方从应付乙方的分销服务费中直接扣除前述品牌费，乙方仍应按照某壳方支付给乙方的全部分销服务费向某壳方开具发票。如出现乙方人员向客户承诺现金返利或以其他任何形式变相返利等情形，乙方按照1万元/次向某壳方支付违约金；某壳方无义务向乙方支付违约情形下成交的相关房源对应的佣金。合同中还约定了其他内容。

2021年12月20日，南某公司法定代表人张某通过微信与购房客户陈某某沟通商定次日去案涉虞门雅苑项目看房，双方还商谈了三环内其他房产购买意向的情况。2021年12月21日10时12分，南某公司工作人员在"虞门雅苑某壳报备群"报备了陈某某到访的信息。后陈某某、周某某均参加了当日由南某公司组织的看房。虞门雅苑项目登记备案系统显示包括推介及到访时间、看房时间、报备时间、客户手机号码、审核时间等信息在内的备案记录，推介及到访时间均为2021年12月21日。

2022年1月17日，陈某某、周某某与呈某公司签订一份《商品房买卖合同》，由陈某某、周某某向呈某公司购买×××室商品房，合同约定商品房总价为530万元，签订合同时支付总房价款的20%，2022年1月27日前支付总房价款的16.98%，于2022年4月27日前支付总房价款的63.02%（按揭款）。呈某公司认可陈某某、周某某的首付款已经付清。呈某公司备案系统另显示登记客户为周某某的备案信息为，推介及到访时间2021年12月26日，认购时间为2021年12月25日，带看房人为环某公司处工作人员。

审理中，原告南某公司与被告呈某公司、苏州闹某公司及第三人常熟闹某公司一致确认在开具增值税发票的情况下，如系原告销售成功案涉房源，可以计取的佣金金额为80199.6元。

陈某某、周某某表示，陈某某、周某某系夫妻关系，其在2021年年末准备置换房产，南某公司是其接触的房产渠道之一，通过多渠道调研初步选定虞门雅苑的房产，通过各渠道进行房价对比；南某公司提出通过他们的渠道买方可以将佣金一部分进行返利，楼盘现场的销售人员提出将分销渠道的 6 万元佣金返利，后其选择现场销售的营销方案；楼房现场的销售人员和南某公司的销售行为均存在问题，在违规销售过程中以消费者的利益进行博弈。

南某公司针对是否存在佣金返利的问题表示，其并没有针对虞门雅苑项目房产承诺对陈某某、周某某进行返利，微信聊天记录显示的返利是针对其他楼盘项目，上面也提到了分洋房、中叠、下叠、大平层有不同情况的处理，同期南某公司向陈某某提供了其他房源，才提出了佣金返利。

呈某公司表示，目前该房源被认定为环某公司分销成功，但是因原告南某公司存在争议，故服务费尚未结算支付。

【案件争点】

1.《N 渠道合作框架协议》和《虞门雅苑项目 VS 某壳分销合作合同（不包含车位）》的合同效力；

2. 南某公司是否有权向苏州闹某公司主张分销服务费；

3. 分销服务费的付款条件是否已经达成。

【裁判摘要】

法院经审理认为：

1. 南某公司与苏州闹某公司签订的《N 渠道合作框架协议》、呈某公司、常熟闹某公司签订的《虞门雅苑项目 VS 某壳分销合作合同（不包含车位）》系各双方真实意思表示，不违反相关法律法规强制性规范，合法有效，具有法律约束力，各方均应遵循并全面履行。

2. 案涉虞门雅苑项目房产的购房客户陈某某、周某某于 2021 年 12 月 25 日认购案涉商品房一套，于 2022 年 1 月 17 日签订商品房买卖合同，陈某某、周某某系同一客户。原告南某公司于 2021 年 12 月 21 日推介看房时，虽然登记的是陈某某的姓名和电话号码，但当日周某某也一并参加看房，此后环某公司于 2021 年 12 月 25 日推介看房时虽然登记的是周某某的姓名和电话号码，但仍然是与陈某某共同购房，不影响双方系同一客户的认定。根据前述合同约定，原告南某公司推介看房并备案在先，陈某某、周某某购买案涉房产应认定系由原告南某公司成功销售，原告南某公司依约有权向合同相对方被告苏州闹某公司主张分销服务费。至于原告南某公司是否存在承诺佣金返利违约的问题，根据原告处人员与陈某某的微信聊天记录显示，同时期双方商谈的购房意向并不限于案涉虞门雅苑项目，结合原告前一句聊天还提及了概括式的佣金返利宣传，故现有证据尚不足以认定其佣金返利承诺是明确针对本案销售房产。关于原告南某公司可以计取的分销服务费，因案涉房产总房价为530万元，原告主张金额为80199.6元，其他关联方当事人认可在开具增值税发票情况下该金额属实，故法院予以确认。

3. 根据《N渠道合作框架协议》约定，原告南某公司尚未开具符合约定的发票，苏州闹某公司也未能收取针对该客户的由呈某公司支付的佣金，故分销服务费结算条件尚未成就，原告现起诉主张被告苏州闹某公司支付分销服务费，法院不予支持。待条件成就后，原告可另行依法处理。原告起诉主张被告呈某公司支付分销服务，但双方之间无合同关系，缺乏事实依据，法院不予支持。第三人环某公司经法院合法传唤无正当理由未到庭参加诉讼，应视为其放弃应诉抗辩等诉讼权利，由此产生的不利后果由其自行承担。

例案二：深圳睿某咨询有限公司与某找房（深圳）科技有限公司、深圳市龙某房地产有限公司服务合同纠纷案

【法院】

广东省深圳市福田区人民法院

【案号】

（2022）粤0304民初29051号

【当事人】

原告：深圳睿某咨询有限公司

被告：某找房（深圳）科技有限公司

被告：深圳市龙某房地产有限公司

【基本案情】

原告深圳睿某咨询有限公司（以下简称睿某公司）诉称，其与被告某找房（深圳）科技有限公司（以下简称某找房公司）签订的《某找房新房渠道合作协议》显示，合作期限为2021年6月至2022年6月；我方按照甲方的要求，为被告承接的房地产销售项目推介客户资源，按期完成销售任务，被告应向我方结算分销服务费。故提出诉讼请求：（1）二被告支付原告佣金15万元；（2）二被告承担诉讼费。

被告某找房公司辩称：（1）双方约定的分销服务费结算条件未成就，被告无须向原告睿某公司支付分销服务费。原告未能提供证据证明结算条件已经成就并已提交结算资料。被告深圳市龙某房地产有限公司（以下简称龙某公司）未向被告某找

房公司支付转介服务费，被告某找房公司已就包含案涉佣金在内的 14 套物业转介服务费向被告龙某公司反复催告，无果，被告某找房公司已提起诉讼，目前该诉讼尚未裁决。（2）原告睿某公司主张的分销服务费金额 15 万元无事实及法律依据。被告某找房公司系房地产中介平台，平台将合作的分销公司统称为渠道方，渠道方又分为内渠和外渠，内渠是以品牌形式与平台合作的分销公司，平台费 15%，外渠是以个体形式与平台合作的分销公司，平台费为 20%。原告睿某公司属于外渠，即每成交一单，平台将扣除该单总额的 20% 作为平台费，向原告按照总额的 80% 进行结算，即本案分销服务费应为 12 万元。

法院经审理查明：睿某公司提交的其（乙方）与某找房公司（甲方）签订的《某找房新房渠道合作协议》显示，合作期限为 2021 年 6 月至 2022 年 6 月；乙方应按照甲方的要求，为甲方承接的房地产销售项目推介客户资源，按期完成销售任务；分销服务费结算条件：项目合作方向甲方支付完毕乙方成功销售物业对应转介服务费后，甲方向乙方结算分销服务费；分销服务费支付流程：乙方每月就达到结算标准的成交物业与甲方进行对账，甲方于审核无误且收到符合甲方要求的对应发票后 15 个工作日内向乙方支付对应款项，甲方对于乙方提交的结算清单有异议的，有权暂缓支付至双方确认对账一致。乙方应提供等额增值税专用发票（税点为 6%，若乙方提供发票税点为 3%，则甲方有权于结算时扣除税点差额部分款项）；如出现乙方未按甲方要求提供结算资料及其他必要证明文件、业绩存在争议或未能明确业绩归属等非甲方单方过错导致的情况，导致甲方无法按时付款时，甲方不构成违约。

睿某公司提交的微信聊天记录显示，2021 年 12 月 19 日，睿某公司委托诉讼代理人邓某某向"陈某某某家渠道部湖北潜江 1993"询问"你们某壳不代理龙某"，对方回复"代理呀""龙某玖瑞府超级高佣 15 万元 / 套"。2021 年 12 月 23 日，邓某某询问"玖瑞府是不管多大面积都是 15 万元一套吗"，对方回复"对的"。

睿某公司提交的《龙某玖瑞府房号确认单》显示，案外人赵某确认认购龙某玖瑞府 1 栋 3 单元 ×× 号房。

某找房公司提交的《催告函》及快递详情显示，2022 年 7 月 7 日，某找房公司向龙某公司发出《催告函》，催收分销转介佣金。被告龙某公司于 2022 年 7 月 8 日签收。

某找房公司陈述：上述《催告函》发出后，龙某公司未支付任何款项，被告某找房公司于 2022 年 7 月 12 日对龙某公司就包括本案房产在内的分销转介佣金提起民事诉讼，方式为网上申请立案。

另查，经国家企业信息系统查询，睿某公司经营范围包括商务信息咨询，提供房屋市场咨询、分析服务，投资咨询等。某找房公司经营范围包括从事房地产中介服务、房地产信息咨询等。

【案件争点】

某找房公司是否应当向睿某公司结算佣金。

【裁判摘要】

法院经审理认为：

依法成立的合同，对当事人具有法律约束力。案涉《某找房新房渠道合作协议》系原告睿某公司与被告某找房公司的真实意思表示，不违反法律规定，合法有效，双方均应依约履行。睿某公司与某找房公司作为从事房地产信息咨询等业务的公司，对于开发商结佣理应具有共同认知，双方于案涉协议中明确约定了附开发商结佣的付款条件，属于合理的商业风险。该付款条件并未显失公平，且现有证据未显示被告某找房公司存在恶意阻止条件成就之情形，在原告睿某公司并未进一步举证证明付款条件已成就的情况下，法院对睿某公司诉请不予支持。待付款条件成就后，睿某公司可另行主张权利。

例案三：大连佳某房屋经纪有限公司与某卖房（大连）科技有限公司服务合同纠纷案

【法院】

辽宁省大连市中级人民法院

【案号】

（2021）辽 02 民终 7747 号

【当事人】

上诉人：大连佳某房屋经纪有限公司

被上诉人：某卖房（大连）科技有限公司

【基本案情】

大连佳某房屋经纪有限公司（以下简称佳某公司）上诉称，（1）一审认定某卖房（大连）科技有限公司（以下简称某卖房大连公司）与案外人之间的佣金约定对佳某公司产生拘束力，违背合同相对性，属于认定事实错误。某卖房大连公司称其是沈阳某卖房科技有限公司（以下简称沈阳某卖房公司）的唯一合作方，沈阳某卖房公司与案外人大连东方某都置业有限公司（以下简称东方某都公司）签订协议，约定沈阳某卖房公司如出售案涉楼盘指定面积的房屋，沈阳某卖房公司可以在收到佣金的 1 个工作日内按照实际成交价的 4.5% 向某卖房大连公司支付佣金，但不包括案涉房屋。因东方某都公司未向沈阳某卖房公司支付佣金，所以某卖房大连公司无法向佳某公司支付佣金。①关于某卖房大连公司与沈阳某卖房公司之间的协议、沈阳某卖房公司与东方某都公司之间的协议，佳某公司在分销房屋时不知情。在分销房屋时，佳某公司提前向某卖房大连公司报备所售案涉房屋，某卖房大连公司同意由佳某公司代为分销，随后也确认佣金数额为 4.5 万元。②基于合同相对性中的责任相对性，责任只能在特定合同关系当事人之间发生，合同以外的人不负责任。东方某都公司对沈阳某卖房公司的责任、沈阳某卖房公司对某卖房大连公司的责任只能由协议的双方承担，不应由某卖房大连公司承担。③佳某公司无法知晓开发商、沈阳某卖房公司、某卖房大连公司三者之间何时以何种方式向何人账户支付佣金，一审判决要求佳某公司举证某卖房大连公司已收到开发商支付的佣金是强人所难。（2）一审认定佳某公司与某卖房大连公司签订的协议对服务费的具体数额无明确约定，佳某公司仅凭朋友圈截图计算案涉服务费不符合约定，属于认定事实错误。①协议约定"具体销售合作项目以双方签署的合作补充协议为准；分销服务费结算以双方签署的合作补充协议为准"。某卖房大连公司拒绝与佳某公司签订补充协议，也拒绝与佳某公司结算。在此前提下，双方之间对分销和佣金事宜的微信记录应视为补充协议或补充约定。②协议约定"甲乙双方的佣金计提比例，甲方有权根据案场情况进行调整，各案场计提比例以甲方最终通知为准"。某卖房大连公司是以朋友圈方式开展分销工作的，佳某公司提供的朋友圈截图正是某卖房大连公司对该案场计提比例的最终通知。③佳某公司提交新证据，可以证明某卖房大连公司确认佳某公司应提案涉房屋佣金为 4.5 万元。（3）一审认定双方签订的协议是附条件的合同，适用附条件合同的法律规定，系适用法律错误。①所谓附条件的合同是指合同的双方当事人在合同中约定某种事实状态，并以其将来发生或者不发生作为合同生效或者不生效的限制条件的合同。所附条件是当事人用以限定民事法律行为效力的附属意思表示。案涉合同已生效，不是附生效或解除条件的附条件合同，应将附条件合同与生效且附付款条件的合同相区分，后者是民事法律行为自身内容的一部分，而非决定效力的附属意思表示。②"收款后，再付款"的约定不是对合同效力设定条件，从法律性质上看是一种关于付款期限的约定。认为"收款后，再付款"是附了付款条件，不能混淆"附条件的民事法律行为"与"履行期限"两个概念。"甲方收到开发商支付的佣金"不是《框架协议》生效的条件，仅是对于佣金支付期限的约定。权利义务关系明确的案件中约定以第三人履行义务为付款条件应视为附期限合同。③买卖合同正常履行的情况下，客户已将房款支付给开发商，开发商应将佣金支付给佳某公司，该支付佣金的期限必然会到来。至于何时到来不明确，因此佣金支付期限处于履行期限不明确的状态，应视为对付款期限约定不明。根据原《合同法》第62条①规定，履行期限不明确的，债务人可以随时履行，债权人也可以随时请求履行，故佳某公司可以随时请求某卖房大连公司支付佣金。（4）佳某公司已履行协议约定的全部义务，某卖房大连公司应全面履行其义务，否则有失公平。《某卖房分销合作框架协议》是双方真实意思表示，没有违反法律、行政法规的强制性规定，合法有效，应受法律保护，根据原《合同法》第60条②规定，双方当事人应依约全面履行合同义务。佳某公司已分销案涉房屋且购房人足额付清购房款，其有权获得佣金。某卖房大连公司具备履行协议约定义务的能力。佳某公司无从了解某卖房大连公司与开发商之间的付款约定以及付款情况，按照一审认定的事实和适用的法律，佳某公司有可能永远无法取得佣金，这将导致合同目的无法实现，严重损害佳某公司的利益，不符合民事活动遵循的公平诚信原则。如果某卖房大连公司不同意支付佣金4.5万元，其应举证证明应当支付的佣金数额；如果某卖房大连公司无法履行合同义务，应承担违约责任。故提出请求：撤销一审判决，依法改判支持佳某公司的一审诉讼请求；一审、二审诉讼费由某卖房大连公司承担。

某卖房大连公司辩称：不同意佳某公司的上诉请求。关于佣金的结算，某卖房大连公司与佳某公司签订的合同属于非包销类别，双方合同约定分销服务费支付的前提是客户成功购房，结算资料齐全，且甲方收到开发商支付的佣金后。某卖房大连公司暂时未收到开发商支付的佣金，现无法与佳某公司结算佣金。

法院经审理查明：2020年4月11日，佳某公司、某卖房大连公司签订《某卖房分销合作框架协议》，约定某卖房大连公司授权佳某公司参与某卖房大连公司承接楼盘的销售合作，销售范围包含合作期内合作项目的所有在售房源，具体销售合作项目以双方签署的合作补充协议为准。双方合作期限自合同签订之日起至2020年12月31日止。双方同时约定分销服务费按佳某公司带客户成交收取佣金的比例计提，分销服务费均为含税价，某卖房大连公司无须另行向佳某公司支付任何其他费用。适

---

① 参见《民法典》第511条。
② 参见《民法典》第509条。

用某卖房大连公司的具体比例为扣除佣金10%。佳某公司、某卖房大连公司双方的佣金计提比例某卖房大连公司有权根据具体情况进行调整。具体比例以某卖房大连公司最终通知为准，原告应予配合。如佳某公司不配合，某卖房大连公司有权随时终止本协议，并且不承担违约责任。分销服务费支付前提：客户成功购房，结算资料齐全，且某卖房大连公司收到开发商支付的佣金后。合同还约定了其他权利义务。

上述协议签订后，佳某公司推介客户吴某与案外人东方某都公司、大连某怡和房地产开发有限公司签订《大连恒大四季上东商品房认购书》（建筑面积103.88平方米）。佳某公司于2020年12月4日向某卖房大连公司催要该笔分销服务费。

另查，2020年4月1日，案外人东方某都公司与案外人沈阳某卖房公司签订《大连东方某都置业有限公司商品房团购协议》，约定案外人沈阳某卖房公司团购案外人东方某都公司开发的大连恒大四季上东楼盘部分商品房（建筑面积58.69平方米、47.49平方米、39.15平方米、61.80平方米、63.35平方米、47.54平方米）。案外人沈阳某卖房公司在2020年6月20日前成功推荐第三方购买前述团购房可获得该商品房实际成交价4.5%的佣金。未在相应时间段成功出售的团购房，按相应的标准扣除商品房的部分团购定金。2020年3月25日，案外人沈阳某卖房公司与某卖房大连公司签订《大连恒大迦南公馆项目销售服务协议书》，约定某卖房大连公司有意愿就案外人东方某都公司开发的恒大迦南公馆（备案名：恒大四季上东）房源与案外人沈阳某卖房公司开展独家渠道销售服务合作，某卖房大连公司为本项目房源的唯一销售服务合作方。协议合作期限自2020年3月25日起至2020年8月31日止。在本协议合作期限内，某卖房大连公司客户若认购非本项目合作房源，但是本项目开发商提供房源并签署《商品房认购书》，此部分业绩也计入某卖房大连公司销售业绩，但不按本合同约定支付佣金，具体佣金执行标准按开发商与案外人沈阳某卖房公司签署的销售渠道分销协议约定的佣金标准结算佣金，该笔佣金在开发商支付给案外人沈阳某卖房公司后，案外人沈阳某卖房公司于收款后1个工作日内支付给某卖房大连公司。双方约定的合作房源不包括建筑面积为103.88平方米的房屋。

案外人沈阳某卖房公司于2021年3月1日向某卖房大连公司出具《结款进度沟通函》，表示案外人东方某都公司应付该公司6809514元，实际付款0元。该公司正在与案外人东方某都公司就欠款金额进行积极沟通，并视反馈结果，考虑采取进一步措施。

【案件争点】

1. 佳某公司与某卖房大连公司签订的《某卖房分销合作框架协议》的效力；

2.某卖房大连公司应否向佳某公司支付分销服务费。

【裁判摘要】

法院经审理认为：

1.佳某公司与某卖房大连公司签订的《某卖房分销合作框架协议》系双方真实意思表示，不违反法律、行政法规强制性规定，应属合法有效，双方均应依约履行。《某卖房分销合作框架协议》约定："分销服务费支付前提：客户成功购房，结算资料齐全，且某卖房大连公司收到开发商支付的佣金后。"根据该约定，客户成功购房，结算资料齐全且某卖房大连公司收到开发商支付的佣金，是某卖房大连公司向佳某公司支付分销服务费的前提条件。某卖房大连公司自称未收到开发商支付的佣金，佳某公司亦无证据证实某卖房大连公司收到开发商支付的佣金，即双方约定的某卖房大连公司支付分销服务费的条件尚未成就。而且，从某卖房大连公司提供的其与沈阳某卖房公司签订的《大连恒大迦南公馆项目销售服务协议书》、沈阳某卖房公司于2021年3月1日向某卖房大连公司出具的《结款进度沟通函》显示，沈阳某卖房公司向某卖房大连公司支付认购非本项目合作房源但属本项目开发商房源所涉佣金，前提亦是沈阳某卖房公司收到开发商支付的佣金后1个工作日内向某卖房大连公司支付；沈阳某卖房公司告知某卖房大连公司，开发单位东方某都公司未向沈阳某卖房公司付款且正就欠款金额沟通。由此来看，某卖房大连公司主观上不存在为了不向佳某公司履行佣金给付义务而不正当阻止双方约定的付款条件成就的情形。故在沈阳某卖房公司向某卖房大连公司支付分销服务费或佣金的条件未成就的情况下，佳某公司要求某卖房大连公司支付案涉佣金，法院不予支持。

2.佳某公司与某卖房大连公司签订的协议书约定："分销服务费支付前提：客户成功购房，结算资料齐全，且某卖房大连公司收到开发商支付的佣金后。"根据上述约定，某卖房大连公司向佳某公司支付分销服务费，应当是"客户成功购房""结算资料齐全"以及"某卖房大连公司收到开发商支付的佣金"这三个事实同时具备。而在该协议签署当时，这三个事实并不属于将来确定发生的事实状态，故一审认定上述条款系附条件约定，并无不当。佳某公司主张上述条款系履行期限不明确的付款期限约定，没有依据，法院不予采纳。至于佳某公司提出其无法知晓东方某都公司与沈阳某卖房公司之间的协议、沈阳某卖房公司与某卖房大连公司之间的协议以及三者之间的佣金支付情况一节，法院认为，本案系基于某卖房大连公司与佳某公司签订的《某卖房分销合作框架协议》有关分销服务费支付条件的约定，认定案涉分销服务费的给付条件尚未成就；双方理应是在对合同外的第三方向某卖房大连公司履行义务的合理预判基础上，对分销服务费支付条件进行的约定。在现有证据显示某卖房大连公司以及与其存在合同关系的第三方正在沟通协调相关佣金给付情况下，佳某公司以其不知道合同外的当事人之间约定及佣金支付情况，无法实现其合同目的为由，要求某卖房大连公司支付案涉佣金，证据不足，法院不予采纳。

三、裁判规则提要

"背靠背"支付条款是分销开发商房源的房地产中介机构为缓解自身支付风险与资金压力的约束条款，在此类条款中规定房地产中介机构向分销商支付佣金的前提是其必须得到上游开发商支付的佣金。近几年开发商爆雷屡见不鲜、拖欠佣金结算频发，此类诉讼案件日渐增多，法院在审理类似案件时应当注意：

1. "背靠背"支付条款是基于当事人的意思自治，不违反法律法规的强制性规定，应属合法有效。"背靠背"条款本身属于合同自由约定的范畴，在合同签订时，如果房地产中介机构与下游分销商对于合同内容当有相同的认知力，并且在合同签订过程中体现了平等自愿、公平合理、诚信等原则，其本身当属合法有效。且在私法领域，意思自治是民法核心原则，合同双方达成合意形成的合同条款不应因违反公平原则而被直接宣布无效。法院在判断类似条款效力时，应重点关注合同的签署是不是双方真实的意思表示。同时，"背靠背"条款本质系附条件条款，即房地产中介机构收到房地产开发商的佣金是向其分销商履行付款义务的条件，该条款在合同生效时即生效，合同双方均受约束。需要特别指出的是，如果房地产中介机构属于大型企业，不当利用其市场优势地位，迫使属于中小型企业的下游分销商不得不接受不合理的支付条件，违反了《保障中小企业款项支付条例》等法律、行政法规强制性规定，人民法院可以依据《民法典》第153条第1款的规定，认定该约定条款无效。

2. 房地产中介机构以"背靠背"条款中付款条件未成就进行抗辩，如满足以下三点，法院应予支持：（1）提供证据证明房地产开发商与其之间的佣金未结清；（2）房地产开发商未能向其结算佣金并非房地产中介机构所导致；（3）房地产中介机构积极行使自身权利，如催告、验收、审计等。

四、辅助信息

《民法典》

第七条 民事主体从事民事活动，应当遵循诚信原则，秉持诚实，恪守承诺。

第五百零九条 当事人应当按照约定全面履行自己的义务。

当事人应当遵循诚信原则，根据合同的性质、目的和交易习惯履行通知、协助、保密等义务。

当事人在履行合同过程中，应当避免浪费资源、污染环境和破坏生态。

第五百一十一条 当事人就有关合同内容约定不明确，依据前条规定仍不能确定的，适用下列规定：

（一）质量要求不明确的，按照强制性国家标准履行；没有强制性国家标准的，按照推荐性国家标准履行；没有推荐性国家标准的，按照行业标准履行；没有国家标准、行业标准的，按照通常标准或者符合合同目的的特定标准履行。

（二）价款或者报酬不明确的，按照订立合同时履行地的市场价格履行；依法应当执行政府定价或者政府指导价的，依照规定履行。

（三）履行地点不明确，给付货币的，在接受货币一方所在地履行；交付不动产的，在不动产所在地履行；其他标的，在履行义务一方所在地履行。

（四）履行期限不明确的，债务人可以随时履行，债权人也可以随时请求履行，但是应当给对方必要的准备时间。

（五）履行方式不明确的，按照有利于实现合同目的的方式履行。

（六）履行费用的负担不明确的，由履行义务一方负担；因债权人原因增加的履行费用，由债权人负担。

第九百六十一条 中介合同是中介人向委托人报告订立合同的机会或者提供订立合同的媒介服务，委托人支付报酬的合同。

二手房交易中的买卖双方，在房地产中介机构的撮合下形成交易意愿，后绕开房地产中介机构与彼此直接订立合同的行为构成"跳单"，买卖双方应当向房地产中介机构支付中介费用

【规则描述】　　根据《民法典》相关规定，"跳单"行为系指委托人在接受中介人的服务后，利用中介人提供的交易机会或者媒介服务，绕开中介人直接订立合同的行为。在二手房交易中，购房人在同时满足以下三个要件时构成"跳单"，应当向房地产中介机构支付费用：（1）接受了中介服务，中介人履行了向委托人报告订约机会或者提供媒介服务的义务；（2）绕开中介人直接与第三人订立合同；（3）达成交易主要是基于房地产中介机构提供的交易机会或者媒介服务，合同订立与中介人的中介服务具有因果关系。"跳单"行为不仅有悖于诚信原则，还违反了法律规定，对中介方的权益造成严重损害。

一、类案检索大数据报告

案例来源：Alpha 案例库，案件数量：1278 件，数据采集时间：2023 年 10 月 31 日，本次检索共获取涉"跳单"房地产中介纠纷案件裁判文书 1278 篇。

如图 6-1 所示，从案件主要地域分布来看，此类案件主要集中在上海市、广东省、山东省，占比分别为 12.91%、11.35%、10.64%。其中上海市的案件数量最多，达到 165 件。

（注：图表只列举案件数量排名前5的地区）

图 6-1 案件主要地域分布情况

如图 6-2 所示，可以看到此类案件的审理程序分布状况。一审案件有 829 件，二审案件有 423 件，再审案件 26 件。

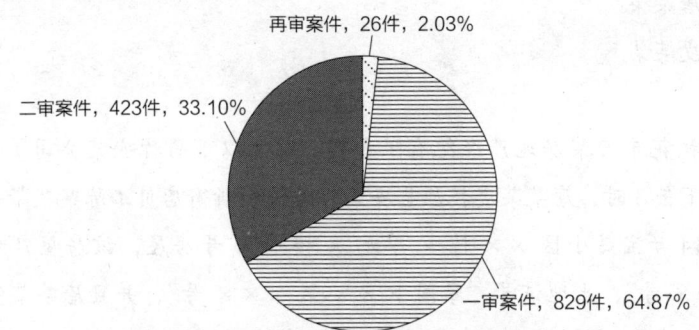

图 6-2 案件的诉讼程序分布情况

如图 6-3 所示，通过对二审裁判结果的可视化分析可以看到，此类案件维持原判的有 325 件，占比 76.83%；改判的有 89 件，占比 21.04%；发回重审的有 1 件，占比 0.24%；其他的有 8 件，占比 1.89%。

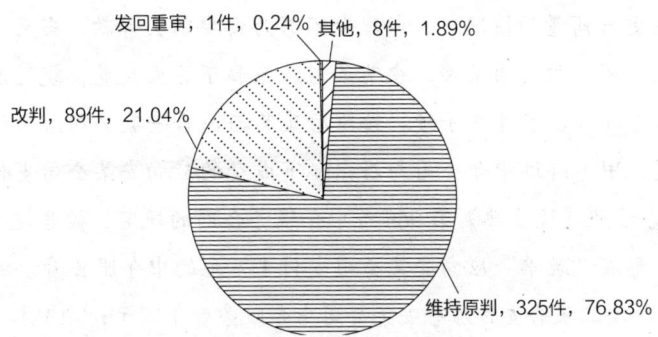

图 6-3 二审裁判结果情况

二、可供参考的例案

> **例案一：攀枝花市安某房地产经纪有限责任公司与唐某某、皮某某中介合同纠纷案**

【法院】

四川省攀枝花市仁和区人民法院

【案号】

（2021）川 0411 民初 2466 号

【当事人】

原告：攀枝花市安某房地产经纪有限责任公司

被告：唐某某

被告：皮某某

【基本案情】

原告攀枝花市安某房地产经纪有限责任公司（以下简称安某公司）诉称，2021年 5 月 7 日下午 3 时，唐某某委托原告安某公司仁和新街店员工陈某某带她看仁和区建设巷 12-14＃宝灵小区××栋×单元×楼××号房屋，该房屋产权证号"仁房改字第××号"、土地证号"攀国×××第×××号"，并且唐某某签订了《购房（租房）看房协议书》。5 月 11 日下午 3 时，二被告唐某某、皮某某找到陈某某再次带看该房屋，二被告复看后觉得很满意，5 月 13 日唐某某为购此房给陈某某转了2000 元购房诚意金。5 月 14 日陈某某邀约买卖双方晚上 7 时到新街门店签买卖合同。二被告唐某某、皮某某及房东都按时来到门店商谈签订《买卖和居间方合同》，该房屋成交价 35.6 万元。在签到合同一半以后，二被告唐某某、皮某某在房东提醒他们都住一个小区更好商量的情况下，以现金不够为由要回去筹款，当天没有签订三方合同。在筹款期间二被告唐某某、皮某某与房东私下达成交易，绕过原告安某公司成交并于 6 月 2 日办理了过户手续。按照唐某某与原告安某公司签订的《购房看房协议书》约定，甲方绕过中介公司与房东私下成交的应向安某公司支付购房成交价3% 的违约金。依照《民法典》第 965 条中介服务合同的规定，被告绕过中介服务公司私下成交，形成"跳单"应向安某公司支付 1 万元的中介服务费。故提出诉讼请求：（1）请求判决二被告支付原告安某公司中介服务费 1 万元；（2）本案诉讼费用由二被告承担。

　　被告唐某某辩称：当时与原告安某公司达成了看房的协议，并没有达成购买房屋的协议。原告安某公司没有说服房东进行交易之后，多次给唐某某介绍其他房源，当时诚意金没有退还。这样的情况下，就证明原告安某公司谈不下来该房屋。后原告安某公司将2000元的诚意金退还了唐某某，就说明原告主动放弃了与唐某某合作，放弃了中介服务，与唐某某解除了中介服务。也就是说，退还诚意金，相当于双方解除了合同关系。后来房东表示该房要出售，二被告唐某某、皮某某才与房东多次协商签订了购房协议。该购房协议是二被告自己达成的，与原告无关。此外，陈某某叫唐某某签字，没有告诉签字的内容是什么，只说是公司要求要有带看记录，唐某某才签字的。

　　被告皮某某辩称：该房源是二被告唐某某、皮某某在某八网站上看到的，并且中介公司不止一家。是原告安某公司无法说服房东进行交易，房东不同意接收二被告支付的2万元定金，致使三方未能签订协议。原告安某公司叫二被告唐某某、皮某某签字，有义务告诉二被告签字的内容是什么，但原告并未将签字的内容告知二被告。二被告唐某某、皮某某确实与房东达成了交易，但是因原告安某公司已经将二被告唐某某、皮某某购买此套房屋的诚意金退还，诚意金退还后，原、被告双方的合同关系就终止了。

　　法院经审理认定：2021年5月6日，唐某某添加了原告安某公司仁和新街店员工陈某某为微信好友，陈某某为唐某某推送了宝灵小区××栋×单元×楼××号房屋的售卖信息。2021年5月7日下午，陈某某带唐某某看了宝灵小区××栋×单元×楼××号房屋。看房后，唐某某在陈某某提供的《购房（租房）看房协议书》上甲方处签字，该协议书第5条的内容为："甲方同意，在乙方帮助甲方找到满意的房屋后并在签订《房地产买卖及居间合同》或《房屋租赁合同》当日甲方支付乙方购房成交价的2%（注：购房成交价十五万元以下则收取叁仟元），租房一个月房租的50%作为服务报酬。"协议书第6条的内容为："甲方承诺在看房后一年内，甲方本人及亲属、同事、代理人、授权人等与甲方有关联的人，未通过乙方而与下列表中房屋的产权人或其代理人、授权人达成交易，或利用了乙方提供的信息、机会等条件但未通过乙方与第三方达成交易，都视为侵害了乙方权益，甲方应在房屋交易发生之日向乙方支付购房成交价的3%，（租房一个月的房租）作为赔偿金。甲方如未能按时支付乙方服务报酬或赔偿金，则每逾期1天，须按应付款的5‰向乙方支付滞纳金。"该协议书同时载明："本协议一式贰份，经双方签字盖章之日起生效，甲乙双方各执一份，具有同等效力。"唐某某签字后，陈某某并没有将该协议书交给唐某某一份。5月11日下午，二被告唐某某、皮某某找到陈某某再次带看该房屋，二被告复看时皮某某询问了陈某某该房屋的价格，陈某某回答"36.8万元"，5月13日唐某某为购此房给陈某某转了2000元购房诚意金。

2021年5月14日晚上7时，二被告唐某某、皮某某与房东来到原告安某公司新街门店商谈签订《买卖和居间方合同》事宜，《买卖和居间方合同》第10条载明"基于居间方促成本合同的成立，居间方有权向买卖双方收取居间服务报酬。其中，卖方须向居间方支付居间服务报酬3560元整，买方须向居间方支付居间服务报酬7120元。上述费用双方应在签订本合同时支付完毕"。在协商过程中，安某公司提供了书面《买卖和居间方合同》给二被告唐某某、皮某某和房东进行查看，也大概讲解了该合同的内容。房东在打电话给他人的过程中，提到了需要支付中介费用3000元。在经过近一小时的商谈后，房东未同意签订合同，也未收取二被告的2万元定金。在商谈的最后，原告安某公司新街门店经理普某某告诉二被告"他们这些话的意思我晓得，想私下找你们，让你们跳过我们"。皮某某回答："你放心，这个绝对不会，大家挣钱都不容易，你们付出这么多，带我们去看房，该出的我们肯定要出。"

2021年5月16日，陈某某发微信给唐某某，问"星期一是否能去办理"，唐某某回答"我明天要回老家去，可以叫他们帮忙看看日子"。2021年5月17日，陈某某给唐某某打电话，在电话中陈某某告诉唐某某："又了解了房子的情况，这个房子可能存在税费多一个点的情况……房东可能不打算卖这个房子……那天下来，我们同事去开车的时候，也看到房东找你们聊了一些，姐姐这边也相信小陈，不会说私下找他们。"唐某某在电话中明确"恁个嘛，你把这个房子给我问哈，如果说她拿不准的话，你把诚意金给我退回来。诚意金退回来，如果下回要谈这个房子的话，我又配合你去谈"。2021年5月18日，陈某某退回了唐某某诚意金2000元。之后，陈某某又给唐某某介绍了其他房源。后来，二被告唐某某、皮某某与房东自行达成以356000元购买宝灵小区××栋×单元×楼××号房屋的买卖协议，并于2021年6月3日办理了房屋过户登记。

【案件争点】

唐某某及皮某某的行为是否违反法律规定，构成"跳单"。

【裁判摘要】

法院经审理认为：

1. 构成"跳单"应当具备以下要件：第一，委托人接受了中介服务。中介人接受委托后，履行了向委托人报告订约机会或者提供媒介服务的义务，委托人接受了中介人提供的服务，这是中介人获取报酬的权利来源。第二，委托人绕开中介人直接与第三人订立合同。委托人与第三人私下订立合同，并未通过中介人。第三，委托人与第三人合同的订立，主要是由于委托人利用了中介人提供的交易机会或者媒介服务，或者说，合同订立与中介人的中介服务具有因果关系。

2. 二被告唐某某、皮某某系夫妻关系，为获得宝灵小区×× 栋×单元×楼×× 号房屋的信息，找到原告安某公司，安某公司员工两次带二被告查看了该房屋，并且联系房东组织双方就该房屋的买卖进行协商。因此，原告安某公司向二被告唐某某、皮某某提供了宝灵小区×× 栋×单元×楼×× 号房屋的信息及服务。二被告通过原告安某公司得到了宝灵小区×× 栋×单元×楼×× 号房屋信息并且在原告安某公司提供的服务过程中认识了房东。后来二被告唐某某、皮某某私下与该房屋的房东达成交易，利用的正是原告安某公司提供的信息和交易机会。在原告安某公司组织二被告唐某某、皮某某与房东协商的当晚，在房东不同意签订合同后，原告安某公司新街门店经理普某某告诉二被告"他们这些话的意思我晓得，想私下找你们，让你们跳过我们"。皮某某回答："你放心，这个绝对不会，大家挣钱都不容易，你们付出这么多，带我们去看房，该出的我们肯定要出。"简言之，原告安某公司已经告知了二被告唐某某、皮某某，房东有想绕开原告安某公司私下与二被告达成交易的企图。皮某某的回答印证了二被告唐某某、皮某某知道不得绕开原告进行交易。因此，二被告唐某某、皮某某私下与房东达成交易，其绕开原告安某公司的行为已经构成了"跳单"，依照《民法典》第965条规定，应当向原告安某公司支付报酬。双方约定的报酬为购房成交价的2%，该房屋的成交价为356000元，二被告唐某某、皮某某应当支付原告安某公司报酬7120元。对二被告唐某某、皮某某辩称诚意金已经退还，双方的合同已经终止的意见。首先，诚意金是唐某某要求退回，唐某某承诺原告安某公司如继续与房东协商，将配合原告安某公司。因此，诚意金的退还不表示二被告唐某某、皮某某可以绕开原告安某公司私下与房东进行交易，且二被告与房东进行交易的时间未超过唐某某首次看房后的一年。《购房（租房）看房协议书》载明"本协议一式两份，双方各执一份"，但原告安某公司并未将协议书交给唐某某一份，即原告安某公司未充分告知唐某某违约的后果，对原告的诉讼请求，法院予以部分支持。

例案二：上海杨浦区红某养老院与上海新某房地产经纪有限公司中介
合同纠纷案

【法院】

上海市第二中级人民法院

【案号】

（2021）沪02民终69号

【当事人】

上诉人：上海杨浦区红某养老院

被上诉人：上海新某房地产经纪有限公司

原审第三人：上海市杨浦区某管理有限公司

【基本案情】

上海杨浦区红某养老院（以下简称红某养老院）上诉称：（1）上海新某房地产经纪有限公司（以下简称新某公司）知晓时间紧迫却无法履行承诺。2019年5月，红某养老院为配合上海市杨浦区区政府拆迁工作能够顺利完成，同意放弃现有住所，并且需要在短时间内尽快另寻合适场地，以转移当时院内100余位居住老人。（2）新某公司无法落实业务内容。2019年7月14日，红某养老院通过朋友张某介绍，到位于上海市杨浦区临青路×××号×××层实地看房，事后红某养老院向新某公司提出与该房屋产权人面谈具体租赁事宜，尽管新某公司答应，但始终未能促成与产权方见面。（3）新某公司的合同签订过程不合规。2019年7月24日，新某公司知晓红某养老院迫切需要找到房源解决拆迁问题，要求红某养老院先签订新某公司提供的格式条款的《居间服务协议》后（居间服务签订日期由新某公司打印好并签署，红某养老院盖章），再为红某养老院提供与上海市杨浦区临青路×××号×××层产权方联系的服务。（4）新某公司拒绝履行其职责。2019年7月25日至7月31日，红某养老院通过电话催促要求新某公司尽快安排与上海市杨浦区临青路×××号×××层产权方洽谈租赁事宜，但新某公司拒绝通话。张某通过微信寻找新某公司，依然得不到其答复。（5）新某公司承认上海市杨浦区临青路×××号×××层已无法继续提供居间服务。2019年8月3日，红某养老院再次通过电话联系新某公司，新某公司明确告知红某养老院，上海市杨浦区临青路×××号×××层产权方不同意该物业开办养老机构。新某公司表示可以另择其他地址为红某养老院寻找房源，此处可判定新某公司明确表达已无法为红某养老院就上述住所继续提供居间服务。

（6）红某养老院通过自身努力找到上海市杨浦区临青路产权人。2019年8月6日，红某养老院通过多方了解，自行找到上述住所产权人，即上海市杨浦区某管理有限公司（以下简称某管理公司）。经联系后，由上海某基物业管理有限公司（以下简称某基公司）为红某养老院接洽并进行了房屋租赁事宜的谈判，最终于2019年8月8日完成租赁手续。红某养老院认为民事诉讼的价值取向在于维护协议过程中遵守诚信原则的一方当事人的合法权益。新某公司与红某养老院之间虽然签订了《居间服务协议》，但新某公司实际上无法履行完整居间服务，违背了双方签订的居间协议及诚信的基本原则。故提出上诉请求：撤销一审判决，驳回新某公司的一审诉讼请求；一、二审诉讼费全部由新某公司承担。

新某公司辩称，不同意红某养老院的上诉请求。（1）红某养老院的上诉理由均不成立。①关于红某养老院提出的第1项上诉理由，该情况系红某养老院的自身情况，与本案没有直接关联性。②红某养老院提出的第2项、第4项、第5项上诉理由，新某公司认为系其一面之词。关于当时的整个居间过程，以及双方详细的现场看房、微信、电话沟通等一系列情况，已于一审时详细查明，笔录中均应有体现，并且一审经过了两次庭审。第一次庭审时，某管理公司系有委托员工出庭陈述，可以完整反映，新某公司为红某养老院提供了完整的带看、洽谈、斡旋等居间服务。之后，新某公司始终在积极与红某养老院及某管理公司的招商人员沟通，一直持续到2019年8月中旬，但红某养老院却没有告知此时其已对接了某基公司，反而渐渐疏远直至绕开新某公司。实际上，红某养老院已于2019年8月8日签订了相关租赁合同，显然是利用了新某公司居间信息、斡旋取得的成果，且恶意跳单，理应承担居间费。③关于上诉理由三，双方完全是在平等自愿的前提下协商签订的《居间服务协议》，不存在任何不合规的情形。④关于上诉理由六，红某养老院的陈述及一审时的表述均与某管理公司委托代理人第一次出庭时的表述矛盾。红某养老院称系其自己找到产权人即某管理公司，但某管理公司委托代理人出庭时，明确表示他们在收到一审法院起诉材料前没有与红某养老院联系过，而当庭笙某公司人员也在旁听席，法院询问红某养老院及某基公司人员联系的某管理公司哪个人员，其均无法回答。因此，新某公司认为红某养老院的说法完全没有证据支持，也与某管理公司陈述不一致，不应采纳。（2）红某养老院提供的附件，不符合证据规则，同时其内容均不能证明其上诉理由。综上，新某公司认为本案一审法院认定事实及适用法律正确，红某养老院的行为明显也符合《民法典》第965条规定的禁止"跳单"行为，"委托人在接受中介人的服务后，利用中介人提供的交易机会或者媒介服务，绕开中介人直接订立合同的，应当向中介人支付报酬"。故新某公司恳请贵院查明事实，正确适用合同及法律依据，驳回红某养老院上诉请求，维护新某公司的合法权益。

某管理公司未向法院提供书面诉讼意见。

法院经审理认定：2019年7月13日，新某公司（乙方）与红某养老院（甲方）签订了《居间服务协议》，约定：甲方委托乙方寻找本市物业用作养老机构，面积1000~3000平方米，委托期限为2019年7月13日至2019年10月12日，以签订的相关租赁合同月租金85%作为乙方佣金，甲方应在签订相关租赁合同后7个工作日内支付，延迟支付应按未付金额的8‰/日支付逾期付款违约金。该协议补充条款确认"乙方已向甲方居间介绍位于上海市杨浦区临青路×××号商铺（以甲方实际和房东产证所体现的签约的地址为准）"。新某公司、红某养老院工作人员就租赁事宜微信沟通中，新某公司告知二楼面积为1647平方米，但产权证上不能体现，并提供了产权证［沪（2018）杨字不动产权第011315号］及不动产登记簿信息，显示锦州湾路169弄1、2、3、5、8、11、12号，锦州湾路177、179、181、183、185、187号，临青路369、373、375、377、379、381、383、385号房屋权利人为第三人。2019年8月8日，红某养老院与案外人某基公司签订《房屋租赁合同》，由红某养老院承租上海市杨浦区临青路373-377、锦州湾路×××－×××号二楼、187号房屋，面积1856平方米，月租金215000元。合同签订后，红某养老院已在该地开设养老院。

【案件争点】

红某养老院的行为是否构成"跳单"。

【裁判摘要】

法院经审理认为：

居间合同是居间人向委托人报告订立合同的机会或者提供订立合同的媒介服务，委托人支付报酬的合同。居间人促成合同成立的，委托人应当按照约定支付报酬。本案中新某公司与红某养老院签订的《居间服务协议》补充条款、微信记录、红某养老院已签订的相关租赁合同等证明新某公司已完成了居间服务。红某养老院虽抗辩是自行联系争取才得以租下相关物业，但并无证据证明。至于地址问题，补充条款已明确以产权证为准，从沟通中的面积与租赁合同上的面积来看也能基本对应，故对红某养老院的抗辩意见不予采信。应当指出的是，红某养老院的"跳单"行为有违诚信原则，理应承担相应的违约责任。

例案三：严某、韩某某与连云港乐某房产经纪有限公司中介合同纠纷案

【法院】

江苏省连云港市中级人民法院

【案号】

（2021）苏07民终3112号

【当事人】

上诉人：严某

上诉人：韩某某

被上诉人：连云港乐某房产经纪有限公司

【基本案情】

严某、韩某某上诉称，一审法院认定上诉人的行为构成"跳单"，系认定事实错误。①一审法院认定被上诉人连云港乐某房产经纪有限公司（以下简称乐某公司）在上诉人严某、韩某某与原房主之间开展周旋、磋商、谈判，使得双方合同基本达成，与事实不符。本案中，被上诉人虽与原房主进行了磋商，但连最基本的房屋成交价都没有谈妥，而作为房屋买卖合同最重要的价格要素都没有，又如何能认定双方合同基本达成。②一审法院认定上诉人严某、韩某某与原房主的签约行为与被上诉人乐某公司提供的媒介服务之间存在因果关系，系认定事实错误。2020年8月31日原房主即已拒绝了与被上诉人乐某公司就案涉房屋的交易继续进行商谈，而上诉人严某、韩某某在2020年11月底方与原房主达成交易合意，相差了近3个月，且成交价格、付款方式等均是上诉人自行与原房主协商达成，因此上诉人与原房主达成的交易和被上诉人提供的中介服务之间不存在因果关系。③一审法院认定上诉人严某、韩某某没有提供充足证据证明自己是通过其他公众可以获知的正当途径获得房源信息，系认定事实不清。首先，上诉人严某、韩某某在一审中向法庭提交了与原房主的微信聊天记录，该组证据显示在上诉人与原房主完成交易后，上诉人发现该房源信息没有从网站上撤回，特别提醒原房主让其从网站上撤回房源信息，由此可以证明上诉人知道房源信息发布的网站，是通过网站获知了房源信息。其次，原房主也出具了情况说明，证明了其发布的房源信息是通过网络发布，没有委托任何中介，任何人都可以通过网络轻易获知该房源信息。最后，通过被上诉人乐某公司与原房主的微信聊天记录也可以证明，在被上诉人带看房屋时，同时有多家中介机构

在带看房屋，该房源并非被上诉人独家房源，且被上诉人也认可该房源信息是其从网络获知。因此，上诉人严某、韩某某通过网络获知房源信息，既有证据予以证明，又符合生活常理。（2）一审法院认定双方对中介费的约定为按房屋成交价1%的八折计算，没有事实和法律依据。①上诉人严某、韩某某与被上诉人乐某公司并未就购买房屋达成任何书面协议，根据《房地产经纪管理办法》第16条"房地产经纪机构接受委托提供房地产信息、实地看房、代拟合同等房地产经纪服务的，应当与委托人签订书面房地产经纪服务合同"之规定，一审法院以双方的微信聊天记录认定双方已经形成居间合同，没有法律依据。②上诉人严某、韩某某与被上诉人乐某公司在微信聊天记录中，并没有对中介费用作出过约定，一审法院仅凭被上诉人的陈述就认定中介费的标准，缺乏事实依据。综上，一审判决认定事实不清，证据不足。故提出上诉请求：（1）撤销一审判决，依法改判；（2）一、二审的诉讼费由被上诉人承担。

乐某公司辩称：（1）一审判决中查明的事实和认定的事实完全正确，上诉人严某、韩某某上诉理由与事实不符，特别是在上诉状中关于房屋买卖合同价格要素都没有的陈述是虚假的，在一审中已经查明2020年8月26日乐某公司已经告知上诉人严某将案涉房屋谈到308万元的事实，所以其上诉理由是虚假的。（2）对于房源的信息问题，本身房源信息基本上都是通过网络进行公布和通过中介进行成交的，本案中，上诉人严某、韩某某通过微信和被上诉人乐某公司员工进行了全面、有效的沟通，上诉人严某多次在微信内容中强调自己有契约精神，会遵守约定，只是在约定的1%中介费用上要求被上诉人适当优惠，在聊天中被上诉人也同意按照八折的方式进行优惠，这些内容在微信中都有证明。（3）关于合同问题：上诉人严某、韩某某需要买房，向被上诉人乐某公司提出要求看房、买房的请求，前后经过几个月的微信聊天，并且被上诉人带着上诉人到现场看房，现场看房等事实内容已经确定了双方之间存在合法有效的合同关系，双方应当按照合同约定履行各自的义务。同时，按照《民法典》第965条规定的委托人义务，委托人接受中介服务后，绕开中介人，直接订立合同，也应当向委托人（中介人）支付报酬。故上诉人的上诉请求没有事实和法律依据，应当依法驳回上诉人的全部上诉请求。

法院经审理查明：严某与韩某某系夫妻关系。2020年8月左右，严某、韩某某委托乐某公司出售房屋，因严某、韩某某也有购买房屋的意向，遂一并委托乐某公司。2020年8月22日，乐某公司员工通过微信发送给严某颐和花园×-×-×××室房屋（以下简称案涉房屋）照片并称：颐和花园（绿园路）高档装修，送全套家具家电、健身设备等，5楼185平方米，6楼115平方米，另有70平方米露台、小菜园等休闲娱乐场所。同日中午，严某让乐某公司与案涉房屋原房主约时间去看房，下午乐某公司员工带领严某、韩某某看房。2020年8月22日至2020年8月26日，乐某公司一直在严某、韩某某与原房主之间就价格进行斡旋、商谈。2020年8月26日，乐某公司告知严某其已将案涉房屋价格谈到308万元，各付各的税收，严某、韩某某表示可以定，并让乐某公司与原房主约时间。后因严某、韩某某一直推脱，双方未协调好时间。2020年8月30日，原房主对乐某公司员工称："昨天看房看好了，价格也比你说的那个好，他们明天交定金。"乐某公司员工回应称："你那边如果有合适的客户，出了比这边更好的价格，那我也真心恭喜你成交，毕竟这边没交定金，我也不能耽搁你，如果你那边没交定金，还请于总和我联系为盼，谢谢你。"严某回应称："那就让他高价卖呗，没有人和钱有仇，反正我的房子也没卖出去，拿不出钱来，更没有竞争力。"后乐某公司员工多次联系严某，严某称没有人民币。

另查明：2020年11月27日，严某、韩某某与原房主就颐和花园×－×－×××室房屋达成交易，成交价为303万元。同日，原房主将发布在网上的房屋出卖信息删除。

2021年3月26日，原房主出具情况说明，记载：本人出售的颐和花园×－×－×××室房屋，系本人在连云港房产网上发布的信息，没有委托任何中介出售，其间有多个中介打电话，一开口基本我就回绝了，后来有些中介自行转发我发布的信息、照片对外发布，系中介自行发布，本人和严某达成的买卖合同也是双方自愿交易。

后乐某公司员工得知严某、韩某某成交信息后，向严某、韩某某主张中介费未果，遂诉至法院。

【案件争点】

1. 严某、韩某某与原房主之间达成的交易是否构成"跳单"；

2. 如果构成，上诉人严某、韩某某应向乐某公司支付的报酬金额。

【裁判摘要】

法院经审理认为：

1. 上诉人严某、韩某某与原房主之间达成的交易构成"跳单"。理由：所谓"跳单"又称"跳中介"，是在中介人向委托人提供中介服务后，委托人利用中介人提供的服务，而甩开中介人私下与相对人订立合同，或者另行委托其他中介人与相对人订立合同的现象。关于"跳单"违约的构成要件有三：一是委托人接受了中介人的服务；二是委托人利用了中介人提供的信息机会和媒介服务；三是委托人绕开中介人直接订立合同。

关于构成要件一。严某是否接受了乐某公司的服务。根据严某与乐某公司员工2020年8月至9月的微信聊天记录：8月17日，严某表达了自己在卖房的同时想要买房的想法并要求乐某公司员工将某房屋照片发送给自己，后因该房屋已经出售，严某委托乐某公司员工看看其他的房子，并说明了自己的购房要求。乐某公司员工回复严某的房子卖和买交给其，让严某放心。严某则回复你帮我找找性价比高的。此后严某和乐某公司员工就购买房屋又看了其他房产，但是均未达到其预期，其表示希望将卖房和买房同时进行，要有合适的，乐某公司的中介费还可以多赚。8月22日至26日，乐某公司员工给严某推荐了案涉房屋，双方一直就案涉房屋的价款、房屋信息、看房、贷款等进行沟通，严某托乐某公司员工砍价，后该员工报价308万元，严某表示满意并和丈夫韩某某商量后同意定下来。后来因严某一直未交定金，所以案涉房产购买事宜一直未定。虽然上诉人严某、韩某某与被上诉人乐某公司并未就买房直接签订书面中介合同，但从上述内容可知，双方已经就买房事宜建立了事实上的中介合同关系，且上诉人接受了乐某公司作为中介提供的看房、商谈价款等服务。

关于构成要件二。委托人是否利用了中介人提供的信息机会和媒介服务。从聊天内容来看，案涉房屋的相关信息、图片最初是由乐某公司员工通过微信发送给严某，并由该员工带其看房、砍价等。严某庭审中亦自认案涉房屋最初确实是乐某公司带其看房。严某虽然主张自己是在网上发现房源、获取房东联系方式，但其并未提交证据证明其是在乐某公司员工向其发送案涉房屋相关信息前即已在网上发现房源，且严某亦自认其是在乐某公司未能与案涉房屋原房主达成一致价格后方与原房主联系。因此，上诉人严某、韩某某利用了被上诉人乐某公司提供的信息机会和媒介服务。

关于构成要件三。委托人是否绕开中介人直接订立合同。本案中，乐某公司员工和案涉房屋原房主谈定价格为308万元，严某、韩某某已经同意该定价，但因为严某一直未交定金，所以案涉房产购买事宜一直未定。虽然乐某公司并未直接促成上诉人严某、韩某某与案涉房屋原房主之间的购房交易，但通过乐某公司提供的信息机会或媒介服务，上诉人严某、韩某某与案涉房屋原房主之间就购房事宜已经基本达成一致。后严某绕开乐某公司与案涉房屋原房主直接订立合同，构成"跳单"。

2.关于上诉人严某、韩某某向乐某公司支付的报酬金额。《合同法》第426条^①规定："居间人促成合同成立后，委托人应当按照约定支付报酬。对居间人的报酬没有约定或者约定不明确，依照本法第六十一条的规定仍不能确定的，根据居间人的劳务合理确定。因居间人提供订立合同的媒介服务而促成合同成立的，由该合同的当事人平均负担居间人的报酬。居间人促成合同成立的，居间活动的费用，由居间人负担。"第427条^②规定："居间人未促成合同成立的，不得要求支付报酬，但可以要求委托人支付从事居间活动支出的必要费用。"虽然乐某公司并未直接促成严某、韩某某与案涉房屋原房主的房屋买卖交易，但乐某公司已经提供了相应的中介服务，且严某、韩某某的行为构成"跳单"，因此上诉人严某、韩某某应当向乐某公司支付相应的报酬。虽然上诉人与被上诉人未就报酬金额达成一致意见，但综合考虑案涉中介合同履行情况，当事人过错程度，兼顾公平原则和诚信原则等因素，法院认为一审认定的报酬金额并无不当。

三、裁判规则提要

"跳单"是二手房交易中常见的委托人与中介之间的纠纷，《民法典》对此问题进行了回应。《民法典》第965条规定，"委托人在接受中介人的服务后，利用中介人提供的交易机会或者媒介服务，绕开中介人直接订立合同的，应当向中介人支付报酬"，但是并未明确界定"跳单"这一概念，法院在审理委托人行为是否构成"跳单"时，需注意考虑以下因素。

1."跳单"的构成要件有三：（1）委托人接受了中介机构的服务；（2）委托人利用了中介机构提供的信息机会和媒介服务；（3）委托人绕开中介机构直接订立合同。关于构成要件一"委托人接受了中介机构的服务"，委托人与中介机构是否签订了书面中介合同并不是满足此要件的必备条件，法院应根据双方提交的证据进行实质审查，判断中介机构是否提供了信息介绍、带看、价款讲解、贷款介绍等服务以及委托人是否接受上述服务；如提供了实际服务，法院应当认定双方就买房事宜形成了事实上的中介合同关系。关于构成要件二"委托人利用了中介机构提供的信息机会和媒介服务"，在中介机构证明提供了相关服务后，委托人如主张是利用了其他渠道

---

① 参见《民法典》第963条。

② 参见《民法典》第964条。

获取房源信息，需承担证明责任。关于构成要件三"委托人绕开中介机构直接订立合同"，法院应当对委托人身份进行实质认定，如中介服务委托人和最终房屋交易方存在夫妻、父子等亲属关系，应当认定其属同一主体。

2. 关于"跳单"后委托人应当支付给房地产中介机构的报酬数额，法院应当综合考虑房地产中介机构实际提供的服务内容，判断其二者之间形成的事实上的中介合同的履行程度，同时考虑当事人的过错程度，综合认定报酬数额。

四、辅助信息

《民法典》

第九百六十三条　中介人促成合同成立的，委托人应当按照约定支付报酬。对中介人的报酬没有约定或者约定不明确，依据本法第五百一十条的规定仍不能确定的，根据中介人的劳务合理确定。因中介人提供订立合同的媒介服务而促成合同成立的，由该合同的当事人平均负担中介人的报酬。

中介人促成合同成立的，中介活动的费用，由中介人负担。

第九百六十四条　中介人未促成合同成立的，不得请求支付报酬；但是，可以按照约定请求委托人支付从事中介活动支出的必要费用。

第九百六十五条　委托人在接受中介人的服务后，利用中介人提供的交易机会或者媒介服务，绕开中介人直接订立合同的，应当向中介人支付报酬。

房地产中介纠纷案件裁判规则第 7 条：

二手房交易中，购房人接受了房地产中介机构的服务、利用了其提供的信息机会和媒介服务后，绕开此房地产中介机构通过其他房地产中介机构订立合同构成"跳单"，应当向原房地产中介机构支付费用

【规则描述】 在二手房交易中，购房人接受了原房地产中介机构的服务、利用了其提供的信息机会和媒介服务后，绕开此房地产中介机构，与另一房地产中介机构订立合同，并与房屋出卖人达成交易，同时满足以下构成要件的，构成"跳单"，应当向原房地产中介机构支付报酬：（1）购房人接受了原房地产中介机构提供的服务，原房地产中介机构履行了向购房人报告订约机会或者提供媒介服务的义务；（2）购房人绕开原房地产中介机构，与其他房地产中介机构订立中介合同，并与房屋出卖人达成交易；（3）达成交易主要是基于原房地产中介机构提供的交易机会或者媒介服务，合同订立与原房地产中介机构的服务具有因果关系；（4）购房人存在"跳单"的恶意。

一、类案检索大数据报告

案例来源：Alpha 案例库，案件数量：573 件，数据采集时间：2023 年 10 月 31 日，本次检索共获取涉"跳单"房地产中介纠纷案件裁判文书 573 篇。

如图 7-1 所示，从案件主要地域分布来看，此类案件主要集中在山东省、浙江省、广东省，占比分别为 9.60%、6.81%、6.11%。其中山东省的案件数量最多，达到 55 件。

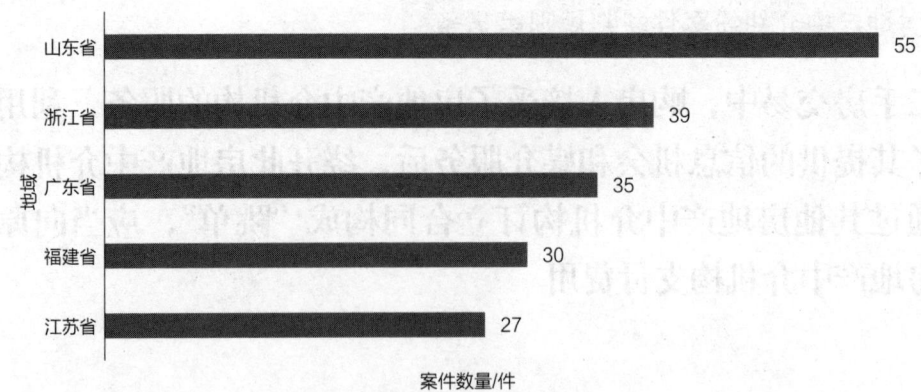

案件数量/件

（注：图表只列举案件数量排名前5的地区）

图 7-1　案件主要地域分布情况

如图 7-2 所示，可以看到此类案件的审理程序分布状况。一审案件有 391 件，二审案件有 176 件，再审案件 6 件。

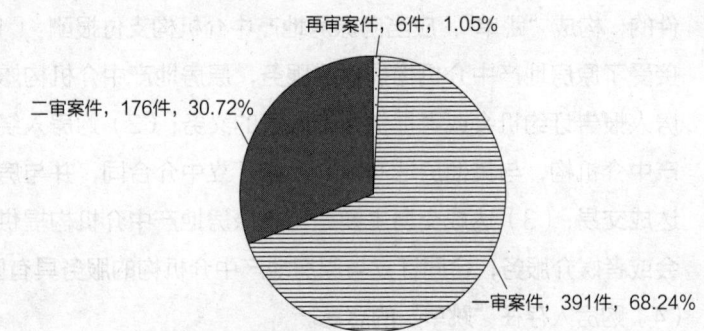

图 7-2　案件的诉讼程序分布情况

如图 7-3 所示，通过对二审裁判结果的可视化分析可以看到，此类案件维持原判的有 139 件，占比 78.98%；改判的有 35 件，占比 19.88%；其他的有 2 件，占比 1.14%。

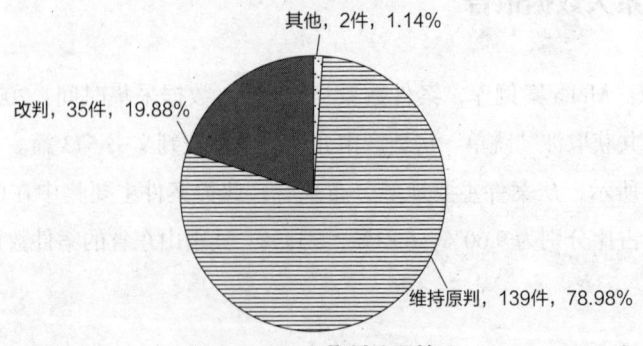

图 7-3　二审裁判结果情况

二、可供参考的例案

例案一：北京六某技术股份有限公司与北京恒某房地产咨询有限公司中介合同纠纷案

【法院】

北京市第一中级人民法院

【案号】

（2022）京 01 民终 10750 号

【当事人】

上诉人：北京六某技术股份有限公司

被上诉人：北京恒某房地产咨询有限公司

【基本案情】

北京六某技术股份有限公司（以下简称六某公司）上诉称：（1）一审判决认定日 3% 违约金的标准，属于适用法律错误，应予改判。按照日 3% 的违约金标准，逾期支付滞纳金数额是未付数额的 10.95 倍，违背了违约金弥补损失为主、惩罚性为辅的基本原则，违反公序良俗、公平原则，并将导致利益严重失衡。一审法院应向六某公司释明是否请求降低违约金标准，并对违约金标准进行主动调整，应当将银行同期贷款利率作为参照标准。（2）一审法院认定六某公司违约，应承担违约责任，依据约定判决支付月租金 80% 的 "房源信息和劳务费"，属于《民法典》第 965 条规定的 "报酬"，该报酬本身就属于违约金（或赔偿金）性质，一审法院在此违约金性质的基础上，对逾期支付违约金又判决按每日 3% 的标准支付滞纳金，属于适用法律错误，显失公平，北京恒某房地产咨询有限公司（以下简称恒某公司）也无权从 2021 年 8 月 10 日主张滞纳金。（3）一审法院对《客户物业查看确认书》（以下简称《确认书》）右侧内容条款的效力，全部认定有效，属于事实和法律认定错误。该单据是恒某公司统一印刷的、为了反复使用的格式条款内容，结合本案六某公司员工签字时的情形，右侧内容中的部分格式条款应属无效，右侧内容也不能成为双方成立中介合同关系内容的一部分，对六某公司没有合同约束力。（4）六某公司没有违约故意 "跳单" 的动机，也没有违约后可获取的利益。案涉房屋并不是恒某公司独家代理也不是其首次带看，恒某公司也未向六某公司释明签字就表示六某公司不通过恒某公司签单就属于 "跳单" 的严重违约行为。（5）恒某公司提供的仅仅是一次顺便带看房的报告服务，并不是首次带看，其主张内容如果属于报酬，其主张的标准远高于其实际付出的工作量，如果属于违约金性质，其主张的标准也高于其实际应得的损失。故提出上诉请求：（1）撤销一审判决；（2）驳回恒某公司的全部诉讼请求；（3）一、二审案件诉讼费由恒某公司承担。

恒某公司辩称：不同意六某公司的上诉请求，一审判决认定事实清楚，适用法律正确，请求维持原判。（1）恒某公司与六某公司就租赁提供长达3个月的服务，并与六某公司就所看房屋签订《确认书》，恒某公司有权按照《确认书》要求六某公司支付相关费用。（2）房屋租赁选址服务特殊，恒某公司需要大量跟出租方联系以寻找合适房源，且多次带看不同房源，由于恒某公司提供大量服务并推荐案涉房屋，六某公司就案涉房屋进行询价才成功签约，六某公司即使没有签订《确认书》也应向恒某公司支付报酬。（3）关于六某公司提出滞纳金过高问题，由于六某公司的"跳单"行为导致恒某公司无法向出租人收取佣金，损失36565元，如果按照贷款利率支付滞纳金，不能弥补恒某公司的损失，滞纳金应该至少按照弥补恒某公司的损失计算。

法院经审理认定：六某公司与恒某公司进行联系租赁房屋事宜，经恒某公司带领，六某公司分别于2021年5月18日查看锦秋国际大厦房屋，5月24日查看坤讯大厦、环星大厦，7月15日查看科实大厦、国际创业园等物业。

恒某公司向法院提交《确认书》，其中日期为2021年5月18日、5月24日的《确认书》由王某签字，日期为7月15日的《确认书》由马某签字。六某公司认可王某、马某均为其公司员工。

前述《确认书》右部存在的打印内容为："乙方特别提请甲方关注以下内容：以上物业，甲方仅委托北京恒某房地产咨询有限公司代理租赁／购买事宜，不再通过其他中介或直接与物业出租／出售方洽谈租赁／购买事宜。乙方在为甲方服务过程中（提供房源信息、协助看房、后期洽谈等）签订租售协议不收取任何费用（如出售方或出租方不支付服务佣金，则由甲方支付佣金，佣金标准：租赁收取1个月租金作为服务费，购买收取成交总额的2.5%作为服务费）。双方约定：（1）若甲方或甲方代理人、子公司及其他关联方在接受乙方服务后，绕开乙方与乙方所提供房源自行成交、通过其他中介公司或个人与乙方所带看过的房屋成交或入住该物业、将乙方提供的房源信息提供给其他个人或公司，发生以上情况视为甲方违约，视为乙方提供房源信息成功。（2）若甲方或甲方代理人、子公司及其他关联方在未通过乙方签订租赁或买卖合同前，12个月内与乙方所提供房源自行成交、通过其他中介公司或个人与乙方所带看过的房屋成交或入住该物业、将乙方提供的房源信息提供给其他个人或公司，发生以上情况视为甲方违约，视为乙方提供房源信息成功；甲方愿意于签订租赁或购买合同 10 日内或乙方所提供房屋发生租赁或购买关系 10 日内主动向乙方支付月租金的 80% 或所购物业总房价款的 2% 作为乙方的提供房源信息费及劳务费，甲方逾期支付的每延迟支付 1 日加收 3% 的滞纳金。甲方确认："乙方已为甲方对上述内容进行了解释和说明，甲方对上述内容完全理解和同意。"

恒某公司提交其公司刘某于 2021 年 8 月 24 日与马某的录音，该录音内容显示马某认可北京市海淀区 × 号房屋系刘某带看；恒某公司另提供与马某的微信沟通记录用以证明其工作情况。

六某公司提供王某、马某声明，其二人均表示曾申明没有被授权代表六某公司签订任何有权利义务的文件、表示考虑恒某公司确实带领其查看房源，善意签字以表示尊重对方的服务，其公司主张恒某公司提供的《确认书》为伪造；六某公司另提供为刘某出具的授权委托书，主张仅委托刘某作为代理人全权代表公司办理办公室租赁相关事宜和手续的办理工作。

六某公司认可已通过北京军行房地产经纪有限公司承租北京市海淀区 × 号房屋。

【案件争点】

1. 由马某签署的《确认书》是否有效；

2. 六某公司应否向恒某公司支付房源信息费和劳务费；

3. 六某公司应否向恒某公司支付滞纳金以及滞纳金标准问题。

【裁判摘要】

法院经审理认为：

1. 首先，《确认书》右侧，关于收取费用的约定内容之前载明"乙方特别提请甲方关注以下内容"，之后亦注明"甲方确认：乙方已为甲方对上述内容进行了解释和说明，甲方对上述内容完全理解和同意"。以上内容均加粗提示，证明恒某公司已采取合理方式提示六某公司注意有重大利害关系的条款。六某公司主张恒某公司未尽到提示、解释说明的义务，缺乏事实依据，六某公司主张其员工签字时该部分内容被折叠，缺乏证据证明，且在六某公司员工签署多份《确认书》的情况下，该主张不符合常理，法院不予采信。其次，《确认书》就收取费用或不收取费用的情况进行了区分，约定的内容不存在不合理加重六某公司责任，限制或排除六某公司主要权利的情形，六某公司主张该部分格式条款无效，缺乏依据，法院不予支持。最后，根据微信聊天记录，六某公司的员工马某一直就六某公司寻找承租房屋事项与恒某公司进行沟通，且马某亦曾参与看房，马某的上述行为系执行六某公司工作任务的行为，其签署的《确认书》应当对六某公司发生效力。六某公司主张恒某公司明知马某无相关授权，缺乏事实依据，法院不予采信。因此，马某签署的《确认书》合法有效，对六某公司具有约束力。

2. 当事人应当按照约定全面履行自己的义务。六某公司经恒某公司带看案涉房屋后，通过其他中介机构承租该房屋，依据《确认书》的约定，应当视为恒某公司提供房屋信息成功，六某公司应当依据双方约定向恒某公司支付提供房源信息费及劳务费。《确认书》中约定该项费用计价标准合理，一审法院认定的数额正确，法院予以维持。六某公司主张恒某公司只是顺便带看房，不是首次带看，六某公司不应承担费用，缺乏合同依据，法院不予采信。

3. 根据《确认书》的约定，六某公司如逾期支付提供房源信息费及劳务费，每延迟 1 日加收 3% 的滞纳金。该滞纳金属于双方就迟延履行约定的违约金。二审中，六某公司主张该违约金过分高于所造成的损失，请求调整为按照银行同期贷款利率标准计算违约金。恒某公司虽主张该违约金标准不足以弥补其损失，但未就其主张予以合理解释及举证证明。法院认为，一审法院按照每日 3% 的标准认定的滞纳金过高，应予以纠正，六某公司关于调整滞纳金计算标准的主张于法有据，法院予以支持。判决撤销原审判决；判决六某公司于判决生效后 7 日内给付恒某公司房源信息费及劳务费 23712 元，并自 2021 年 8 月 10 日起，以 23712 元为基数，按照全国银行间同业拆借中心公布的贷款市场报价利率的标准，向恒某公司支付滞纳金至实际支付之日止。

例案二：北京福某置地房地产经纪有限公司与张某某、刘某中介合同纠纷案

【法院】

北京市昌平区人民法院

【案号】

（2021）京 0114 民初 3957 号

【当事人】

原告：北京福某置地房地产经纪有限公司

被告：张某某

被告：刘某

【基本案情】

原告北京福某置地房地产经纪有限公司（以下简称福某公司）诉称，2020 年 8 月 19 日，原告福某公司促成二被告张某某、刘某就坐落于北京市昌平区×××的房屋签订了《买卖定金协议书》，约定由张某某以 290 万元的价格向刘某出售自己的房屋。该协议书还约定如买卖双方在签订本协议书后，私自或通过其他中介公司签署房屋买卖合同的，买方和卖方应当按照成交价 2.2% 的比例支付全部居间服务费。上述协议书签订之前，原告福某公司为买卖双方洽谈房屋价款、支付方式等做了大量工作，协议书签订后，原告积极为签订存量房屋买卖合同斡旋，到派出所询问户口事宜，到教育部门调查了学籍问题，并协调了双方之间的各项事务。二被告张某某、刘某却选择了解除定金协议书，后又到其他中介公司办理了房屋买卖事宜。原告福某公司认为，原告促成二被告达成定金协议书，做了大量工作，依法有权主张居间服务费；二被告张某某、刘某不诚信履约，在原告向二被告提供交易机会后，违反约定到其他中介公司进行最终的房屋买卖，违反了合同约定，应当支付居间费用。故原告诉至法院。故提出诉讼请求：（1）判令二被告共同支付原告居间服务费 63800 元；（2）诉讼费由被告承担。

被告张某某辩称：虽然双方签订了定金协议，但是并没有实际支付定金，原告福某公司跟刘某解除了定金协议，原告当时也没有异议，因此该案与被告张某某无关。

被告刘某辩称：案涉房屋通过多家中介进行销售，在原告福某公司介绍这套房子之前，其已经通过其他中介看过这套房子，原告福某公司带其去看房之前并没有说楼牌号，其去看了房子之后才知道这套房子以前看过。当时之所以签订金协议是因为原告告诉其，如果通过他们公司买房，可以给其更低的中介费。签了定金协议以后，对于案涉房屋学位是否被占用、户口能否迁移这些问题，原告福某公司无法给出准确的答案，后来三方就协商解除了合同。合同是双方协商解除的，原告也把其交的 1 万元定金退还。因此，其与原告的协议在事实上已经解除，不同意再支付原告中介费。

法院经审理认定：2020 年，刘某欲购买房屋，通过福某公司网站浏览房源并咨询相关信息，经福某公司人员刘某新带看房屋后，刘某看中了张某某所有的案涉房屋。2020 年 8 月 19 日，张某某（出卖人、甲方）、刘某（买受人、乙方）、福某公司（居间方、丙方）签订了《买卖定金协议书》，约定交易房屋位于北京市昌平区

×××，建筑面积为 91.01 平方米；乙方经现场勘验甲方上述房屋后，对甲方出售的该套房产的权属状况、设备、装修等情况进行了解，确认以 290 万元的成交总价款购买房屋，此价款不包含依国家规定应当由甲方承担的税费；乙方应于本协议签署时向甲方自行支付定金 5 万元；甲乙双方同意，由丙方为甲乙双方买卖房屋等事宜提供居间服务，且应在甲乙双方签署《北京市存量房屋买卖合同》时由甲方/乙方按照房屋成交总价款的 2.2% 向丙方支付居间服务费，本协议签署后，甲乙双方私自或者另行通过其他居间方签订房屋买卖合同的，丙方有权要求甲方和乙方支付本条约定的全部居间服务费；丙方促成甲乙双方签署此定金协议后，如买卖双方任何一方违反定金协议的，需要按本协议第 2 条约定按照成交总价款的 2.2% 为标准向丙方赔付服务费；该协议书还约定了其他内容。协议书签订当日，刘某支付福某公司 1 万元定金，但福某公司尚未支付张某某。后刘某反悔，告知刘某新不再购买案涉房屋，三方经商议均同意解除《买卖定金协议》，在原协议书最后手写添加"经双方友好协商此定金合同作废"，后附刘某的签字。福某公司工作人员刘某新于 2020 年 8 月 23 日通过微信转账向刘某返还 1 万元。庭审中，福某公司工作人员刘某新称，其同意《买卖定金协议》解除的条件是刘某彻底不买案涉房屋。

经询问，福某公司与刘某均认可双方在协议中虽约定按房屋成交总价款的 2.2% 支付中介费，但实际约定中介费是 46500 元，三方约定中介费由买方刘某承担。

2020 年 8 月 29 日，刘某、张某某通过北京市兴某房地产经纪中心有限公司昌平三分部签订了《北京市存量房屋买卖合同》。2020 年 8 月 31 日，刘某向北京市兴某房地产经纪中心有限公司昌平三分部转账支付了中介费 46813 元。

【案件争点】

被告行为是否构成"跳单"。

【裁判摘要】

法院经审理认为：

中介合同是指中介人向委托人报告订立合同的机会或者提供订立合同的媒介服务，委托人支付报酬的合同。委托人在接受中介人的服务后，利用中介人提供的交易机会或者媒介服务，绕开中介人订立合同的，应当向中介人支付报酬。现福某公司主张通过其提供居间服务促成二被告刘某、张某某签订了《买卖定金协议书》，二被告利用其提供的交易机会后，通过其他中介公司进行最终的房屋买卖，违反了《买卖定金协议书》的约定，应支付居间服务费，刘某辩称二被告通过北京市兴某房地产经纪中心有限公司昌平三分部成交的原因是福某公司对于案涉房屋户口迁移、学位占用无法给其明确答案，而北京市兴某房地产经纪中心有限公司昌平三分部对于该问题能给其明确回复。法院认为，案涉房屋的户口迁移、学位占用情况属于刘某可以向房主张某某了解的案涉房屋信息或张某某可以配合刘某查询的房屋信息，在刘某与张某某已经通过福某公司签订定金协议的情况下，刘某以福某公司不能就该问题给其明确答案为由通过其他中介公司与张某某成交，明显与常理不符，法院对其该项辩解意见不予采信。福某公司已为张某某和刘某提供了房屋信息、促成双方签订《买卖定金协议书》等中介服务，刘某在 2020 年 8 月 23 日收到 1 万元返还的定金后，在仅 7 日后的 2020 年 8 月 29 日就与张某某签署了房屋买卖协议，说明福某公司在二被告刘某、张某某房屋买卖合同的签署过程中起了重大作用，刘某和张某某签署房屋买卖合同利用了福某公司所提供的中介服务，刘某和张某某绕过福某公司而通过其他中介公司签订房屋买卖合同的行为，属于"跳单"不诚信履约行为，应支付福某公司中介服务费。因福某公司的中介服务只进行到三方签订《买卖定金协议书》后便终止，后续服务未继续进行，故其主张支付全部中介费用不合理，法院根据本案实际情况在三方约定的中介费用基础上酌减为 1 万元。

例案三：钟某某与龙某物业服务集团有限公司常州分公司合同纠纷案

【法院】

江苏省常州市中级人民法院

【案号】

（2022）苏 04 民终 4103 号

【当事人】

上诉人：钟某某

被上诉人：龙某物业服务集团有限公司常州分公司

【基本案情】

钟某某上诉称：（1）一审法院认定事实有误，钟某某最终是通过常州上某房地产信息咨询服务有限公司（以下简称上某公司）就案涉房产达成交易，并支付中介费用 4 万元。一审法院依据合同编号为×××的《常州市存量房屋买卖合同》，认定钟某某与案外人傅某某、胡某某交易案涉房屋时委托了常州市诚某房地产代理公司（以下简称诚某公司），支付中介费用为 1 元，该认定与客观事实不符。《常州市存量房买卖合同》系交易房产备案时使用的格式合同，在房屋交易实践中，买卖双方与中介公司会先签订一份买卖合同，再到不动产登记中心备案，由于诚某公司仅协助双方备案，未收取佣金，因此钟某某的佣金金额不应以该份合同为准。钟某某实际委托了上某公司提供中介服务，于2021年8月10日与傅某某、胡某某签署了编号为×××的《存量房买卖合同》（居间），佣金约定8.6万元，打折后佣金为4万元，故一审认定事实错误。（2）本案与2011年最高人民法院1号指导案例（上海中某物业顾问有限公司诉陶某某居间合同纠纷案）相同，钟某某作为消费者，不存在逃避佣金的恶意，有权选择服务更好、质量更优的中介机构，一审判决有误。1号指导案例的裁判要点为：房屋买卖居间合同中关于禁止买方利用中介公司提供的房源信息，却绕开该中介公司与买方签订房屋买卖合同的约定，应根据约定的具体内容来认定其效力，不可一概而论。如果当事人主体身份适格，意思表示真实，约定内容没有违反法律或行政法规强制性规定，就是合法有效的。但是，卖方将同一房屋通过多个中介公司挂牌出售时，卖方通过其他公众可以获知的正当途径获得相同房源信息的，买方有权选择报价低、服务好的中介公司促成房屋买卖合同成立，其行为并没有利用先前与之签约中介公司的房源信息，故不构成违约。本案中，钟某某并未利用龙某物业服务集团有限公司常州分公司（以下简称龙某公司）提供的房源信息，"跳单"条款的效力应属无效，一审判决错误，具体体现在以下几点：一是钟某某不存在利用龙某公司提供的交易机会与原房主订立买卖合同的行为。案涉房产信息并非龙某公司独有，钟某某系通过公众可以知悉的正当途径获得的同一房源信息，并非利用龙某公司提供的交易机会。而且，钟某某也并非绕过龙某公司私下与房东达成交易，系通过中介公司支付相应中介费用后完成的房屋交易，不存在逃避中介费用的恶意。二是钟某某作为消费者，有权利选择报价低、服务好的中介公司促成房产交易。《消费者权益保护法》第9条规定消费者有权自主选择提供商品或服务的经营者，自主选择商品品种或服务方式，自主决定购买或不购买任何一种商品、接受或不接受任何一项服务。当钟某某同时委托多个中介人提供中介服务时，有权选择报价低、服务好的中介公司。三是龙某公司《物业求租求购承诺书》上的条款系加重钟某某责任、排除钟某某主要权利的格式条款，该条款无效。该条款意味着只要龙某公司带消费者看房后，不论过去多久，消费者只能从龙某公司处购买；无论龙某公司提供的服务如何、收费是否公平，消费者没有其他选择，加重消费者责任。（3）一审判决钟某某承担全部诉讼费用加重了钟某某的负担，龙某公司的诉讼请求为129000元，一审仅判决支持6万元，但要求钟某某承担全部诉讼费用1440元，加重了钟某某负担。故提出上诉请求：撤销原判，发回重审或改判驳回龙某公司诉讼请求；本案一、二审诉讼费用由龙某公司承担。

龙某公司辩称：一审认定事实清楚，适用法律正确，钟某某应当承担违约责任。（1）求购承诺书是双方真实意思表示，且中介费的比例系双方协商确定的，并非格式条款，因此，违约责任的约定等协议内容对钟某某具有法律约束力。（2）一审事实认定正确，龙某公司提供的聊天记录、录音等证据足以认定本案事实。①钟某某认可是通过龙某公司得知案涉房源信息，并非钟某某所述的其他第三方中介服务。因此，钟某某利用了龙某公司提供的交易机会。②龙某公司自2021年7月31日至2021年8月11日多次为钟某某提供带看房服务、税收和贷款政策咨询，并与房东进行价款沟通等居间服务，钟某某利用龙某公司提供的服务促成交易。综上，钟某某在信息获得及交易促成上均利用了龙某公司提供的服务，又跳过龙某公司与原房主达成交易行为，实属违约，应当承担违约责任，请求二审驳回上诉，维持原判。

法院经审理认定：2021年7月31日，龙某公司、钟某某签订《物业求租求购承诺书》一份，双方约定：钟某某承诺授权龙某公司求购龙某郦城的房屋，售价接受范围400万元~550万元，房款付款方式为按揭；房屋转让收取实际成交价的1.5%作为中介服务费。另，钟某某承诺：如本人或本人亲属、朋友、代理人违背诚信原则，与看房记录表中房源的卖方私下成交的，本人承诺按成交物业应付中介费的2倍向龙某公司支付违约金，并承担诉讼费等所有费用。看房记录表载明：承诺书签订当日，龙某公司带钟某某对×-×等三套房屋进行了看房服务，2021年8月8日，龙某公司再次带钟某某对×-×房屋进行了看房。2021年8月11日，龙某公司工作人员与业主联系，确认房屋底价428万元，客户心理价位420万元；首付三成，其余贷款等；业主回复可以考虑。

2021年8月16日，龙某公司与业主及诚某公司三方签订《存量房买卖合同》（居间）一份，由钟某某购买业主的龙某郦城×幢×室房屋，成交价为428万元。另在合同第7条居间服务的佣金中约定：本次交易产生的佣金共计人民币1元。

【案件争点】

钟某某应否支付龙某公司主张的违约金。

【裁判摘要】

法院经审理认为：

1.《民法典》第496条规定，格式条款是当事人为了重复使用而预先拟定，并在订立合同时未与对方协商的条款。采用格式条款订立合同的，提供格式条款的一方应当遵循公平原则确定当事人之间的权利义务，并采取合理的方式提示对方注意免除或者减轻其责任等与对方有重大利害关系的条款，按照对方的要求，对该条款予以说明。提供格式条款的一方未履行提示或者说明义务，致使对方没有注意或者理解与其有重大利害关系的条款的，对方可以主张该条款不成为合同的内容。本案中，《物业求租求购承诺书》中承诺内容系龙某公司为了重复使用而预先拟定的格式条款。根据承诺书的内容，无论钟某某是否利用龙某公司提供的交易机会或媒介服务，只要龙某公司曾带钟某某看过房，钟某某即必须通过龙某公司方能与该房屋卖家成交，否则向龙某公司支付2倍的中介费。该条款系与钟某某有重大利害关系的格式条款，龙某公司现并未提供证据证明其作为格式条款提供方，曾对钟某某进行了提示或者说明。故案涉违约金条款不能成为合同内容。

2. 即使该条款属于合同内容，但亦系可撤销条款。根据承诺书的内容，龙某公司带看房后，钟某某不得与该房主交易，否则需支付中介费2倍的违约金，即无论龙某公司报价与服务情况如何，无论多久以后，钟某某如打算购买该套房屋，只能通过龙某公司进行交易。该条款明显有违公平原则，双方利益明显失衡，故该条款应属可撤销条款。一方主张合同无效，依据的却是可撤销事由，当事人主张无效的理由不成立而可撤销的事由成立的，因合同无效和可撤销的后果相同，人民法院也可以结合当事人的诉讼请求，直接判决撤销合同。本案中，钟某某虽仅认为该条款无效，并未提出撤销，但因该条款实为可撤销条款，即使其成为合同内容，亦应予撤销。此外，《民法典》第965条规定，委托人在接受中介人的服务后，利用中介人提供的交易机会或者媒介服务，绕开中介人直接订立合同的，应当向中介人支付报酬。本案中，钟某某在通话录音中明确其系通过龙某公司知晓案涉房源。龙某公司于2021年7月31日和8月8日为钟某某提供了带看房服务，钟某某自认2021年8月10日即签署房屋买卖合同，即钟某某在龙某公司第二次带其看房后2天内即与卖方签订房屋买卖合同。钟某某有较大可能性系利用了龙某公司提供的交易机会，但考虑完整的中介服务通常涵盖提供房源信息、上门带看、协助商谈价格与签约、协助办理贷款与过户等环节，而龙某公司仅提供了部分环节的服务，法院根据本案实际情况，酌情认定钟某某向龙某公司支付报酬3万元。

三、裁判规则提要

"跳单"是房产交易中常见的委托人与中介之间的纠纷。《民法典》第965条仅对委托人跳过中介方直接订立合同这一情形进行了回应，但是并未释明委托人在接受中介服务后经由另一中介订立合同是否构成"跳单"，结合上述案例来看，在认定委托人接受房地产中介机构服务后经由另一中介机构订立合同构成"跳单"的认定标准应当高于买卖双方直接订立合同这一情形。具体可考虑以下因素：（1）委托人接受了房地产中介机构的服务，中介人履行了向委托人报告订约机会或者提供媒介服务的义务；（2）委托人绕开原房地产中介机构，经由其他中介机构订立合同；（3）达成交易主要是基于原房地产中介机构提供的交易机会或者媒介服务，合同订立与原中介机构的中介服务具有因果关系；（4）委托人存在"跳单"的恶意。针对第三点，法院可综合考虑中介合同的履行情况、其提供服务的内容以及当事人在原房地产中介机构的撮合下对于交易的意愿。针对第四点，最高人民法院于 2011 年 12 月发布的 1 号指导案例"上海中某物业顾问有限公司诉陶某某居间合同纠纷案"提出，如房源信息于多个房地产中介机构挂牌且委托人可以经由公开途径知悉的，其因另一家中介公司报价低（符合市场价的相对低价）、服务好而选择通过其成交并不构成"跳单"，因此法院在判断此点时可综合考虑当事人同第二家房地产中介机构签订的中介合同情况，如其与第二家机构约定的中介费率明显低于市场价，则可推定其存在"跳单"的恶意。

关于跳单后委托人应当支付给房地产中介机构的报酬数额，法院应当综合考虑房地产中介机构实际提供的服务内容，判断其二者之间形成的事实上的中介合同的履行程度，同时考虑当事人的过错程度，综合认定报酬数额。

四、辅助信息

《民法典》

第一百七十条　执行法人或者非法人组织工作任务的人员，就其职权范围内的事项，以法人或者非法人组织的名义实施的民事法律行为，对法人或者非法人组织发生效力。

法人或者非法人组织对执行其工作任务的人员职权范围的限制，不得对抗善意相对人。

第四百九十六条　格式条款是当事人为了重复使用而预先拟定，并在订立合同时未与对方协商的条款。

采用格式条款订立合同的，提供格式条款的一方应当遵循公平原则确定当事人之间的权利和义务，并采取合理的方式提示对方注意免除或者减轻其责任等与对方有重大利害关系的条款，按照对方的要求，对该条款予以说明。提供格式条款的一方未履行提示或者说明义务，致使对方没有注意或者理解与其有重大利害关系的条款的，对方可以主张该条款不成为合同的内容。

第五百零二条 依法成立的合同，自成立时生效，但是法律另有规定或者当事人另有约定的除外。

依照法律、行政法规的规定，合同应当办理批准等手续的，依照其规定。未办理批准等手续影响合同生效的，不影响合同中履行报批等义务条款以及相关条款的效力。应当办理申请批准等手续的当事人未履行义务的，对方可以请求其承担违反该义务的责任。

依照法律、行政法规的规定，合同的变更、转让、解除等情形应当办理批准等手续的，适用前款规定。

第五百零九条 当事人应当按照约定全面履行自己的义务。

当事人应当遵循诚信原则，根据合同的性质、目的和交易习惯履行通知、协助、保密等义务。

当事人在履行合同过程中，应当避免浪费资源、污染环境和破坏生态。

第五百七十七条 当事人一方不履行合同义务或者履行合同义务不符合约定的，应当承担继续履行、采取补救措施或者赔偿损失等违约责任。

第九百六十三条 中介人促成合同成立的，委托人应当按照约定支付报酬。对中介人的报酬没有约定或者约定不明确，依据本法第五百一十条的规定仍不能确定的，根据中介人的劳务合理确定。因中介人提供订立合同的媒介服务而促成合同成立的，由该合同的当事人平均负担中介人的报酬。

中介人促成合同成立的，中介活动的费用，由中介人负担。

第九百六十四条 中介人未促成合同成立的，不得请求支付报酬；但是，可以按照约定请求委托人支付从事中介活动支出的必要费用。

第九百六十五条 委托人在接受中介人的服务后，利用中介人提供的交易机会或者媒介服务，绕开中介人直接订立合同的，应当向中介人支付报酬。

房地产中介纠纷案件裁判规则第 8 条：

中介合同的"防跳单条款"系关于客户跳开房地产中介机构成交的违约责任条款，不存在免除己方责任、加重对方责任、排除对方主要权利的情形，当属合法有效

【规则描述】　　　　在房产交易中，"跳单"行为是一种为了避免或减少佣金支付义务而违反合同义务的违约行为，严重损害房地产中介机构的利益。因此，房地产中介机构通过与委托人签订中介合同时所约定的"防跳单条款"避免这一违约行为的发生。"防跳单条款"通常为格式条款，旨在防止委托人利用从房地产中介机构获得的交易信息和服务，跳过房地产中介机构进行私下交易的背信行为，保护房地产中介机构作为居间人的合法权益。房地产中介机构与客户签订的中介合同中的"防跳单条款"不存在免除己方责任、加重对方责任、排除对方主要权利的情形，因此当属合法有效。

一、类案检索大数据报告

案例来源：Alpha 案例库，案件数量：661 件，数据采集时间：2023 年 10 月 31 日，本次检索共获取涉"防跳单条款"房地产中介纠纷案件裁判文书 661 篇。

如图 8-1 所示，从案件主要地域分布来看，此类案件主要集中在山东省、浙江省、福建省，占比分别为 8.32%、6.05%、5.45%。其中山东省的案件数量最多，达到 55 件。

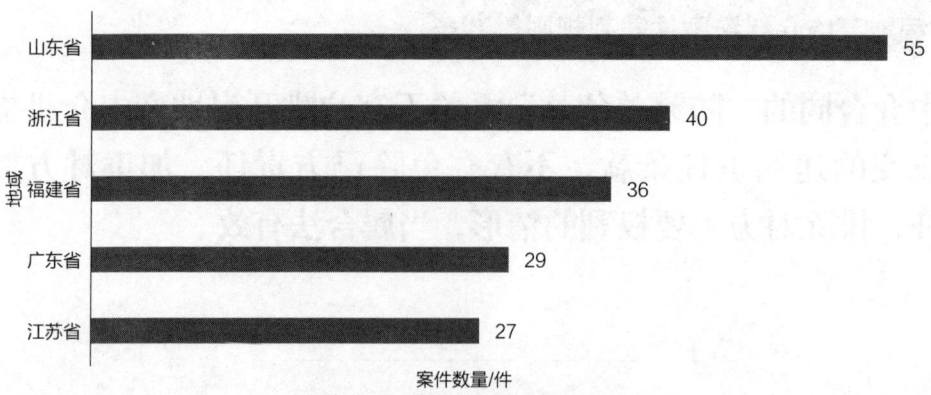

案件数量/件

（注：图表只列举案件数量排名前5的地区）

图 8-1　案件主要地域分布情况

如图 8-2 所示，可以看到此类案件的审理程序分布状况。一审案件有 384 件，二审案件有 266 件，再审案件 11 件。

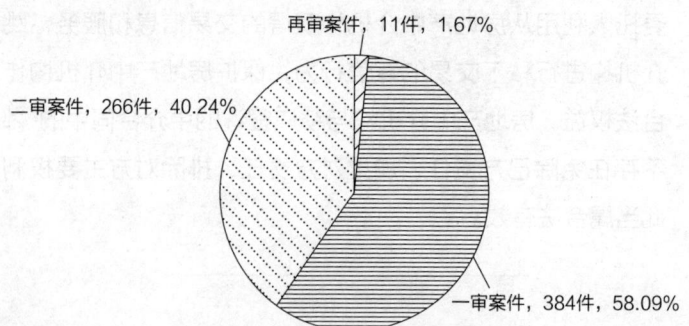

图 8-2　案件的诉讼程序分布情况

如图 8-3 所示，通过对二审裁判结果的可视化分析可以看到，此类案件维持原判的有 206 件，占比 77.44%；改判的有 54 件，占比 20.30%；其他的有 6 件，占比 2.26%。

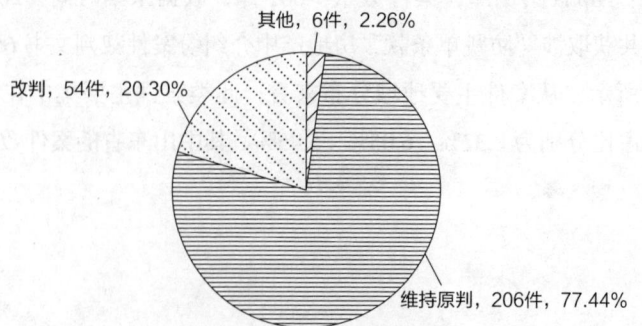

图 8-3　二审裁判结果情况

二、可供参考的例案

例案一：陈某与厦门市思明区前某房产中介服务部、高某某、刘某某中介合同纠纷案

【法院】

　　福建省厦门市中级人民法院

【案号】

　　（2021）闽02民终3629号

【当事人】

　　上诉人：陈某

　　被上诉人：厦门市思明区前某房产中介服务部

　　原审被告：高某某

　　原审被告：刘某某

【基本案情】

　　陈某上诉称，原审法院认定厦门市思明区前某房产中介服务部（以下简称前某房产中介）已完成案涉房屋的中介、咨询服务的义务，并判令陈某应向前某房产中介支付中介费，该认定与客观事实不符，且与最高人民法院指导性案例相违背，依法应予纠正。（1）前某房产中介并非独家掌握该房源信息，也非独家代理销售，刘某某2018年在某八网站上挂出案涉房屋的出售信息，其只书面委托过麦某、丹某、德某等中介公司，从未委托前某房产中介代为销售。公众可以通过正当途径公开获得案涉房源信息。（2）案涉房屋买卖非前某房产中介促成，陈某不构成"跳单"违约。①2020年7月14日，前某房产中介带陈某看案涉房屋，前某房产中介称刘某某报价520万元，陈某要求的心理价位是510万元以内，后虽经前某房产中介与刘某某沟通、斡旋，前某房产中介无法说服刘某某以陈某能够接受的心理价位条件与陈某达成房屋买卖的一致意见。②陈某此次购房系面积改善置换购房，其中一部分置换资金需通过出售陈某夫妻名下地址位于思明区西林东里××号×××室房屋。③在前某房产中介就案涉房屋的价格斡旋居间的同时，陈某通过丹某、德某、厦门市思明区某曦房产经营部（以下简称某曦中介）等中介带看了众多房源，其中亦包含案涉房屋，同时亦通过各中介出售陈某夫妻名下的房源。④经前某房产中介带看后，陈某对案涉房屋楼层、户型均较为中意，但陈某全家对刘某某对案涉房屋520万元的报价无法接受。与此同时，陈某亦通过丹某、德某、某曦中介等中介与刘某某沟通洽谈房屋价格、付款条件等，最后经某曦中介与陈某、刘某某多次斡旋沟通，促成刘某某与陈某互购对方房屋达成一致意见：刘某某将案涉房屋以510万元的价格出售给陈某，陈某夫妻名下的地址位于思明区西林东里××号×××室房屋以310万元的价格出售给刘某某，双方房价对抵后，由陈某支付给刘某某200万元差额予以结算。综上，最终促成陈某与刘某某就购买案涉房屋的居间人系某曦中介，而非前某房产中介。(3)陈某并无逃避支付中介费的故意。本案中，刘某某给前某房产中介的报价为520万元，陈某的心理报价为510万元以内，但是前某房产中介无法就案涉房屋在陈某与刘某某之间促成交易，陈某继而通过拥有同一房源的其他中介与刘某某进行斡旋沟通，该做法符合当前二手房买卖的惯例，陈某并无逃避支付中介费的故意，其未促成买卖合同成立的责任完全在于前某房产中介。因此，陈某最终通过某曦中介以510万元与刘某某达成案涉房屋买卖，不构成违约，陈某不应支付前某房产中介居间报酬。(4)中介公司获取中介费的前提是提供实质中介服务并促成交易，而非信息垄断。与前某房产中介签署《中介看房协议》后，陈某还就案涉房屋与丹某、德某、某曦中介签署了名称不一的看房协议。(5)原审判决违背了最高人民法院于2011年12月发布的1号指导案例(上海中某物业顾问有限公司诉陶某某居间合同纠纷案)的裁判指导精神。本案案涉房屋居间买卖过程与1号指导案例的案情几乎一致，属于类案，但原审判决却与1号指导案例判决大相径庭。综上，原审法院对于前某房产中介已完成案涉房屋的中介、咨询服务的责任的认定是错误的，案涉房屋买卖非前某房产中介人促成，陈某不构成"跳单"违约，请求依法撤销原审判决第一项，并改判驳回前某房产中介原审全部诉求。故提出上诉请求：(1)判令撤销原审判决第一项，依法改判驳回前某房产中介对陈某的全部诉讼请求；(2)判令本案一、二审诉讼费均由前某房产中介承担。

前某房产中介辩称：原审法院认定事实和适用法律正确，理由如下：(1)本案的争议焦点是陈某是否通过公众可以获知的正当途径获得同一房源信息，在陈某无法证实是通过前某房产中介以外的第三方获取案涉房源信息的情况下而完成房屋交易行为的，即构成"跳单"违约，至于陈某后续与某曦中介完成签约、办理过户手续恰恰是"跳单"行为的表现，也充分地说明了陈某的极其不诚信。(2)陈某单方认为刘某某委托多家房产中介公司出售案涉房屋，但自始至终未提交任何证据予以证明。刘某某虽然在原审判决书中抗辩只书面委托过麦某、丹某、德某中介公司，从未委托前某房产中介代为销售，但这仅是刘某某的单方说辞，并未被原审法院采信。况且从前某房产中介提交的 2020 年 7 月 14 日看房图片可见刘某某作了虚假陈述，陈某以此认为公众可以通过正当途径公开获得案涉房源信息根本不能成立。（3）因陈某存在"跳单"违约行为，所以前某房产中介无法完成全部的中介居间服务，该不利后果应当由陈某自行承担，与前某房产中介无关。（4）根据《民法典》第 965 条的规定，委托人在接受中介人的服务后，利用中介人提供的交易机会或媒介服务，绕开中介人直接订立合同的，应当向中介人支付报酬。本案即属于陈某利用前某房产中介提供的媒介服务，绕开前某房产中介直接订立合同的情形，因此，前某房产中介的相关诉求有相应的事实和法律依据。

法院经审理认定：2020 年 7 月 14 日，陈某（甲方、委托方）与前某房产中介（乙方、受托方）签订一份《中介看房协议》，约定乙方提供厦门市湖里区吕岭路×××号之三××××室房屋即案涉房屋供甲方（包括甲方的代理人、亲属及朋友）选择，同时提供相关房地产咨询等中介服务，通过乙方提供中介咨询服务后，甲方（包括甲方的代理人、亲属及朋友）与上述房产的产权人或产权人的代理人签订合同即视为乙方完成中介、咨询服务的责任；甲方在看房时和看房后，不能和房主交换联络方式或直接和房主联系，若有任何要求或需求，应先和乙方联络，由乙方出面与房主联系、商谈；若因甲方和房主直接联络而产生的纠纷和责任，由甲方承担；甲方看好乙方提供的售房房源并成交，应支付给乙方房产实际成交价格的 2.5% 作为中介佣金费用；甲方（包括甲方的代理人、亲属及朋友）自看该房之日起三年内，无论以任何理由，不通过乙方，自己或通过第三方（无论是中介或个人）而与乙方提供的该房屋业主达成交易，购买或租赁成交该房屋，一经查实则视为本次交易成功，甲方即构成违约并承担法律责任，甲方应该按照该房屋在协议中的登记价格，双倍（5%）（买卖）支付中介佣金给乙方，本协议房屋登记价格与交易价格不一致时，应以本协议登记价格为支付佣金的依据，甲方并应承担相应的诉讼费、公证费、律师费等相关费用。协议签订当日，杨某某即带陈某、高某某到案涉房屋看房。

另查明：刘某某系案涉房屋的原所有权人。2020 年 7 月 22 日，刘某某与高某某就案涉房屋签订《存量房买卖合同》，将案涉房屋出售给高某某，成交价为 405 万元。合同签订当日，刘某某与高某某共同向不动产登记中心申请了房屋所有权转移登记。

又查明：高某某、陈某系夫妻关系。前某房产中介为本案诉讼支出了律师费3000 元。

【案件争点】

1. 案涉《中介看房协议》的效力；

2.陈某应否向前某房产中介支付中介费 10 万元。

【裁判摘要】

法院经审理认为：

案涉《中介看房协议》系双方当事人的真实意思表示，内容合法有效，各方均应严格恪守合同约定。该《中介看房协议》第 1 条约定："乙方即前某房产中介提供厦门市湖里区吕岭路 ××× 号之三 ×××× 室房屋即案涉房屋供甲方即陈某（包括甲方的代理人、亲属及朋友）选择……"第 5 条约定："甲方（包括甲方的代理人、亲属及朋友）自看该房之日起三年内，无论以任何理由，不通过乙方，自己或通过第三方（无论是中介或个人）而与乙方提供的该房屋业主达成交易，购买或租赁成交该房屋，一经查实则视为本次交易成功，甲方即构成违约并承担法律责任，甲方应该按照该房屋在协议中的登记价格，双倍（5%）（买卖）支付中介佣金给乙方……"上述《中介看房协议》签订后，陈某的妻子高某某与刘某某签订了《存量房买卖合同》。陈某上诉主张最终促成其与刘某某买卖案涉房屋的居间人系某曦中介，而非前某房产中介，其并未利用前某房产中介提供的房源信息、机会，但未提交充分的证据予以证明。刘某某对其在一审中的辩称亦未提交相应的证据予以支持。

例案二：陶某某与上海中某物业顾问有限公司居间合同纠纷案

【法院】

上海市第二中级人民法院

【案号】

（2009）沪二中民二（民）终字第 1508 号

【当事人】

上诉人：陶某某

被上诉人：上海中某物业顾问有限公司

【基本案情】

陶某某上诉称，其因求购房屋，与上海中某物业顾问有限公司（以下简称中某公司）签订了《房地产求购确认书》，该确认书从法律性质上看实际是协议，并非房屋购买合同；案涉房屋原产权人李某某曾委托多家中介公司卖房，该房源信息为公共信息，中某公司并非独家掌握该信息，亦非独家代理，上海汉某房地产顾问有限公司（以下简称汉某公司）亦有李某某的委托授权；因中某公司报价高于汉某公司报价，上诉人有权选择低价成交，后经汉某公司中介，案涉房屋以138万元的价格成交，其已向汉某公司全额支付了佣金。故提出上诉请求：判令撤销原审判决。

中某公司辩称：中某公司带陶某某实地看过房，陶某某利用中某公司的信息完成交易，根据《房地产求购确认书》应当承担违约责任，要求驳回上诉，维持原判。

法院经审查认定：案涉房屋原产权人之一李某某于2008年9月26日、10月1日、10月19日分别委托中某公司、汉某公司和立某公司出售房屋。立某公司、汉某公司、中某公司分别于10月22日、11月23日、11月27日带陶某某或曹某某实地看房，中某公司报价165万元。中某公司确认其仅提供了一次看房服务，之后未就房屋买卖事宜与陶某某进行任何联系。11月30日，在汉某公司居间下，陶某某、曹某某与出卖方李某某、赵某就案涉房屋签订《房地产买卖协议》，以138万元成交。同日，曹某某签订佣金确认书，并支付定金2万元。12月6日，买卖双方签订了《上海市房地产买卖合同》。后陶某某按约向汉某公司支付佣金13800元。

【案件争点】

1. 陶某某与中某公司签订的《房地产求购确认书》的法律性质问题；

2.《房地产求购确认书》中系争第2.4条的效力问题；

3. 陶某某是否构成违约。

【裁判摘要】

法院经审理认为：

1. 关于《房地产求购确认书》的法律性质问题。居间合同是居间人向委托人报告订立合同的机会或者提供订立合同的媒介服务，委托人支付报酬的合同。陶某某与中某公司签订的《房地产求购确认书》约定，中某公司带陶某某实地验看案涉房屋，提供购房媒介服务，如陶某某与出卖方成交，应向中某公司支付佣金。该确认书符合居间合同的法律特征，具备居间合同的主要条款，应认定为居间合同。

2. 关于系争第2.4条的效力问题。《房地产求购确认书》系中某公司拟定的格式合同。系争第2.4条系关于客户跳开中介的违约责任条款，旨在保护中介公司作为居间人依法应当享有的权益，并不存在免除一方责任、加重对方责任、排除对方主要权利的情形，应认定为有效。

3. 关于陶某某违约与否的问题。居间人促成合同成立的，委托人应当按照约定支付报酬；居间人未促成合同成立的，不得要求支付报酬。但是如果任由委托人看房后跳开中介，则对居间人显属不公平，系争第2.4条所约定的违约行为即指委托人为逃避支付佣金为目的的不正当交易行为。根据相关法律规定和双方约定，如果委托人为了不交或少交佣金不正当地阻止佣金支付条件成就，如买卖双方私下成交或另行委托他人成交的，视为条件已成就，委托人应向居间人支付佣金。本案中，房屋出卖方委托立某、汉某、中某等多家中介公司出售房屋，但均非独家委托。上述三家中介公司均向陶某某提供了案涉房屋信息及订立合同的机会，并提供了实地查看房屋的媒介服务，但从时间先后顺序上看，首先向陶某某报告订约机会、提供看房服务的并非中某公司。而且，房地产价格系影响房地产买卖成交与否的主要因素，中某公司确认仅向陶某某提供了一次看房的媒介服务，其带陶某某看房时的报价为165万元，至提起本案诉讼时仍依据165万元的价格计算违约金数额，中某公司确认其并未就价格问题与房屋买卖双方进行过沟通。但是，汉某公司作为居间方，最终通过提供媒介服务，以138万元的价格促成房屋买卖双方成交，案涉买卖合同的订立并非由中某公司促成。在汉某公司居间成功后，陶某某按约向汉某公司支付了全额佣金13800元。因此，陶某某并未为了逃避支付佣金，与房屋出卖方私下成交或者不正当地利用中某公司的信息、机会另行委托他人成交，其行为不构成违约。

例案三：铁东区鑫某信息咨询服务中心与潘某君、潘某迪中介合同纠纷案

【法院】

辽宁省鞍山市立山区人民法院

【案号】

（2022）辽0304民初5556号

【当事人】

原告：铁东区鑫某信息咨询服务中心

被告：潘某君

被告：潘某迪

【基本案情】

原告铁东区鑫某信息咨询服务中心（以下简称鑫某咨询服务中心），潘某君与潘某迪系父女关系，2022年7月28日，潘某君和潘某迪到鑫某咨询服务中心处委托我方鑫某咨询服务中心购买钢都小学北二手房屋。鑫某咨询服务中心将其独家代理的柳某名下位于铁东区新华街××栋×单元×层×号房屋介绍给潘某迪。潘某迪（甲方）与鑫某咨询服务中心（乙方）签订了《铁东区鑫某信息咨询服务中心看房确

认协议》，协议约定房屋价格40.5万元，协议第2条约定"在看房之日起两年内，甲方（或甲方直系、嫡系亲属、授权人、代理人等）不得直接或者间接与乙方曾经提供的房产的业主（或代理人、委托人）私下成交。若私下成交或通过第三方成交，不论是否由乙方完成后续买房附加服务工作，甲方将赔偿乙方总房款4%的违约金"。第4条约定"中介服务费用为房屋成交总价的2%"。第5条约定"如因以上条款造成诉讼纠纷，由甲方承担律师费、保全费等所有费用，双方在履行本确认协议过程中所发生的一切争议应先友好协商，协商不成依法向辽宁省鞍山市立山区人民法院提起诉讼"。潘某迪在签订协议后，鑫某咨询服务中心带领潘某迪到柳某的房屋看房后，潘某迪与潘某君绕过鑫某咨询服务中心，私下与房主柳某联系，购买了柳某的房屋。鑫某咨询服务中心知道后与潘某君及潘某迪联系，二人拒不承认"跳单"事实。根据《民法典》第965条规定，潘某君与潘某迪通过鑫某咨询服务中心取得房屋信息，后绕开鑫某咨询服务中心直接与房主签订购房合同，二人应当向鑫某咨询服务中心支付中介费。根据《铁东区鑫某信息咨询服务中心看房确认协议》中的约定，潘某君与潘某迪还应当向鑫某咨询服务中心支付违约金及承担鑫某咨询服务中心聘请律师的费用。综上，为维护自身合法权益，鑫某咨询服务中心现诉至法院，望判如所请。故提出诉讼请求：（1）判令潘某君、潘某迪给付鑫某咨询服务中心居间中介费8100元及违约金16200元；（2）判令潘某君、潘某迪给付鑫某咨询服务中心律师费5000元；（3）潘某君、潘某迪负担诉讼费等合理性费用（合计：29300元）。

被告潘某迪辩称：（1）由我方提交的证据可知，此房屋并不是独家代理的，好几家中介公司都在网上发布了此房的信息，并且此房屋卖了有半年了，在此期间房屋外面也挂了横幅，我方未利用中介提供的信息、机会等，而是通过其他公众可以获知的正当途径获得同一房源信息。（2）中介在带看房屋时介绍此房屋面积为80平方米，但实际房屋面积为74.51平方米。根据《民法典》第962条规定，中介人应当就有关订立合同的事项向委托人如实报告。中介人故意隐瞒与订立合同有关的重要事实或者提供虚假情况，损害委托人利益的，不得请求支付报酬，并应当承担赔偿责任。鑫某咨询服务中心提供的房源没有如实报告，违约在先，不符合买卖房屋条件，本身存在过错，存在欺诈行为。（3）关于鑫某咨询服务中心提供的《铁东区鑫某信息咨询服务中心看房确认协议》，该看房协议系中介用于看房时制作的格式合同，签订合同的条款并未与我方进行过协商和修改。根据《民法典》第497条规定：格式条款是当事人为了重复使用拟定，并在订立合同时未与对方协商的条款。提供格式条款一方不合理地免除或者减轻其责任、加重对方责任、限制对方主要权利的，该格式条款无效。该协议第 1 条约定："在看房之日起两年内，甲方或甲方直系、嫡系亲属、授权人、代理人等，不得直接或者间接与乙方曾提供的房产业主私下成交，若私下成交或通过第三方成交，不论是否由乙方完成后续买房附加服务工作，甲方将赔偿乙方总房款 4% 的违约金。"该条款明显加重一方责任，且中介并没有使用足以引起我方注意的文字、符号、字体等表示，也未尽合理提示及说明义务。（4）我方与中介只见了一次面，带我看过一次房子之外再也没有联系过我。依据《民法典》第 964 条规定：中介人未促成合同成立的，不得请求支付报酬。综上所述，我方请求法院依法判令驳回鑫某咨询服务中心的诉讼请求。

法院经审理认定：2022 年 7 月 28 日，潘某迪（甲方）与鑫某信息咨询服务中心（乙方）签订看房确认协议一份，约定："乙方经房产所有权人同意，甲方接受委托条件下，我公司委派经纪人将以下独家合作房产相关信息提供给甲方，并带领甲方对以下房产及相关环境进行考察。甲方同意按照以下条款委托乙方考察协商购买以下房产：2022 年 7 月 28 日，物业地址钢都北一楼，面积 75 平方米，价格 40.5 万元。一、甲方需要出示本人身份证（提供复印件），签字并确认后，由乙方委派的工作人员带看以上房产。二、看房时，甲方与房产出售代表人不得交换名片或联系方式，若有任何需要应与乙方联系，由乙方出面商谈。三、在看房之日起两年内，甲方（或甲方直系、嫡系亲属、授权人、代理人等）不得直接或间接地与乙方曾经提供的房产的业主（或代理、委托人）私下成交。若私下成交或通过第三方成交，不论是否由乙方完成后续卖房附加服务工作，甲方将赔偿乙方总房款 4% 的违约金。甲方看房以后不买此房，此协议只作为甲方已看房凭证，无其他作用，但甲方不得违反此协议。四、中介服务费用为房屋成交总价的 2%，购房居间协议签订即视为居间工作完成。甲方签订此确认协议，表示认同乙方的收费标准，不得以任何理由少交或迟交或逾期支付，否则甲方应向乙方支付总房款的 4% 作为违约金。五、本确认协议 2 年有效，双方各执一份，如甲方遗失，以乙方所执为准。如因以上条款造成诉讼纠纷，由甲方承担律师费、保全费等所有费用。双方在履行本确认协议过程中所发生的一切争议应先友好协商，协商不成依法向鞍山市立山区人民法院提起诉讼。"落款处有甲方潘某迪签字捺印，乙方雷某签字，盖有鑫某咨询服务中心公章。

另查，鑫某咨询服务中心经营者为雷某。2021 年 2 月 9 日，鑫某咨询服务中心与案涉房屋原房主柳某签订出售房屋登记表及独家代理房产补充内容一份，房屋地址为铁东区新华街 ×× 栋 × 单元 × 层 × 号，产籍号 ×-××-××-××××，面积 74.51 平方米，报价 45 万元，声明本人及共有人自愿将此房产委托鑫某咨询服务中心销售且通过其完成交易，不通过其他渠道进行交易，承诺以上内容真实有效，不会撤销和变更。落款处有委托人柳某签字，被委托方鑫某咨询服务中心盖有公章，并有经纪人孙某某签字。

再查，鞍山市不动产登记中心出具信息查询一份，显示坐落于铁东区新华街××－×号案涉房屋（产籍号：×－××－××－××××）权利人为潘某君、尹某某，面积74.51平方米，登记时间为2022年9月9日。庭审中潘某迪称其父母潘某君、尹某某购买案涉房屋最终成交价为37.5万元。

【案件争点】

1.潘某君、潘某迪与鑫某咨询服务中心双方是否形成中介合同关系；

2.双方签订的《铁东区鑫某信息咨询服务中心看房确认协议》是否属于格式合同及其效力；

3.潘某君、潘某迪应否支付中介费、违约金及数额；

4.潘某君、潘某迪应否支付律师费。

【裁判摘要】

法院经审理认为：

1.关于第一个焦点：潘某君、潘某迪与鑫某咨询服务中心双方是否形成中介合同关系问题。中介合同是中介人向委托人报告订立合同的机会或者提供订立合同的媒介服务，委托人支付报酬的合同。本案中，鑫某咨询服务中心带领潘某迪实地考察铁东区新华街××－×号案涉房屋，即提供了房源信息，双方对于《铁东区鑫某信息咨询服务中心看房确认协议》上潘某迪的签字没有异议，该看房确认协议可以视为一份中介合同。因此，鑫某咨询服务中心与潘某迪之间已形成中介合同法律关系。《铁东区鑫某信息咨询服务中心看房确认协议》没有潘某君的签字确认，鑫某咨询服务中心亦未提交证据证明2022年7月28日潘某君也参与了房屋考察，根据合同相对性原则，鑫某咨询服务中心与潘某君之间没有形成中介合同法律关系。关于潘某迪抗辩房屋销售登记信息面积为80平方米，与实际房屋面积为74.51平方米，存在欺诈一节，房屋售卖信息是真实存在的，且鑫某咨询服务中心已带潘某迪进行了房屋考察，面积存在误差，不能直接认定系欺诈行为，故法院对潘某迪的辩解不予采纳。

2.关于第二个焦点：双方签订的《铁东区鑫某信息咨询服务中心看房确认协议》是否属于格式合同及其效力问题。房地产中介公司为了维护其权益，通常在中介合同中规定：委托人除了与该中介机构交易外，在一定期限内不得以其他形式与该房产发生交易，否则需承担违约责任。而委托人往往以此规定为格式条款，对其不产生效力为由进行抗辩。从形式上看，此类规定是房产中介机构为重复使用而预先拟定，并在订立合同时未与对方协商的条款，属于格式条款。只要此类条款不存在免除一方责任、加重对方责任、排除对方主要权利的情形，就不属于《民法典》第497条合同格式条款无效的情形，对合同当事人而言就具有法律约束力。就本案来看，《铁东区鑫某信息咨询服务中心看房确认协议》对"跳单"违约金及中介费进行了约定，该条款旨在保护中介公司作为居间人依法应享有的权益，防止当事人利用已经获得的服务进行私下交易的背信行为。其虽是格式条款，但并不存在免除一方责任、加重对方责任、排除对方主要权利的情形，不属于《民法典》第497条合同格式条款无效的情形。进一步而言，在中介合同的履行过程中，鑫某咨询服务中心也的确提供了房源信息，因而对潘某迪及其近亲属之后的交易行为作出一定范围的限制，也符合《民法典》的公平原则，所以该条款对潘某迪具有法律约束力，对潘某迪辩称《铁东区鑫某信息咨询服务中心看房确认协议》格式条款无效的辩解不予采信。

3.关于第三个焦点：潘某君、潘某迪是否应支付中介费、违约金及数额问题。根据合同相对性原则，鑫某咨询服务中心与潘某君之间没有形成中介合同法律关系，其对本案鑫某咨询服务中心的诉讼主张不应承担法律责任。潘某迪与鑫某咨询服务中心签订《铁东区鑫某信息咨询服务中心看房确认协议》后，鑫某咨询服务中心工作人员，即孙某某履行了提供看房、商谈价格、了解购买意愿等中介服务，后因潘某迪表示无意购买而未能在当时促成案涉房屋买卖合同的成立，鑫某咨询服务中心未履行完所有中介服务合同内容，未促成房屋买卖合同成立，亦无直接证据证明潘某迪为规避支付服务费而故意不签订合同，即无法证实潘某迪存在故意"跳单"行为，且鑫某咨询服务中心提出了违约金的主张，违约金包含对其造成损失即中介费的弥补，故法院对鑫某咨询服务中心要求潘某迪支付8100元中介费的主张不予支持。

关于鑫某咨询服务中心要求潘某迪支付违约金16200元，《铁东区鑫某信息咨询服务中心看房确认协议》明确约定"跳单"行为的违约金为总房款的4%，该违约条款为有效条款。结合本案，潘某迪的"跳单"行为确实造成鑫某咨询服务中心的预期可得利益损失，即房屋实际成交总价的2%中介服务费7500元（375000元×2%=7500元），鉴于案涉房屋鑫某咨询服务中心并未提供完整的中介服务，为有利于引导交易主体在经济交往中遵守诚信原则，维护交易的稳定性和安全性，不应因违反协议获取更高利益，兼顾公平原则，法院对违约金酌情调整为预期可得利益损失的130%为宜，即9750元，对鑫某咨询服务中心过高主张部分不予支持。

关于潘某迪辩称其父母系在公园与现案涉房屋的邻居王某相识，并获取出卖人柳某的电话信息，不构成违约一节。首先，潘某迪提交的情况说明系其母亲尹某某出具，法院未予采信。其次，如果潘某迪在与鑫某咨询服务中心签订《铁东区鑫某信息咨询服务中心看房确认协议》前获得房源信息，其也无必要通过中介购房，而综合本案证据，潘某迪恰恰是从鑫某咨询服务中心获取第一手房源信息，而后潘某迪的父母确实在较短时间内即 2022 年 9 月 7 日与出卖人柳某签订了案涉房屋的买卖协议，且已完成交易，其利用了鑫某咨询服务中心提供的房源信息资源。再次，无论是潘某迪购买学区房还是其父母居住使用，案涉房屋均能达到潘某迪及其父母的购房目的。最后，《铁东区鑫某信息咨询服务中心看房确认协议》明确约定"在看房之日起两年内，甲方（或甲方直系、嫡系亲属、授权人、代理人等）不得直接或间接地与乙方曾经提供的房产的业主（或代理、委托人）私下成交"。无论鑫某咨询服务中心是不是出卖人柳某的独家代理，不影响潘某迪作为合同当事人而应承担的义务，现潘某迪的父母已与出卖人柳某完成了房屋交易，潘某迪应按《铁东区鑫某信息咨询服务中心看房确认协议》的约定承担违约责任，故法院对潘某迪该辩解不予采信。

4. 关于第四个焦点：潘某君、潘某迪是否应支付律师费。如前所述，潘某君不应承担法律责任。潘某迪与鑫某咨询服务中心签订的《铁东区鑫某信息咨询服务中心看房确认协议》明确约定了"如因以上条款造成诉讼纠纷，由甲方承担律师费、保全费等所有费用"，且鑫某咨询服务中心提供了律师合同及发票，于法有据，故法院对鑫某咨询服务中心要求潘某迪支付律师费 5000 元的主张予以支持。

三、裁判规则提要

在房产交易中，房地产中介机构和委托人之间达成的书面协议存在多种名称，如《看房确认协议》《房地产求购确认书》《中介看房协议》《委托看房书》等，这些协议从法律性质来看均为中介合同，又称居间合同。

房地产中介机构为了维护自身合法权益，通常会在中介合同中约定"防跳单条款"，即委托人在看房后的一定时期内，除了通过该中介机构达成交易外，不得以其他形式恶意跳过房地产中介机构，与该房产的业主达成交易，否则需要承担违约责任。从条款形式来看，此类规定是房地产中介机构为了重复使用而预先拟定，并在订立合同时未与委托人协商的条款，属于格式条款。因此，只要此类条款不存在免除一方责任、加重对方责任、限制或排除对方主要权利的情形，就不属于《民法典》规定的无效情形，对合同当事人具有法律约束力。法院在审查此类案件时，应当注意对"防跳单条款"进行实质审查，如该条款对于"跳单"违约金和"跳单"情形的约定实质上是为了保护中介机构作为居间人依法应享有的权益，防止当事人在利用其已经从中介机构获得的信息私下交易的背信行为，则可认定其不存在免除一方责任、加重对方责任、排除对方主要权利的情形，而是对委托人的合理限制，符合《民法典》规定的公平原则，应当对合同签订的双方均具有法律约束力。

四、辅助信息

《民法典》

第四百九十六条 格式条款是当事人为了重复使用而预先拟定，并在订立合同时未与对方协商的条款。

采用格式条款订立合同的，提供格式条款的一方应当遵循公平原则确定当事人之间的权利和义务，并采取合理的方式提示对方注意免除或者减轻其责任等与对方有重大利害关系的条款，按照对方的要求，对该条款予以说明。提供格式条款的一方未履行提示或者说明义务，致使对方没有注意或者理解与其有重大利害关系的条款的，对方可以主张该条款不成为合同的内容。

第四百九十七条 有下列情形之一的，该格式条款无效：

（一）具有本法第一编第六章第三节和本法第五百零六条规定的无效情形；

（二）提供格式条款一方不合理地免除或者减轻其责任、加重对方责任、限制对方主要权利；

（三）提供格式条款一方排除对方主要权利。

第九百六十二条 中介人应当就有关订立合同的事项向委托人如实报告。

中介人故意隐瞒与订立合同有关的重要事实或者提供虚假情况，损害委托人利益的，不得请求支付报酬并应当承担赔偿责任。

第九百六十四条 中介人未促成合同成立的，不得请求支付报酬；但是，可以按照约定请求委托人支付从事中介活动支出的必要费用。

第九百六十五条 委托人在接受中介人的服务后，利用中介人提供的交易机会或者媒介服务，绕开中介人直接订立合同的，应当向中介人支付报酬。

房地产中介机构未促成房产交易合同成立的，可以要求委托人支付从事居间活动支出的必要费用

【规则描述】　　依据《民法典》第 964 条的规定，中介人未促成合同成立的，不得请求支付报酬；但是，可以按照约定请求委托人支付从事中介活动支出的必要费用。在房屋交易中，房地产中介机构未能成功撮合房产交易合同成立的，不得请求委托人支付报酬，但是在撮合交易的过程中，房地产中介机构向委托人提供了为客户提供房源、带领客户看房、洽谈房产交易价格等中介服务，付出必要的时间、精力及相关费用等。因此，房地产中介机构有权要求委托人支付因房屋带看、交易介绍等居间活动而产生的必要费用。

一、类案检索大数据报告

案例来源：Alpha 案例库，案件数量：590 件，数据采集时间：2023 年 10 月 31 日，本次检索共获取中介机构未促成交易合同成立引发的房地产中介纠纷案件裁判文书 590 篇。

如图 9-1 所示，从案件主要地域分布来看，此类案件主要集中在浙江省、上海市、山东省，占比分别为 13.73%、10.68%、10.00%。其中浙江省的案件数量最多，达到 81 件。

（注：图表只列举案件数量排名前5的地区）

图 9-1　案件主要地域分布情况

　　如图 9-2 所示，可以看到此类案件的审理程序分布状况。一审案件有 393 件，二审案件有 191 件，再审案件 6 件。

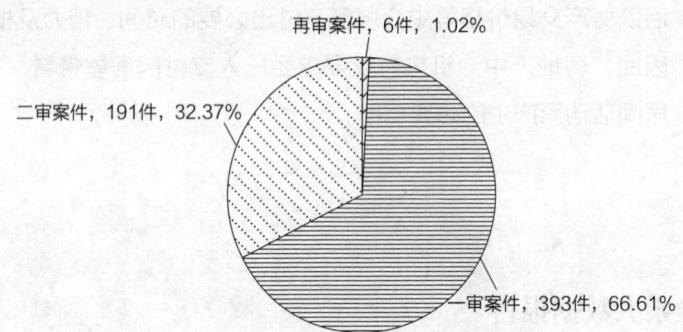

图 9-2　案件的诉讼程序分布情况

　　如图 9-3 所示，通过对二审裁判结果的可视化分析可以看到，此类案件维持原判的有 148 件，占比 77.49%；改判的有 41 件，占比 21.47%；其他的有 2 件，占比 1.04%。

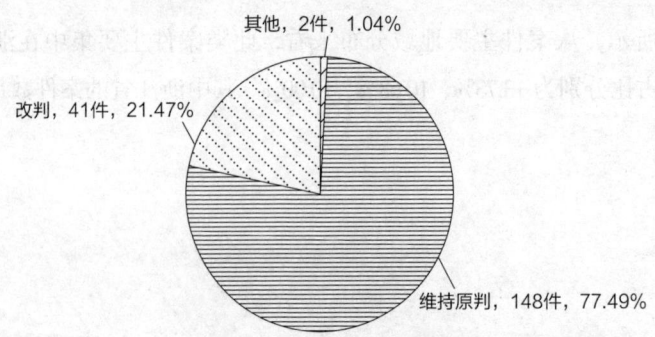

图 9-3　二审裁判结果情况

二、可供参考的例案

例案一：高新区（新市区）洞庭路安某信息咨询服务部与邓某某中介合同纠纷案

【法院】

新疆维吾尔自治区乌鲁木齐市新市区人民法院

【案号】

（2022）新 0104 民初 8768 号

【当事人】

原告：高新区（新市区）洞庭路安某信息咨询服务部

被告：邓某某

【基本案情】

原告高新区（新市区）洞庭路安某信息咨询服务部（以下简称安某服务部）诉称，2021 年 9 月 23 日，原告安某服务部与被告邓某某签订《委托看房确认书》，带看位于新市区北路 2219 号石油新村 ××−×−××× 房屋。合同第 3 条约定：买方如与居间方所曾介绍的房东在《委托看房确认书》签订的一年内无论以何种方式及任何价格私下成交的，均视为居间方代理成功，买方同意依照本确认书约定支付合同成交总价 3% 作为服务费。第 4 条约定：出现买房人向第三方中介公司或个人泄露原告房源信息且利用房源信息达成交易的，应赔偿受托方该房价 3% 的违约金。第 5 条约定：任何一方违反本协议法律义务的，其他各方均有权追究其法律责任，包括但不限于实际损失、律师费等合理费用均由违约方承担。《委托看房确认书》签订后，原告安某服务部积极履行带领被告邓某某看房义务，但被告在接受原告中介服务后，却私下泄露原告房源信息并与原告推荐的房源房主签订房屋买卖合同并已完成房屋不动产权过户登记。被告邓某某的行为已违反双方合同约定，应当支付房屋成交价 3% 服务费及 3% 违约金。上述款项原告安某服务部多次催要，被告邓某某均拒绝支付，原告无奈诉至法院，望法院查明事实后依法维护原告合法权益。故提出诉讼请求：（1）判令被告向原告支付服务费 25500 元（房屋成交总价 85 万元 ×3%）；（2）判令被告向原告支付违约金 25500 元（房屋成交总价 85 万元 ×3%）；（3）判令被告向原告支付律师费 5000 元。以上合计 56000 元。

被告邓某某辩称：原告安某服务部诉状所述与事实不符，其诉讼请求无事实和法律依据，应当依法予以驳回；被告邓某某签署的《委托看房确认书》，内容属于无效的格式条款，应予排除。2021 年 9 月 19 日下午，原告安某服务部员工张某以及陪同人员在带被告邓某某看其他房源的时候，拿了一份空白的《委托看房确认书》，要求被告签署，张某解释，说是为了确认他们的工作量，向他们领导证明他确实是带客户看房，被告出于对他们的信任，故在看房确认书上签字，具体内容被告未看，原告的工作人员也未就看房确认书的条款向被告作任何解释以及提醒。签字后，他们就把看房确认书收走，被告手中无签字的原件。《委托看房确认书》第 3 条和第 5 条明显属于霸王条款，案涉房屋的房东，将同一房屋通过多个中介公司包括挂牌出售，房主自己也在出售，未与任何一家售房中介签订独家协议，2021 年 9 月 29 日上午 10 时，通过微信明确告知被告邓某某房屋已经卖出，此时被告才又通过其他渠道看房子，最终找到了案涉房屋的出售信息，此时原告安某服务部已经没有该房屋的售出信息，被告通过其他公众可以获知的正当途径获得相同房源信息的，被告有权选择报价低的中介，而原告在未提供任何居间服务的前提下要求被告支付居间费明显没有法律依据，同时严重违反了《消费者权益保护法》的强制性规定，当属无效。原告安某服务部单方提供的格式合同，条款内容不合理，加重了被告责任，以达到免除并减轻自己责任的目的，原告在要求签字时根本不敢向被告如实告知，是在有意隐瞒不合理条款内容，采取欺骗手段套路买房人。截至 2021 年 9 月 29 日 10 时，原告安某服务部最终也没有为被告邓某某提供 ××-×-××× 购房满意的服务，此后一直停留在带看其他房阶段，也未达成任何交易，原告不应向被告主张服务费。被告邓某某并不存在违约行为，案涉房屋在多个网站平台寄售，公众都能获知，不存在原告安某服务部称向第三方中介公司或个人泄露房源，被告是与房东联系，直接与房东达成房屋买卖合同，被告的行为并没有利用先前与原告签订《委托看房确认书》的房屋信息，不构成违约，因为确认书中只有被告的身份信息，没有出卖人的信息，且违约金的约定也明显高于法律规定的金额，原告诉请的服务费是 25500 元，违约金也是 25500 元，明显超过法律支持的范围。律师费应由原告自行承担，因为律师费不属于合理开支，被告不应当承担。

法院经审理认定：2021 年 9 月 23 日的《委托看房确认书》载明委托方（买方）邓某某，受托方（居间方）新市区洞庭路七街区 D 区 ××-× 门面浩祥地产。经买方和居间方达成合意，居间方经纪人带领买方进行实地看房且提供了居间服务，双方达成如下条款：（1）在带领看房前，买方或买方之亲属、代理人须出示有效证件，该有效证件包括身份证、户口本、授权委托书，签订本协议确认书后看房，若与居间方推荐房源成交的，签订房屋买卖居间合同时应支付合同成交价1%中介服务费。（2）居间方及买方均承诺不做任何损害双方合法权益的行为。（3）买方（包括但不限于买方代理人、被代理人及各关联方）如与居间方所曾介绍的房东（业主、交易对象）在签订本确认书后的一年内无论以任何价格私下成交的，均视为居间方代理成功。买方同意依照本确认书约定，支付居间方合同成交总价的3%作为服务费，对此约定买方认可并且没有异议。本确认书中"关联方"是指与买方关系密切的所有相关人员，包括但不限于配偶、父母、子女、兄弟姐妹、前来看房的关联人、关联公司及买方员工等。如是买方代理人签订本确认书，则买方代理人保证代表买方真实意思表示，并同时出具相应承诺书，否则其将承担一切法律责任。（4）出现买房人向第三方中介公司或个人（除受托方以外的所有中介机构），泄露其公司房源信息和除受托方以外的所有中介机构达成交易，应赔偿受托方该房价3%的违约金。（5）本确认书一经签署即构成对各方均具有法律约束力的义务，对于任何一方违反本协议项下的法律义务的，其他各方均有权追究其法律责任，包括但不限于实际损失、律师费、保全费、交通费、担保费等合理费用均由违约方承担。（6）本确认书载明的双方（各方）通信地址可作为送达各类通知、协议等文件以及就合同发生纠纷时相关文件和法律文书送达时的送达地址，因载明的地址有误或未及时告知变更后的地址，导致相关文书及诉讼文书未能实际被接收的、邮寄送达的，相关文书及诉讼文书自退回之日起即视为送达。表格中载明手写字样带看时间"2021年9月23日"，房屋坐落位置"西环北路2219号石油新村××-×-×××"。邓某某在该确认书落款的委托方处签字，安某服务部在受托方处加盖印章，载明签订时间为2021年9月23日。

【案件争点】

邓某某应否向安某服务部支付费用。

【裁判摘要】

法院经审理认为：

1. 中介合同是指居间人向委托人报告订立合同的机会或者提供订立合同的媒介服务，委托人支付报酬的合同。本案中原告安某服务部、被告邓某某签署的《委托看房确认书》的内容包括被告邓某某委托原告中介的意思表示、中介成功的报酬、违约责任。同时，本案还表明原告安某服务部向被告邓某某提供了房源信息等中介服务。因此，从内容上看，《委托看房确认书》具有中介合同的性质，本案应为中介合同纠纷。中介人促成合同成立后，委托人应当按照约定支付报酬。中介人未促成合同成立的，不得要求支付报酬，但可以要求委托人支付从事居间活动支出的必要费用。本案中，被告邓某某与卖方最终签订的买卖合同是由他人促成的，而不是由原告安某服务部促成的，因此，原告安某服务部无权要求被告邓某某支付报酬。本案中，原告安某服务部请求按照合同成交总价的3%作为服务费以及房价3%作为违约金实际上是变相请求报酬，因此不能支持。但由于原告安某服务部在从事中介活动中支出了必要费用，因此有权要求被告邓某某支付该费用。

2. 本案诉争的第3条款、第4条款系格式条款。所谓格式条款，依照《民法典》第496条的规定是指当事人为了重复使用而预先拟定，并在订立合同时未与对方协商的条款。因此，格式条款具有预先拟定、适用不特定相对人、定型化即不加协商等特点。本案中，原告安某服务部提供的《委托看房确认书》，是原告安某服务部在与被告邓某某及案外人订约以前就已经预先制定出来的，而非在双方当事人反复协商的基础上制定出来的，该协议适用于与原告安某服务部订约的不特定的委托人，所签订该确认书时房屋坐落位置亦为空白，原告安某服务部未能举证证明，其在与被告邓某某订立《委托看房确认书》时曾采用合理的方式提请对方就加重对方责任的条款予以注意，并与之进行协商。故诉争条款具备格式条款的属性。

3. 该格式条款加重了对方的责任、排除了对方的主要权利。原告安某服务部利用格式条款使自己居于无论中介行为是否成功均可获得相应报酬的有利地位，而增加了委托人在中介不成情况下仍需支付相当于报酬数额的违约金的义务，限制了委托人与出卖人进一步协商和自由缔约的权利。这实际上是要求被告邓某某独家委托原告安某服务部提供中介服务，却并未规定取得独家委托权的中介方作为对价所要承担的主要义务，这就限制了消费者选择服务的权利，加大了消费者的责任。并且，本案中原告安某服务部并未提交证据证明其采取了合理方式提请被告邓某某注意该条款。因此，根据法律规定，该条款应认定无效，既然是无效条款，故不能成为安某服务部请求支付服务费的依据。

4. 根据《民法典》第965条的规定，"委托人在接受中介人的服务后，利用中介人提供的交易机会或者媒介服务，绕开中介人直接订立合同的，应当向中介人支付报酬"。原告安某服务部提交的视频及录音记录，仅能证实其有案涉房产的钥匙，但并不能证明其为独家代理，即案涉房产的房源信息并非原告安某服务部唯一拥有，并且原告安某服务部也未告知被告邓某某原业主的联系方式或安排双方见面，因此，不能判定被告邓某某利用原告安某服务部提供的交易机会或服务而达成案涉房产的交易。原告安某服务部提交的证据亦不能证明被告邓某某存在"跳单"行为。

5. 本案争议条款属无效的格式条款，原告安某服务部在买卖双方未成功签订购房合同时无权要求按约收取服务费、违约金。被告邓某某通过其他途径了解到同一房源信息，并通过他人促成了房屋买卖合同成立，属于正常的市场交易行为。鉴于原告安某服务部已向被告邓某某提供了看房服务，但未能促成交易。根据《民法典》第 964 条 "中介人未促成合同成立的，不得请求支付报酬；但是，可以按照约定请求委托人支付从事中介活动支出的必要费用" 的规定，结合公平、诚信原则，法院酌定由被告邓某某向原告安某服务部支付中介服务费 5000 元，超出的部分不予支持。对于原告安某服务部主张的违约金及律师费的诉请，法院亦不予支持。

例案二：上海鹤某投资有限公司与上海优某国际物流有限公司居间合同纠纷案

【法院】

上海市浦东新区人民法院

【案号】

（2017）沪 0115 民初 6681 号

【当事人】

原告：上海鹤某投资有限公司

被告：上海优某国际物流有限公司

第三人：某州数码（昆山）供应链投资有限公司

【基本案情】

原告上海鹤某投资有限公司（以下简称鹤某公司）诉称，2015 年 6 月 15 日，被告上海优某国际物流有限公司（以下简称优某公司）要求原告鹤某公司居间介绍仓库用房，并与原告签订《看楼确认书》，确认由原告提供两处房源，被告实地查看物业后，承诺不与业主私下联系，如果私下签约，应支付相当于 1 个月租金的违约金。2015 年 10 月 1 日，原告鹤某公司得知被告优某公司跳开原告承租了某州数码（昆山）供应链投资有限公司（以下简称某州公司）位于淀山湖双和路×××号、面积为 8300 多平方米的物业，租金为每月 22000 元。经联系被告优某公司，被告拒绝向原告鹤某公司支付居间费。故提出诉讼请求：要求判令被告优某公司支付原告居间费人民币 22 万元。

被告优某公司辩称：不同意原告鹤某公司诉请。理由是：原告鹤某公司提供的《看楼确认书》是虚假的，双方没有形成居间关系，原告也没有履行居间义务，被告优某公司更不存在支付居间费用的义务；原告方陈某某带被告员工谭某开车去看仓库，路上一直隐瞒仓库的实际地理位置，途中谭某得知去看的是某州数码仓库，当即表示不用看了，并要求陈某某下车，但陈某某不下车，一定要让谭某签字完成带客户看房的工作，所以谭某无奈在确认书上签了字；《看楼确认书》中所述的两处房源是原告鹤某公司自己添加的；谭某在签《看楼确认书》时加注了"没有看仓库"的字样，但原告鹤某公司提供的《看楼确认书》上没有这一句，所以对该证据有异议。被告优某公司在二年以前就知道某州数码仓库，而且之前也谈过租赁该仓库的事宜，所以被告没有利用原告鹤某公司的信息"跳单"的行为。

第三人某州公司未到庭陈述，也未提供证据。

法院经审理认定：2015 年 6 月 15 日，原告鹤某公司、被告优某公司签订《看楼确认书》一份，该确认书载明：由原告鹤某公司为被告优某公司提供房地产经纪服务找到满意的厂房，被告承诺在实地察看物业以后，不会直接、间接或者通过其他经纪人与业主联系，如果被告不经原告私下与业主联络签约，则须向原告支付违约金，金额为所租物业一个月的租金；确认书上注明了两处物业地址，分别是淀山湖沈家浜路马家厍路，面积 22000 平方米和淀山湖某州数码双和路 ××× 号，面积 2 万平方米。被告方员工谭某在该确认书上注明"上海优某国际物流有限公司"并签名。

2015 年 10 月 9 日，被告优某公司与第三人某州公司签订《房屋租赁合同》一份，约定由被告向第三人租赁位于淀山湖镇双和路 ××× 号 1 某仓库，总建筑面积 9152.68 平方米，租期自 2016 年 2 月 1 日至 2021 年 1 月 31 日，租金 0.45 元 / 平方米 /天，物业管理费 0.45 元 / 平方米 / 天。

【案件争点】

被告应否承担《看楼确认书》约定的相应违约金。

【裁判摘要】

法院经审理认为：

原告鹤某公司、被告优某公司之间在 2015 年 6 月 15 日形成过一份《看楼确认书》，该确认书是原告带领被告的员工谭某前往查看案涉物业过程中形成。《看楼确认书》对于双方的权利义务有所约定，可以认定《看楼确认书》系原、被告之间签订的一份居间合同。然而，从《看楼确认书》的签订过程来看，其是原告鹤某公司单方提供的格式合同，原告也没有充分证据可以证明原告曾经向被告优某公司明确告知过所谓"跳单"后所需承担的法律后果，故其该相关条款的有效性存在瑕疵。而且，原告鹤某公司取得居间报酬或主张违约责任应同其取得的委托代理权限及实际完成的具体居间活动相对应。本案中，原告鹤某公司对案涉物业并未获得独家代理权，也并未与被告优某公司签订正式的居间合同，更未实际促成被告与业主签订出租协议。但从既已查明的事实看，原告鹤某公司确有带被告人员前往查看物业和提供物业信息的事实，被告优某公司亦确认已与第三人签约，从公平角度出发，法院酌定由被告给付原告 2 万元费用。

例案三：上海申某房地产咨询有限公司与黄某某中介合同纠纷案

【法院】

　　上海市浦东新区人民法院

【案号】

　　（2021）沪 0115 民初 61703 号

【当事人】

　　原告：上海申某房地产咨询有限公司

　　被告：黄某某

【基本案情】

　　原告上海申某房地产咨询有限公司（以下简称申某房产公司）诉称，2020 年 11 月 19 日，被告黄某某母亲到原告申某房产公司北蔡门店咨询购房事宜，当时原告的业务员李某负责承办，与被告母亲达成口头协议约定佣金 1%，当天李某就带被告母亲看了莲文苑×××号×××室。随后原告申某房产公司了解到真实的购房者为被告黄某某，被告母亲仅为其购房事宜的代理人。对于原告申某房产公司与被告黄某某母亲达成的口头协议，包括佣金收取比例等事项被告亦完全认可。2020 年 11 月 22 日至同月 29 日，李某根据被告黄某某的要求，陆续带被告及其父母看了文化馨苑×××号×××室、莲文苑×××号×××室、文化馨苑×××号×××室（以下简称系争房屋）、鹏飞路×××弄×××号×××室和鹏飞路×××弄×××号×××室等共 7 套房屋。原告申某房产公司帮助被告黄某某逐家筛选房源，多次车接车送去看房源。原告申某房产公司为被告黄某某提供了殷勤、细致、周到的中介服务，但被告在 2020 年 12 月 5 日绕开原告，找了第三方中介公司购买了系争房屋。据了解，被告黄某某购买系争房屋的成交价为 797 万元，按约被告应支付原告佣金 79700 元，但原告申某房产公司多次讨佣均遭到拒绝。2021 年 1 月 3 日，原告申某房产公司委托律师向被告黄某某发函催讨，被告亦不予理睬。被告黄某某从原告申某房产公司提供的房源中选中了一套，如今却委托第三方中介公司完成了购买行为，可见对原告的服务是认可的，并且已经接受了原告的服务。而第三方中介公司事先没有给被告黄某某提供该房源信息，也没有带看。被告黄某某从原告申某房产公司处获知该房源信息之后转告第三方中介公司，其行为无疑是不折不扣的"跳单"，原告为维护自身权益，故诉至法院，请求：（1）被告支付原告中介服务报酬（佣金）人民币79700元；（2）被告支付原告以79700元为基数，按照全国银行间同业拆借中心公布的贷款市场报价利率计算的自2021年1月11日起至实际清偿之日止的利息。

被告黄某某辩称：被告及其母亲未与原告申某房产公司签订任何书面中介合同，双方对佣金多少、看房是否需要付费等中介服务的核心条款均未约定。原告申某房产公司的业务员李某确实为被告带看过包括系争房屋在内的7套房源，但被告购房需求是三房两卫有电梯，李某带看的3套房屋是不符合被告要求的。案涉房屋房东报价为810万元，被告从未委托李某去和房东谈价格，实际上也没有证据证明李某就该房屋曾和房东就价格等事宜进行过初步的磋商。佣金必须是完成整个中介服务后才有权主张，原告申某房产公司不能仅凭带看过房源就向被告主张佣金。2020年12月5日，上海中某房地产经纪有限公司（以下简称中某房产公司）带被告再次看了案涉房屋，当天中某房产公司将系争房屋价格谈到797万元，被告同意后就在中某房产公司的居间下和房东签署了房地产买卖合同，被告事后亦支付了中某房产公司佣金79700元，被告认为其有权选择服务更好、更正规的中介。因此，不同意原告的诉讼请求。

法院经审理认定：2020年11月，被告黄某某有购买房屋的意向，原告申某房产公司的业务员李某为被告黄某某推荐房源并陪同被告及其父母至现场看房。在2020年11月19日至11月29日，李某陪同被告黄某某及其父母至系争房屋在内的7处房屋实地看房，李某的丈夫开车接送了被告及其父母三次。此后被告黄某某在案外人中某房产公司的居间下与系争房屋的原产权人就房屋价格等买卖事宜进行了磋商。2020年12月5日，被告黄某某与系争房屋的原产权人赵某某在中某房产公司居间下，签订了房地产买卖合同，约定被告以797万元的价格购买系争房屋。同日，被告黄某某与中某房产公司签署佣金确认单，明确被告经中某房产公司居间介绍购买了系争房屋，被告应当支付服务费79700元，于2020年12月底前付4万元、过户前付39700元。次日，被告黄某某和系争房屋的原产权人赵某某签订了上海市房地产买卖合同。被告黄某某于2020年12月30日、2021年3月18日分别支付中某房产公司4万元、39700元。后中某房产公司向被告黄某某出具了佣金收据。2021年1月，原告申某房产公司通过快递方式向被告黄某某发送律师函，要求被告支付佣金 79700 元。

【案件争点】

1. 被告是否存在"跳单"行为；

2. 如果不存在"跳单"行为，是否需要向原告支付费用。

【裁判摘要】

法院经审理认为：

1. 居间合同是居间人向委托人报告订立合同的机会或者提供订立合同的媒介服务，委托人支付报酬的合同。委托人在接受居间人的服务后，利用居间人提供的交易机会或者媒介服务，绕开居间人直接订立合同的，应当向居间人支付报酬。衡量是否存在"跳单"行为，在于被告黄某某是否利用了原告申某房产公司提供的信息、机会等条件。如果被告黄某某通过其他公众可以获知的正当途径获得系争房屋的信息，则被告有权自由选择其中任意一家中介公司促成合同成立，而不构成"跳单"的行为。本案中，系争房屋并非原告申某房产公司处的独家房源，房源信息公开在网上，房屋的原产权人并非独家委托原告。虽然原告申某房产公司先带被告黄某某实地看房，但被告亦可以通过其他公众可以获知的正当途径获得相同房源信息，被告有权选择其认为服务更好的中某房产公司促成房屋买卖合同的成立。因此，被告黄某某未利用原告申某房产公司提供的信息和机会，故被告的行为难以认定为"跳单"。此外，所谓"跳单"的行为，一般指买家利用中介公司提供的房源信息，却"跳"过中介公司，直接和卖家进行交易，从而省去中介费用的支出。本案中，被告另行委托他家中介公司促成合同成立，并支付了相应的合理的中介费用，亦不构成"跳单"。居间人未促成合同成立的，不得请求支付报酬，但可以请求委托人支付从事居间活动支出的必要费用。原告申某房产公司并未促成合同的成立，故原告要求被告黄某某支付中介服务费及利息的诉讼请求，于法无据，法院不予支持。

2. 考虑到本案纠纷的一次性解决，为减少当事人诉累，并在原告申某房产公司主张相关中介报酬的前提下，可酌情处理原告支出的必要费用。现因被告黄某某确认原告申某房产公司的业务员曾陪同被告多次前往系争房屋在内的多套房屋内看房并用车接送以及与被告沟通购房事宜等，故法院从本案的实际情况出发，兼顾公平合理原则，酌情确定被告应支付原告必要费用 3000 元。

三、裁判规则提要

房产交易中，房地产中介机构作为居间人，与委托人之间成立中介合同的目的在于达成房产买卖或租赁合同、完成房产交易，委托人在未通过此中介合同达成交易的情况下，很少会向房地产中介机构支付其从事服务期间产生的必要费用，从而引发纠纷。法院在审理此类案件时需注意：

1. 如委托人已经签订房屋买卖合同、三方协议等文件，后因委托人的个人原因导致交易失败，应当认定房地产中介机构已就中介合同履约完毕，有权请求委托人支付中介服务费。

2. 如房地产中介机构未促成买卖或租赁合同成立，依据《民法典》第964条的规定，中介人未促成合同成立的，不得请求支付报酬；但是，可以按照约定请求委托人支付从事中介活动支出的必要费用。在房屋交易中，房地产中介机构未能成功撮合房产交易合同成立的，房地产中介机构向委托人提供了为客户提供房源、带领客户看房、洽谈房产交易价格等中介服务，付出必要的时间、精力及相关费用等。因此，房地产中介机构有权要求委托人支付因房屋带看、交易介绍等居间活动而产生的必要费用。经纪人可以要求委托人依据双方之间的中介合同支付其从事中介服务期间支出的必要费用。

3. 在房地产中介机构与委托人之间未订立书面中介合同但提供了实际服务时，从《民法典》规定的公平原则考虑，委托人与房地产中介机构已经在经纪人提供带看、房源介绍等服务的过程中，履行了事实上的中介合同关系。在房屋未实际成交的情况下，考虑中介公司履约情况、委托人签约目的以及合同未成交原因等因素，中介公司可以要求委托人支付必要费用。

四、辅助信息

《民法典》

第六条 民事主体从事民事活动，应当遵循公平原则，合理确定各方的权利和义务。

第九百六十三条 中介人促成合同成立的，委托人应当按照约定支付报酬。对中介人的报酬没有约定或者约定不明确，依据本法第五百一十条的规定仍不能确定的，根据中介人的劳务合理确定。因中介人提供订立合同的媒介服务而促成合同成立的，由该合同的当事人平均负担中介人的报酬。

中介人促成合同成立的，中介活动的费用，由中介人负担。

第九百六十四条　中介人未促成合同成立的，不得请求支付报酬；但是，可以按照约定请求委托人支付从事中介活动支出的必要费用。

第九百六十五条　委托人在接受中介人的服务后，利用中介人提供的交易机会或者媒介服务，绕开中介人直接订立合同的，应当向中介人支付报酬。

房地产中介纠纷案件裁判规则第 10 条：

在房产交易中，房屋出卖人基于诚信原则，应当主动披露房屋主体结构内发生的非正常死亡事件，房地产中介机构应当就此信息向购房人履行告知义务

【规则描述】　根据我国民间风俗习惯，在房屋主体结构内发生的自杀、他杀、意外死亡非正常死亡事件通常会导致该房源被认定为"凶宅"，且此信息会对购房人是否愿意购买房屋以及以何种条件进行交易有重大影响。房屋出卖人作为房屋的所有者，系对房屋的情况最为了解。基于诚信原则，房屋出卖人应当主动向潜在购房人披露房屋内发生的非正常死亡事件。这不仅是对购房人的尊重，还是维护市场交易公平的重要举措。房地产中介机构作为房产交易的中介方，承担着信息传递和交易撮合的职责。房地产中介机构应当主动询问出卖人、进行必要审查，并主动告知购房人相关信息。房屋出卖人故意隐瞒的，房地产中介机构履行主动询问及审查义务的，不承担责任。

一、类案检索大数据报告

案例来源：Alpha 案例库，案件数量：142 件，数据采集时间：2023 年 10 月 31 日，本次检索共获取相关房地产中介纠纷案件裁判文书 142 篇。

如图 10-1 所示，从案件主要地域分布来看，此类案件主要集中在广东省、北京市、上海市，分别占比为 19.01%、13.38%、12.68%。其中广东省的案件数量最多，达到 27 件。

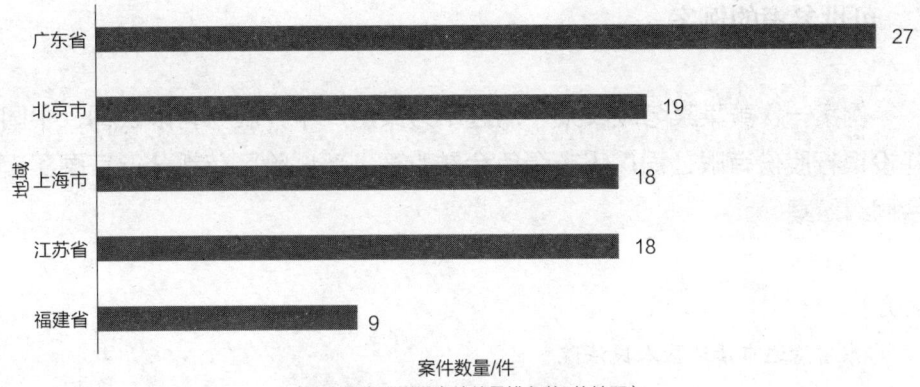

案件数量/件
（注：图表只列举案件数量排名前5的地区）

图 10-1 案件主要地域分布情况

如图 10-2 所示，可以看到此类案件的审理程序分布状况。一审案件有 99 件，二审案件有 43 件。

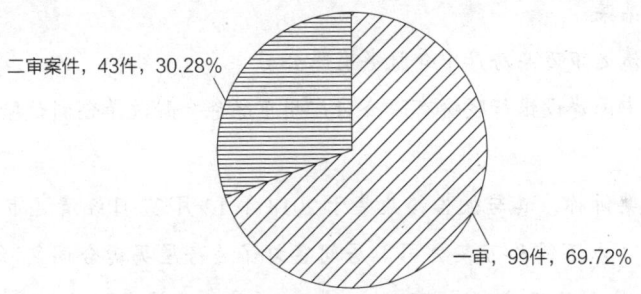

图 10-2 案件的诉讼程序分布情况

如图 10-3 所示，通过对二审裁判结果的可视化分析可以看到，维持原判的有 34 件，占比为 79.07%；改判的有 8 件，占比为 18.60%；其他的有 1 件，占比为 2.33%。

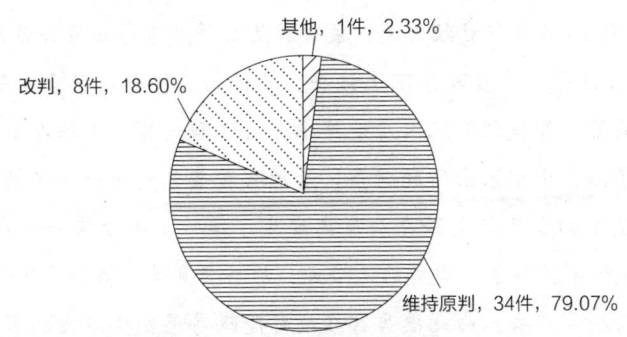

图 10-3 二审裁判结果情况

二、可供参考的例案

> **例案一：黄某某与赖某某、清远市万某房产中介服务有限公司、中国建设银行股份有限公司广州市绿色金融改革创新试验区花都分行房屋买卖合同纠纷案**

【法院】

　　广东省清远市清城区人民法院

【案号】

　　（2019）粤 1802 民初 3598 号

【当事人】

　　原告：黄某某

　　被告：赖某某

　　第三人：清远市万某房产中介服务有限公司

　　第三人：中国建设银行股份有限公司广州市绿色金融改革创新试验区花都分行

【基本案情】

　　原告黄某某诉称，其与被告赖某某于 2018 年 12 月 27 日经清远市万某房产中介服务有限公司（以下简称万某公司）居间签订了《房屋买卖合同》，约定原告以 69 万元购买被告位于清远市 ×× 市 ×× 东 ×× 房（房屋面积为 80.14 平方米），首期款为 19 万元，已向被告支付，其余 50 万元采用银行贷款方式支付。2019 年 3 月 26 日，原告黄某某、被告赖某某办理了房屋过户登记手续。《房屋买卖合同》第 5 条约定："甲乙双方同意甲方交付该物业予乙方使用之日期：为银行放款当日交付使用。"2019 年 4 月 29 日银行放款当天，被告赖某某并没有通知原告黄某某去收楼，4 月 30 日至 5 月 3 日原告一直联系不上被告，其行为已经违反了合同第 5 条的约定。随后，原告黄某某只能找到第三人房地产中介去了解此事，工作人员到了房屋后发现大门口张贴了出自小市派出所的封条。后原告黄某某到派出所了解到，被查封的原因是被告赖某某的女儿与女婿在房屋内发生了争吵，导致其女婿在房屋内死亡，被告的女儿也被刑事拘留了。案发后这多天，原告黄某某一直联系不上被告赖某某，被告也不曾主动联系原告，由此被告存在故意隐瞒房屋发生命案的事实。现今合同发生了情势变更，出现了双方签订合同时都不可预见的情形。5 月 5 日原告黄某某通过派出所联系到被告赖某某，双方第一次协商，被告说房屋虽然登记在其名下，但贷款一直是由其女儿承担的，因此，是否解除合同他不能决定，要等其女儿出来才能作决定。5月8日双方第二次协商，被告赖某某明确不解除合同，不退房。原告黄某某购买房屋是为了平安、舒适，但在房屋交付之前发生这样的事情，使得原告无法安心入住。根据公序良俗，忌住"凶宅"是我国民间传统，是社会上一种善良无害的风俗。所谓"凶宅"可能会导致买房人心理不安，足以影响原告黄某某的购买决定。为维护原告的合法权益，特依法向法院提起诉讼请求：（1）解除原、被告于2018年12月27日签订的《房屋买卖合同》；（2）被告返还原告已付房款19万元及利息（自起诉之日起至实际支付之日止按中国人民银行同期同类贷款利率计算）；（3）解除与第三人中国建设银行股份有限公司广州市绿色金融改革创新试验区花都分行（以下简称建行花都分行）签订的《个人住房（商业用房）借款合同》；（4）赔偿原告为此花费的手续费6000元、中介费13000元、契税4400元、印花税2.5元、登记费80元，共23482.5元及利息（自起诉之日起至实际支付之日止按中国人民银行同类贷款利率计算）；（5）被告支付原告支出的3万元律师费；（6）本案诉讼费由被告承担。

被告赖某某辩称：（1）被告不存在违约行为，且合同义务已履行完毕，原告黄某某的诉求没有事实和法律依据，依法应予驳回。①从原告黄某某提交的证据可知，在原、被告双方签订合同后，原告支付了首期款19万元，被告亦按照合同约定将案涉房屋及水电、维修基金过户到原告名下，被告一直按约定履行合同义务，不存在任何违约行为。②至于原告黄某某诉称"2019年4月29日银行放贷当天，被告并没有通知原告去收楼，4月30日至5月3日原告一直联系不上被告，其行为已经违反了《房屋买卖合同》第五条的规定"没有事实依据。首先，被告的银行卡没有开通短信服务功能，被告也是在原告黄某某联系并告知其房屋剩余房款已放贷后，被告去银行查账才知道，此前根本不知情。其次，案涉房屋的相关买卖交易，被告一直是委托其女儿罗某某与原告黄某某交接，被告没有原告的联系方式，而且从被告女婿出事至放贷只有短短数日，被告一直处于悲痛当中，根本无暇考虑案涉房屋买卖问题，更谈不上企图隐瞒什么，更何况如被告有意隐瞒，大可主动联系原告并编造各种理由拖延交房时间至房屋解封时让原告顺利收房，然而被告并没有这样做，可见，被告根本没有隐瞒的意图。③就房屋交付问题，被告在知道剩余房款已经放贷后，曾多次联系原告黄某某，告知原告房屋已于2019年5月5日解封，并搞好屋内卫生清洁，符合交付条件，但原告一直没有前来交接，对此，被告已通过微信、短信、发函通知被告收房，但原告均不予理会。根据《交房通知书》，原告黄某某在

2019 年 5 月 20 日前没有前来收房，视为已经收房，也就是说，案涉房屋已交付给原告。（2）关于原告黄某某诉称"凶宅"问题。案涉房屋不是"凶宅"，"凶宅"不是一个法律概念，普遍认为只有发生过自杀、他杀等人为因素非正常死亡的房屋才是"凶宅"，意外死亡事件不存在人为因素，缺乏主观上的恶性；而本案中，被告女儿并非以涉嫌故意杀人罪被刑拘，且案件仍在刑事侦查阶段，其女婿死亡原因尚不明确。换言之，其死亡原因不排除是意外事件，也就是说，案涉房屋现阶段不宜直接定性为"凶宅"。退一步说，即使法院有理由认定该房屋为"凶宅"，但被告女婿的死亡并未对案涉房屋造成任何物理性损坏，不影响房屋的使用和居住功能，客观上亦未影响房屋的实际使用价值，而且，根据《合同法》第 93 条①关于解除合同的规定及结合《房屋买卖合同》，没有任何一条法律条文明确规定或者是当事人双方约定，如买卖房屋为"凶宅"就可以解除合同，更何况，被告女婿在案涉房屋内死亡是在签订合同、房屋过户后才发生，该风险应由原告承担。显然，原告黄某某的诉求缺乏事实和法律依据的。（3）关于情势变更原则适用问题。首先，情势变更原则的适用前提是合同赖以存在的客观情况确实发生变化，而所谓"变更"是指合同赖以成立的环境或者基础发生异常变动，客观情势的变化时刻存在，但一般变化不会引起情势变更原则的适用，必须有重大的异常变动致使合同的法律基础丧失时才可以适用；而本案中，合同成立的基础是房屋，案涉房屋依然存在，亦没有任何的物理性损害，也就是本案合同的法律基础尚未丧失，因此，本案不适用情势变更原则。其次，结合本案的实际情况，原、被告继续履行合同，并没有造成合同目的也就是案涉居住使用的目的不能实现，因此，本案不属于情势变更的情形。最后，根据《最高人民法院关于正确适用〈中华人民共和国合同法〉若干问题的解释（二）服务党和国家的工作大局的通知》的规定，"严格适用《中华人民共和国合同法》若干问题的解释（二）第二十六条……对于上述解释条文，各级人民法院务必正确理解、慎重适用。如果根据案件的特殊情况，确需在个案中适用的，应当由高级人民法院审核，必要时应当提请最高人民法院审核"。（4）关于购房款、手续费、中介费、契税、印花税、登记费及利息以及律师费问题。首先，由上述第 1 点、第 2 点、第 3 点可知，被告不存在违约行为，本案亦不适用情势变更原则，案涉房屋买卖合同不宜解除，根本不存在赔偿原告黄某某上述关于购房款、手续费、中介费、契税、印花税、登记费、利息以及律师费等费用之说。其次，退一步说，即使法院认为有足够

① 参见《民法典》第 562 条。

的理由解除合同，但导致解除合同的原因或过错也不在于被告，被告根本不存在违约行为，不属于违约方，且上述费用也不是由被告收取的，被告依法不承担上述费用。综上所述，原告黄某某的诉讼请求没有事实和法律依据，依法应予驳回。

第三人万某公司述称：原告黄某某提交的起诉状基本符合事实。银行放贷成功之后发了信息给原告，原告联系不到被告赖某某的女儿，然后原告联系到我方，但是我方也联系不到被告的女儿。后来我们到案涉房屋查看，发现房屋已经被封了。其实房屋已经过户了，但是派出所在封屋的时候没有通知到原告黄某某。我们通过派出所联系到了被告赖某某，其实之前一直都是与被告的女儿进行联系。5月5日，我们进行了三方协商，被告赖某某称房屋的事宜都是由其女儿来处理的，但是其女儿现在还没有放出来。5月8日，我们进行了第二次协商，但是都没有处理结果，因为被告要等女儿放出来了才能协商，原告黄某某称如果无法解决只能通过法律途径解决。

法院经审理认定：在原、被告及第三人万某公司所签订的《房屋买卖合同》中约定，原告黄某某向银行申请23年50万元的银行按揭贷款，该款在领取新证到银行办理抵押登记手续完成后，由贷款银行直接划入被告赖某某的账户；被告赖某某交付房屋给原告黄某某使用的日期为银行放款当天；原告黄某某须向经纪方支付中介代理费及咨询费13000元。2018年12月27日，原告黄某某向被告赖某某支付了购房定金2万元，并向第三人万某公司支付了中介费13000元及办理按揭手续费6000元。2019年1月22日，原告黄某某向被告赖某某支付了房款17万元。

2019年1月17日，原告黄某某与第三人建行花都分行签订了一份《个人住房（商业用房）借款合同》，原告向第三人建行花都分行申请房屋抵押贷款50万元，该款在原、被告交易的位于清远市××市××东××房的房屋办妥抵押登记手续后，第三人建行花都分行按放款要求直接将资金划入赖某某62×××××账户内。

2019年3月21日，上述案涉房屋产权变更登记到原告黄某某名下，原告为此支付了交易契税4400元、印花税2.50元、不动产登记费80元。同年4月29日，第三人建行花都分行将原告借款50万元直接划入了被告赖某某的账户内。

根据清远市公安局清城区分局2019年7月5日作出的清公城诉字〔2019〕00422号起诉意见书的侦查查明中表述，2019年4月21日23时许，被告女儿罗某某在上述案涉房屋内将其丈夫向某某杀害；罗某某涉嫌故意杀人罪，现将此案移送检察院审查起诉。

原告黄某某为委托律师代理本案诉讼事务，支付了律师代理费3万元。

【案件争点】

1. 案涉交易房屋是否属于"凶宅"性质；

2. 黄某某请求合同解除的条件是否成就；

3. 赖某某应否承担违约责任。

【裁判摘要】

法院经审理认为：

1. 按照我国民间风俗习惯，避讳"凶宅"属于民间风俗，通常认为，曾发生自杀或凶杀等人为因素致人非正常死亡的房屋即属于"凶宅"，现案涉房屋内发生了凶杀案件，故可认定为"凶宅"。

2. 本案中，原告黄某某、被告赖某某约定的案涉房屋交付使用日期为银行放款当天，案涉房屋在未交付原告使用前发生了凶杀案件，虽然案涉房屋可实际居住使用，但作为日常生活居住的房屋，其不仅仅是一个独立的生活空间，而是家庭生活的必要载体，承载了人们诸多情感因素，因此，人们总是尽可能地择吉而居。这样的想法和愿望无可厚非，法律、行政法规既不能也不应当对于人们追求美好生活的愿望予以禁止和否定，而每一个人都应当对这样的风俗给予尊重和遵守。一个曾经发生过非正常死亡事件的房屋，显然与人们这样的善良愿望相违背。基于人们趋吉避凶的善良愿望，人们往往会因为房屋涉及非正常死亡事件而产生心理上的忌讳从而不愿购买，即使购买，一般也建立在房屋价格有相当程度优惠的基础上。基于案涉房屋在房屋买卖合同未履行完毕前存在物之瑕疵，影响了房屋的交换价值，房屋质量已不符合质量要求，根据《合同法》第148条①"因标的物质量不符合质量要求，致使不能实现合同目的的，买受人可以拒绝接受标的物或者解除合同"的规定，原告黄某某有权要求解除合同，故对原告请求解除与被告签订的《房屋买卖合同》，法院予以支持。

3. 另，由于导致合同解除的原因、责任在于被告赖某某，根据《合同法》第97条②"合同解除后，尚未履行的，终止履行；已经履行的，根据履行情况和合同性质，当事人可以要求恢复原状、采取其他补救措施，并有权要求赔偿损失"的规定，对原告黄某某要求被告返还已付房款19万元，赔偿原告为此花费的按揭手续费6000元、中介费13000元、契税4400元、印花税2.5元、登记费80元及上述款项自起诉

---

① 参见《民法典》第561条。

② 参见《民法典》第566条。

之日起至实际支付之日止按中国人民银行同期同类贷款利率计算的利息，以及赔偿原告支出的律师费 3 万元的请求，法院亦予以支持。对于原告黄某某请求解除与第三人建行花都分行签订的《个人住房（商业用房）借款合同》，第三人建行花都分行在履行合同过程中并不存在任何过错或违约行为，并不符合协商解除、约定解除或法定解除的条件，法院不予支持。

例案二：熊某某与袁某、潘某某及中某地产代理（深圳）有限公司、中国工商银行股份有限公司深圳喜年支行房屋买卖合同纠纷案

【法院】

广东省深圳市中级人民法院

【案号】

（2018）粤 03 民终 987 号

【当事人】

上诉人：熊某某

被上诉人：袁某

原审被告：潘某某

原审第三人：中某地产代理（深圳）有限公司

原审第三人：中国工商银行股份有限公司深圳喜年支行

【基本案情】

熊某某上诉称：（1）一审法院根据案涉房屋发生过非正常死亡事件，撤销《二手房买卖合同》，属于事实认定错误。①本案不属于一般民间说法中的"凶宅"。一审法院依据案涉房屋发生过非正常死亡事件，作为撤销《二手房买卖合同》依据，属于认定事实错误，判决认定按一般的民间习俗认为，发生过非正常死亡的房屋会被认为存在不吉利的因素。换言之，法官认为案涉房屋是一般民间说法中的"凶宅"。关于"凶宅"的具体含义，目前我国法律法规中没有给出明确的界定。从一般民间的说法来看，所谓"凶宅"是指在该房屋内曾发生诸如自杀、他杀、意外事故等非正常原因死亡以及其他重大异常现象的房屋。一般包括三种情形：第一，曾经在该房屋内部发生过自杀、他杀事件等人为因素导致的非正常死亡；第二，曾经发生过意外死亡事件的住宅，包括煤气爆炸、一氧化碳中毒等情况；第三，该房屋的地理位置、周边环境特殊，如该房屋周边有火葬场、坟地等。而本案中根据深圳市

公安局南山分局的调查取证回函，案涉房屋发生过非正常死亡事件，但人员伤亡发生在该栋楼底，而非该物业中。客观来讲，坠楼者并非在案涉房屋中死亡，而是坠楼死亡后直接被带去医院、火葬场，没有回到房屋内部，案涉房屋并不符合上述的"凶宅"情形。按照一审判决的逻辑，是发生人员伤亡的小区一楼绿化带变得"不吉利"，并非案涉房屋变得不吉利。换言之，若房屋居住者是从屋顶跳楼身亡、走出屋内到小区门口遇到交通事故死亡的话，与本案性质相同，死亡者均是房屋居住者，坠楼死亡和交通事故死亡性质一样为非正常死亡，且都不是在房屋内部发生人员伤亡，难道都能认定房屋变成"凶宅"？显然一审法官按照这个逻辑推论得出"凶宅"不符合客观事实，案涉房屋根本不是一般民间意义上所说的"凶宅"。房屋居住使用过程中发生生老病死属于正常现象，从协助调查取证的内容来看，坠楼者是基于重度抑郁症而轻生，且重度抑郁已达十多年之久。故坠楼者并非受到居住房屋环境的影响，是自己作为病人难以承受疾病之苦而选择轻生，那么一个病人的死亡对案涉房屋无论是从物质性使用上还是主观民间习俗上均不存在任何影响。故一审判决认定案涉房屋是"凶宅"属于事实认定不清。②房产交易中的信息披露。在房屋买卖过程中，卖方具备信息披露义务，一般是指房屋的物理品质信息和权利状况信息。物理品质信息包括房屋是否存在墙体裂缝、渗水、空鼓，面积不符，设施不到位等问题。房屋权利状况是房屋权属信息的核心部分，主要包括：第一，房产所有权情况，所有权人、共有权人姓名或名称，所有权取得时间、登记时间、权利范围等相关信息。第二，他项权利情况，包括用益物权和担保物权人姓名或名称，权利的设定时间、设定期限、权利范围、登记日期等相关信息。第三，权利限制情况，主要是指对不动产权利的处分限制，如司法机关、行政机关对房屋进行的查封或其他限制房屋权利发生变动的情况，这些信息具体包括作出查封决定的机关名称、实施查封的依据、实施查封的时间、查封的期限等。对于房屋在前手卖方是否发生过非正常死亡事件等事宜，现有法律没有规定卖方有主动披露的义务。本案中案涉房屋是否发生过非正常死亡事件这类历史信息不存在于房屋本身，不能通过房屋的物理属性表现，又不同于房屋的产权信息，产权信息购房时当事人可以去相关部门查询。这类信息熊某某购房前和购房后均无法查证，且发生于前手业主持有时期，熊某某对此并不知情更是无须主动披露。③深圳市世某房地产投资顾问有限公司（以下简称世某地产）的复函无法证明熊某某对非正常死亡事件知情且亦无法证明上一手房产交易价格低于市场价。第一，一审法院向世某地产进行调查取证，其复函内容："由于时间久远及资料存储地偏远，无法马上取得，我司可提供办公系统中留存的交易资料打印件供贵院核实有关情况。"也就是说，世某地产仅根据办公系统中留存的相关资料证明上一手业主罗某已告知熊某某案涉物业曾发生过非正常死亡事件没有事实依据。首先，世某地产并没有提供任何证据证明上一手业主告知熊某某发生过非正常死亡事件，该复函不足以证明。其次，世某地产作为上一手买卖的中介方，其复函并不具备客观性，因为世某地产作为买卖双方中介人，对上一手交易有利害关系，因为世某地产否认对于案涉房屋曾发生非正常死亡事件知情，那么，作为熊某某是可以追究世某地产未尽告知义务的法律责任。世某地产为了逃避责任，必定会表述熊某某知情，故其立场缺乏中立性，复函称熊某某对非正常死亡事件知情并没有任何证据。最后，该复函亦无法确认该业务员身份信息，不排除是世某地产为了逃避责任而作出不负责的复函。第二，世某地产复函中称"交易的成交价低于当时的市场价格，但因时间过于久远，经办业务员已记不清具体是否低于当时市场价 200 万元～300 万元"。由于世某地产并不具备价值评估的职能，一审法院仅凭这样的表述就认为该案涉房屋的成交价低于市场价，实属谬论。由于世某地产并不具备价值评估的职能，且复函称"但因时间过于久远，经办业务员已记不清具体是否低于当时市场价 200 万元～300 万元"，仅凭这样的表述世某地产并无法证明案涉房屋上一手交易的价格与市场价之间的差价，故一审判决根据该复函认定熊某某以低于市场成交价购买案涉房屋缺乏事实依据。第三，房屋作为市场上流通交易的商品，房屋价格是动态的，受市场行情影响。供求关系是主要影响因素，在深圳目前如此高房价的市场环境下以高价成交并非易事，且成交价格的影响因素亦可能为上一手业主急需资金周转等。换言之，上一手业主将案涉房屋以 1250 万元的价格卖给熊某某，是当事人双方意思自治的结果，价格在合理的区间，双方自愿交易，过程中并没有违反法律的禁止性规定，符合市场规律。第四，案涉房屋熊某某购买后准备用于自住，并花费了上百万元进行装修。后由于生意资金周转需求，不得已才出售，并非熊某某低价购入后又高价转卖给袁某。④根据袁某提交的《二手楼赎楼贷款担保委托合同》，主体信息中乙方袁某居住地址为：广东省深圳市南山区京基百纳御景东方×栋×××。而案涉房屋为×栋×××，袁某居住在案涉小区仅与案涉房屋相邻，袁某在签订合同前即居住在该小区内，如果小区内 2015 年发生了居住者非正常死亡事件，袁某理应是知情的，且应当是在知情的情况下购买的。而袁某在交易过户完成后以此为理由撤销，不符合交易公平原则。一审法院在未查清案件事实情况下作出判决，违背市场经济秩序正常交易，违背公平交易的基本原则。（2）一审判决适用法律规范不准确。①公序良俗原则。公序良俗原则以一般的道德为核心，民事主体在进行非交易性质的民事法律行为时，应当尊重公共秩序和善良风俗，并将这一原则作为民法的基本准则，要求民事主体对社会公共秩序和道德予以起码的尊重。《民法总则》多次提及公序良俗，如第 8 条①规定，民事主体从事民事活动，不得违反法律，不得违背公序良俗；第 10 条②规定，处理民事纠纷，应当依照法律；法律没有规定的，可以适用习惯，但是不得违背公序良俗；第 153 条第 2 款③规定，违背公序良俗的民事法律行为无效。针对的主要是非交易性质的民事法律行为，如人格权、家庭伦理等方面。熊某某出卖案涉房屋是交易性质的民事法律行为，交易双方依照合同各自履行其义务，交易符合法律规定的流程，体现意思自治的原则。现交易已经完成，房屋过户完毕，满足民法基本原则的要求。②欺诈的构成要素。根据《民法总则》第 148 条④规定，一方以欺诈手段，使对方在违背真实意思的情况下实施的民事法律行为，受欺诈方有权请求人民法院或者仲裁机构予以撤销。所谓欺诈，指的是一方当事人故意告知对方虚假情况，或者故意隐瞒真实情况，诱使对方当事人作出错误意思表示的，可以认定为欺诈行为。欺诈行为的构成要素包括：首先，欺诈人有欺诈故意，指行为人具有故意欺诈他人的意思，即行为人明知自己的行为会使被欺诈人陷入错误认识，并且希望这种结果发生的一种心理状态。同时，欺诈人实施了欺诈行为，指欺诈人用语言、文字或活动有隐瞒事实而告知虚假情况的行为。即使被欺诈人陷于错误、加深错误或保持错误而虚构事实、变更事实或隐瞒事实的行为。其次，被欺诈人因欺诈而产生错误认识，并因错误认识而作出意思表示。客观上来说，根据上述分析，案涉房屋并非所谓的"凶宅"，没有这个事实，即没有故意隐瞒的内容。主观上来说，熊某某没有欺诈的故意，非正常死亡对于案涉房屋"凶宅"事宜并不知情，上一手业主在交易过程中并未主动告知房屋是否为"凶宅"，熊某某、潘某某购买案涉房屋过程中亦没有询问过，因此，对案涉房屋"凶宅"事宜并不知情，直至过户后才从袁某处听闻，故熊某某没有欺诈的故意，亦没有故意隐瞒房屋交易重要事实的欺诈行为。综上，一审法院认定事实不清，适用法律错误，审理案件应当以事实为依据，以法律为准绳。法院应当弘扬社会正能量，不能制造矛盾，使得市场交易秩序不稳定。一审判决结果使得案涉房屋今后将一直存在矛盾，

---

① 对应《民法典》第 8 条。
② 对应《民法典》第 10 条。
③ 对应《民法典》第 153 条第 2 款。
④ 对应《民法典》第 148 条。

不利于维护社会和谐、稳定，请求二审法院在查明事实的基础上，维护法律的正确实施，实现法律的公平、正义。故请求：（1）撤销一审判决，驳回袁某的一审诉讼请求；（2）请求依法判决一、二审诉讼费由袁某承担。

袁某辩称：（1）本案案情相对简单，熊某某和潘某某一同炒房，在明知案涉物业发生过非正常死亡事件的情况下低价购入，仅几个月后，故意隐瞒非正常死亡事件，以高出400万元的价格转让给袁某获利巨大。熊某某的行为严重违反诚信原则，性质十分恶劣。（2）熊某某自己对"凶宅"的定义毫无依据，也毫无意义。一审判决并未将案涉物业认定为"凶宅"，而是依据公安机关的文件认定为"发生过非正常死亡事件"，这点毫无争议。（3）本案争议焦点在于，熊某某对发生非正常死亡事件是否知情、是否有义务披露、该信息是否属于对合同订立与否或者对合同订立的条件产生重大影响的信息，而不在于跳楼始于屋内终于绿化带算不算"凶宅"。很明显，熊某某对发生非正常死亡事件是知情的，也是有义务披露的，该信息也属于重大信息。熊某某的狡辩是毫无意义的。（4）关于担保合同上记载袁某居住地址为案涉小区的问题。本次交易担保公司是熊某某找的，担保合同内容也是熊某某填的，袁某只需按合同约定承担担保费用，也只关心费用多少，袁某并不住那，但未关注到熊某某填的地址。现在看来，熊某某早有预谋，故意隐瞒非正常死亡事件，以高出400万元的价格转让给袁某，还埋伏了这个细节，以便主张袁某知情。熊某某主张袁某知情，至少要举证袁某在该地址居住过，而且在居住过程中对该事件明确知情，但熊某某没有举证。（5）一审判决适用法律正确。《最高人民法院关于贯彻执行〈中华人民共和国民法通则〉若干问题的意见（试行）》（已失效）第68条规定"一方当事人故意告知对方虚假情况，或者故意隐瞒真实情况，诱使对方当事人作出错误意思表示的，可以认定为欺诈行为"，本案熊某某故意隐瞒真实情况，诱使袁某作出错误意思表示，明显构成欺诈。

潘某某未作答辩。

中国工商银行股份有限公司深圳喜年支行（以下简称工行喜年支行）述称：没有意见。

中某地产代理（深圳）有限公司（以下简称中某地产）述称：关于熊某某的上诉，请法院依法裁决。

法院经审理查明：位于深圳市南山区××与××处××花园××楼××房（以下简称案涉房屋）于2016年9月19日登记在袁某名下，建筑面积为193.09平方米，产权为100%，后抵押给了工行喜年支行，担保债权的数额为990万元。另，袁某与潘某某于 2011 年 2 月 11 日登记结婚。

2016 年 1 月 6 日，案外人罗某（卖方）与潘某某（买方）在世某地产的居间下签订《二手房买卖合同》，约定：罗某以 1250 万元的价格将案涉房屋出售给潘某某，同时约定双方友好协商，双方交易完成后，买方放弃追究卖方对该物业的任何法律责任等。合同履行过程中，有关交易手续如资金监管、贷款等是熊某某委托潘某某办理，后案涉房屋登记至熊某某名下。

2016 年 8 月 14 日，袁某配偶潘某某（买方）与熊某某（卖方）签订了《二手房买卖合同》（NO.249907），约定：买卖双方交易的房地产位于深圳市 ×× 花园 ×× 楼 ×× 房，建筑面积为 193.09 平方米，房地产证号为 20××97，房地产性质用途为住宅；卖方自愿将该物业转让给买方，转让成交价为 1650 万元，该转让成交价不含税费；买方同意在本合同生效之日起 1 日内（含当日）向卖方支付定金 20 万元整，在本合同生效后 3 日内（含当日）再向卖方支付定金 60 万元整，本条所约定的定金交由双方所约定的第三方监管，监管方式、放款、退款条件等事项依买卖双方与第三方所签订的监管协议或类似文件而定；买方向银行按揭贷款支付约定楼款，具体履行方式如下：买方须于 2016 年 8 月 30 日前（含当日）将除定金、交楼押金之外的剩余首期款支付至买卖双方约定的银行监管账号或其他第三方的监管账号，买方须于 2016 年 8 月 30 日前（含当日）向按揭银行提交按揭贷款申请的相关资料，并配合银行进行贷款调查、审查、审批等手续，卖方须配合买方向按揭银行提供所需资料及相关文件并签署按揭银行要求的法律文件，抵押贷款金额以银行承诺的为准；该物业处于抵押状态，买方同意卖方委托担保公司担保融资赎楼，卖方须于签署本合同之日起 3 日内（含当日）与担保公司签订服务合同，并向担保公司或其他第三人出具办理赎楼的公证委托书及办理赎楼的其他相关手续，买方须协助卖方办理。卖方虽有担保公司提供担保仍不能获得赎楼贷款，或担保公司因其他原因无法将楼赎出的，卖方应自行赎楼，还清贷款，办妥注销登记手续，并须于注销抵押登记后 3 日内将红本房地产证原件交予上述第三方或第三方指定的担保公司；按政府及有关规定，买卖双方需支付税费有营业税、城市建筑维护税、教育费附加、卖方印花税、个人所得税、土地增值税、卖方房地产交易服务费、土地使用费、买方印花税、契税、产权登记费、买方房地产交易服务费、房地产贴花、因提前还贷卖方按揭银行征收的罚息、违约金及相关费用、产权查档费、赎楼公证费、评估费、律师费、抵押登记费、赎楼担保费和短期利息、涉外合同公证费、卖方企业所得税，经双方协商，买方自愿支付上述款项；双方协商同意在定金或首期款中预留 5 万元作为交楼押金，交由第三方监管；该物业以现状出售，卖方同意附送室内固定装修、入墙装修及部分家私电器等；其他条款。同日，潘某某（买方、乙方）、熊某某（卖方、甲方）与袁某（新买方、丙方）签订了《买方主体变更确认书》，内容为：买卖双方于2016年8月14日共同签署了关于某花园×号楼×××物业的《二手房买卖合同》，买卖双方于2016年8月14日与中某地产签署了关于该物业的《资金监管协议》（NO.D18P669），且买卖双方均分别或共同向中某地产出具了关于该物业的《佣金支付承诺书》。现经三方协商一致同意按照以下方式继续履行合同：三方同意在签署《深圳市二手房买卖合同》及产权转移登记时将买方姓名写为丙方名下，由丙方继续履行《二手房买卖合同》《资金托管协议》和《佣金支付承诺书》及相关附件补充协议等项下原买方（乙方）未履行的义务，原买方（乙方）对其（丙方）承担连带保证责任等。袁某支付了80万元的定金后继续履行了相关的支付房款义务。

2016年8月23日，袁某（甲方）、熊某某（乙方）与工行喜年支行（丙方）签署了《二手楼交易资金监管协议》，并办理了580万元的首期款监管手续。后，袁某（买方、乙方）、熊某某（卖方、甲方）与深圳市不动产融资担保股份有限公司（丙方、担保人）签署了《二手楼赎楼贷款担保委托合同》[深担保（赎）字2016年第01760号]，委托丙方代甲方赎楼等。

为证明袁某因购买案涉房屋支付了以下款项：（1）赎楼过程中产生的现金赎楼费91148元、短期利息12723.75元、罚息60930.52元、额度赎楼费36000元，共计200802.27元，袁某提交了《收费通知单》、银行转账记录、发票、《情况说明》。（2）佣金16.5万元，袁某提交了《佣金支付承诺书（买方）》、发票。（3）税费1156956.93元，袁某提交了税费申报表、电子缴款凭证、发票。（4）按揭费248169.15元（每月按揭款为49633.83元，暂计5个月），袁某提交了《个人购房借款/担保合同》、银行还款流水。（5）律师费25万元，袁某提交了《委托代理合同》。另，为证明潘某某低于市场价数百万元购买案涉房屋，并在备注条款中约定买方放弃追究卖方对该物业的任何法律责任，后登记至熊某某名下，上一手买卖是熊某某、潘某某共同出资出名的投资行为，本次交易也是潘某某与第三人袁某进行联络，但熊某某、潘某某为了按照市场价出售给袁某，恶意隐瞒了事实，构成欺诈，因此熊某某、潘某某应承担连带责任，袁某提交了熊某某、潘某某与原业主罗某签订的《二手房买卖合同》等。熊某某、潘某某对上述证据均不予认可。

一审法院根据袁某申请依法向深圳市公安局南山分局沙河派出所以及世某地产进行调查取证，其中沙河派出所的受理报警登记表载明警情类别为非正常死亡；世某地产函复称"交易过程中，罗某签约时即已告知潘某某、熊某某及我司案涉房屋曾发生过跳楼事件，人员伤亡发生在该栋楼底，而非该物业中。交易的成交价低于当时的市场价格，但因时间过于久远，经办业务员已记不清楚具体是否低于当时市场价 200 万元~300 万元等"。

一审庭审中，袁某表示案涉房屋处于空置状态，没有装修和出租。

【案件争点】

1. 熊某某是否构成欺诈；

2. 袁某是否有权据此撤销有关《二手房买卖合同》。

【裁判摘要】

法院经审理认为：

根据公安部门的调查结果，案涉房屋内确曾发生过非正常死亡事件，虽然该情况并不影响案涉房屋在物理性质上的使用，但购房人对此产生忌讳属于社会普遍存在的传统心理，该情况确实会对居住人的心理产生重大影响，进而对房屋的市场价值和使用价值产生较大的影响，因此属于与订立合同有关的重要事实。对此事实，熊某某作为房屋出卖方在缔约过程中应当严格遵循诚信原则，向买受人袁某如实予以披露和告知。而熊某某关于坠楼者并非死亡在案涉房屋内、房屋价值并不受此情况影响、其作为卖方对此并无主动披露义务的上诉意见，显属无理狡辩，法院不予采纳。

由于潘某某、熊某某在购置案涉房产时的居间方世某地产已证实案涉房屋原业主罗某已告知熊某某、潘某某案涉房屋内曾发生过跳楼事件，双方的交易成交价亦低于当时的市场价格，故足以认定熊某某对非正常死亡事件知情。而熊某某未将该情况告知袁某，也未提供充分证据证实袁某对该情况在双方交易前即已知情，故熊某某的行为已构成欺诈，袁某有权依据《合同法》第 54 条①之规定撤销案涉《二手房买卖合同》。一审法院在撤销案涉《二手房买卖合同》的基础上判令熊某某向袁某返还购房款，并赔偿税费、担保费、短期赎楼利息、佣金以及月供等损失以及支付相应利息，实体处理并无不当，法院予以维持。

---

① 参见《民法典》第 148 条。

例案三：易某某、王某与曲某某、柳某某及湘潭市新某房地产经纪有限公司房屋买卖合同纠纷案

【法院】

湖南省湘潭市雨湖区人民法院

【案号】

（2021）湘 0302 民初 1544 号

【当事人】

原告：易某某

原告：王某

被告：曲某某

被告：柳某某

第三人：湘潭市新某房地产经纪有限公司

【基本案情】

原告易某某、王某诉称，原告易某某、王某系母女关系，被告曲某某、柳某某系母女关系。2020 年 11 月 6 日，原告王某与被告柳某某在第三人湘潭市新某房地产经纪有限公司（以下简称新某公司）处签订了一份《房屋买卖合同》，合同约定王某购买曲某某名下位于湘潭市雨湖区建设北路 × 号 × 栋 × 号房屋一套，房屋总价 456000 元。合同签订当天，王某向柳某某支付 1 万元购房定金，并于 2020 年 11 月 15 日过户当天向柳某某一次性支付剩余购房款 446000 元。王某不仅承担了房屋过户的各项税费，还向第三人新某公司支付了居间服务费，该房屋现已登记在易某某名下。王某对房屋进行装修期间，二原告易某某、王某得知该房屋曾发生过非正常死亡事件，属于"凶宅"。经多方查证，曲某某的儿子×× 曾因醉酒产生幻觉从该房屋窗户跳楼自杀，经抢救无效身亡。签订合同前，王某多次向柳某某询问房屋是否发生过不吉利事件，柳某某不但没有如实告知，还故意隐瞒重大事项并欺骗王某及第三人新某公司，导致王某陷入错误订立合同。柳某某的行为显然已构成欺诈，该合同应予以撤销。为维护原告合法权益，特向法院起诉，请求：（1）请求撤销王某与柳某某于 2020 年 11 月 6 日签订的《房屋买卖合同》；（2）判令二被告曲某某、柳某某返还二原告易某某、王某购房款 456000 元并支付利息（利息以 456000 元为基数按中国人民银行同期同类贷款利率从 2020 年 11 月 7 日起计算至实际返还之日止）；（3）判令二被告曲某某、柳某某赔偿二原告易某某、王某已支付的房屋契税 11528

元、不动产登记费 80 元、装修材料费 26425 元、水电费 210 元；（4）判令第三人新某公司返还二原告易某某、王某居间服务费 9120 元（庭审中变更为判令二被告赔偿二原告中介费 9120 元）；（5）判令二被告曲某某、柳某某赔偿二原告易某某、王某 1 万元违约金及精神损失费 1 万元；（6）本案诉讼费由被告承担。

被告曲某某、柳某某辩称：（1）柳某某不是本案适格被告，本案案涉房屋原所有权人为曲某某，柳某某是作为曲某某代理人在《房屋买卖合同》上签字，并非合同一方当事人，不享有合同权利，也不承担义务；（2）曲某某出卖给王某的房屋系正常房屋，并非王某所称的"凶宅"；（3）曲某某对于其亲属发生坠楼事件的情况无主动进行信息披露的义务，不存在欺诈行为；（4）曲某某完全履行了《房屋买卖合同》中约定的各项义务，不存在故意隐瞒重大事项并欺骗原告及第三人的情形，原告主张撤销《房屋买卖合同》不能得到支持；（5）原告主张的精神损失费无事实及法律依据；（6）曲某某保留向原告主张赔偿损失的权利。

新某公司述称：公司工作人员从未向任何一方隐瞒该房屋的情况，原、被告双方均享受了公司提供的居间服务，公司无须退还居间服务费。

法院经审查认定：2020 年 11 月 6 日，原告王某为买受方，被告曲某某为出售方，柳某某为曲某某的代理人，双方签订《房屋买卖合同》，由曲某某将其所有的位于湘潭市雨湖区建设北路 × 号 × 栋 × 号房屋出售给王某，总售价为 456000 元。购房款支付完毕后，该房屋已交付并过户至易某某名下。房屋交付后，原告王某对房屋进行了装修。

2020 年 11 月 11 日，新某公司收取了王某支付的居间服务费 9120 元。2020 年 11 月 11 日，易某某缴纳了契税 11528 元。2020 年 11 月 18 日，易某某缴纳住宅类不动产登记费 80 元。根据王某提供的收据及订货单，2020 年 12 月 27 日，王某支付门窗费 11800 元；2020 年 12 月 20 日，王某支付灯具款项 1595 元；2021 年 1 月 3 日，王某支付卧室推拉门、卫生间窗户款项 4000 元。2020 年 11 月 30 日，王某缴纳水电费 210 元。

另查明：被告曲某某儿子 ××，于 2010 年 1 月 11 日从本案交易房屋中坠落楼底，经湘潭市中心医院抢救无效后死亡。在王某、曲某某签订《房屋买卖合同》前，被告曲某某及第三人新某公司均未告知原告黄某在案涉房屋中发生过人员坠落事件。

【案件争点】

1. 应否撤销原告与被告签订的《房屋买卖合同》；

2. 被告应否返还购房款、居间服务费、不动产登记费、水电费及装修材料费用等。

【裁判摘要】

法院经审理认为：

房屋买卖合同的买卖双方应遵循诚信的基本原则，对交易房屋涉及公序良俗的相关信息应当予以披露；而发生过非正常死亡事件的房屋虽不构成对房屋本身进行物质性使用的障碍，但往往会影响房屋的市场价值。本案中，被告及第三人未向原告告知案涉房屋曾发生过亲属坠楼死亡事件的信息，而该信息对原告是否愿意购买案涉房屋以及以何种条件进行交易均有重大影响。虽然原告与被告针对案涉房屋的买卖行为已经履行完毕，但因被告隐瞒了上述重要信息，使原告在违背真实意思表示的情况下签订并履行了房屋买卖合同的事实清楚，故原告请求撤销与被告签订的《房屋买卖合同》的主张，依法予以支持。被告以其不具有法定和合同约定的披露告知义务为由辩称不存在任何过错，理由不当，不予采信。

合同被撤销后，因合同取得的财产，应当予以返还；不能返还或者没有必要返还的，应当折价补偿。有过错的一方应当赔偿对方因此所受到的损失，双方都有过错的，应当各自承担相应的责任。本案中，柳某某为曲某某的代理人，因委托代理关系中代理人所从事的代理行为产生的法律后果由被代理人承担，故本案中因代理产生的法律后果应由被告曲某某承担。现合同因被告的过错被撤销，曲某某应返还原告已支付的购房款456000元，并支付合理期限的利息（以456000元为基数按中国人民银行同期同类贷款利率从2020年11月12日起计算至实际返还之日止）；同时需赔偿原告已支付的居间服务费9120元及不动产登记费80元。对于原告已缴纳的案涉房屋的水电费210元，亦属于损失范围，法院予以支持。原告提交的订货单和收据可以证明案涉房屋是由其购买装修材料进行装修的。对于原告要求被告赔偿其所支付的装修材料费用，法院认为，原告王某购买的四开门衣柜、沙发，属于未形成附合的装饰装修物，原告可自行处置，不属于原告的装修损失，故对该部分诉请不予支持；对于原告王某在房屋内安装的灯具及门窗，属于形成附合的装饰装修物，故被告曲某某应对该装饰装修部分向原告进行赔偿共计17395元。原告诉请被告赔偿违约金，因合同被撤销，合同不发生法律效力，法院不予支持。原告诉请的精神损失费，无法律依据，法院亦不予支持。根据《国家税务总局关于无效产权转移征收契税的批复》（已失效）"按照现行契税政策规定，对经法院判决的无效产权转移行为不征收契税。法院判决撤销房屋所有权证后，已纳契税款应予退还"之规定，因契税纳税主体为买房人易某某且易某某实际缴纳了契税11528元，合同被撤销后，曲某某应协助易某某办理案涉房屋契税退税手续。

三、裁判规则提要

受我国传统民俗观点影响，人们在进行二手房交易中往往会避讳"凶宅"，而我国现行法律文件并未对"凶宅"这一概念进行统一认定，通过总结上述案例可知，法院在审理判断案涉房屋是否为"凶宅"时通常需要考量三个要素：（1）死因因素，即房屋发生了非正常死亡事件，包括自杀及凶杀；（2）空间因素，即该非正常死亡事件发生在房屋主体结构内；（3）时间因素，即该非正常死亡事件发生在距离交易较短时间内，不能割裂该事件与房屋之间的联系。

基于上述因素，法院在认定案涉房屋构成"凶宅"后，审理涉"凶宅"案件时需注意以下几点。

1. 忌讳"凶宅"是基于风俗习惯。受中华传统文化影响，住宅的意义并非停留在物理层面的使用价值，而是同时承载了居住者诸多情感价值，包括满足其归属感、成为其精神寄托等。忌讳"凶宅"符合普通大众趋利避害、趋吉避凶的传统思想，是我国传统风俗习惯使然。根据《民法典》第10条的规定，"处理民事纠纷，应当依照法律；法律没有规定的，可以适用习惯，但是不得违背公序良俗"，习惯在我国司法实践中存在重要意义。根据此条款，适用习惯的构成要件包含以下三点：（1）现行法律没有规定；（2）存在对应的风俗习惯；（3）该习惯不违背公序良俗。忌讳"凶宅"这一行为恰恰满足上述构成要件。

2. "凶宅"是会对买受人是否愿意购买房屋以及以何种条件进行交易均有重大影响的信息，出卖人应当承担首要的主动披露义务；房地产中介如知悉信息，同样须承担告知义务。房屋出卖人，作为房屋产权所有人，长期持有和居住在该房屋中，对于房屋基础信息存在最为全面的认识。房屋是否发生过非正常死亡案件，属于十分私密的信息，是他人难以通过公开渠道或者外观观察获知的，即便是专业的房地产中介机构对此也难以主动知悉，因此房屋出卖人应当对此承担主动披露义务，包括：（1）在房地产中介和买受人询问房屋状况时，如实告知；（2）在买受人未询问时，为避免其产生错误认识，主动告知。房地产中介机构基于自身专业要求，对于"凶宅"应当承担两项义务：（1）主动向房屋出卖人进行询问确认其出售物业是否为"凶宅"；（2）如知悉该物业为"凶宅"，应当向房屋买受人主动告知相关信息。

四、辅助信息

《民法典》

　　第七条　民事主体从事民事活动，应当遵循诚信原则，秉持诚实，恪守承诺。

　　第十条　处理民事纠纷，应当依照法律；法律没有规定的，可以适用习惯，但是不得违背公序良俗。

　　第一百四十八条　一方以欺诈手段，使对方在违背真实意思的情况下实施的民事法律行为，受欺诈方有权请求人民法院或者仲裁机构予以撤销。

　　第六百一十条　因标的物不符合质量要求，致使不能实现合同目的的，买受人可以拒绝接受标的物或者解除合同。买受人拒绝接受标的物或者解除合同的，标的物毁损、灭失的风险由出卖人承担。

　　第九百六十二条　中介人应当就有关订立合同的事项向委托人如实报告。

　　中介人故意隐瞒与订立合同有关的重要事实或者提供虚假情况，损害委托人利益的，不得请求支付报酬并应当承担赔偿责任。

房产交易中，房屋主体结构外的非正常死亡事件不属于房地产中介机构应当主动告知的义务范围

【规则描述】　根据我国民间风俗习惯，"凶宅"会对购房人是否愿意购买房屋以及以何种条件进行交易产生重大影响，房屋出卖人及房地产中介机构应当主动披露此信息。但是，发生在房屋主体结构外的非正常死亡事件，通常指的是在房屋外部或周边区域发生的类似事件，与一般大众对于"凶宅"的认识和预期相悖，与房屋的直接关联较弱，不应被定义为"凶宅"，因此，房屋主体结构外的非正常死亡事件不属于房地产中介机构应当主动告知的义务范围。

一、类案检索大数据报告

案例来源：Alpha 案例库，案件数量：18 件，数据采集时间：2023 年 10 月 31 日，本次检索共获取相关房地产中介纠纷案件裁判文书 18 篇。

如图 11-1 所示，从案件主要地域分布来看，此类案件主要集中在北京市、江苏省、上海市，分别占比为 33.33%、22.22%、16.67%。其中北京市的案件数量最多，达到 6 件。

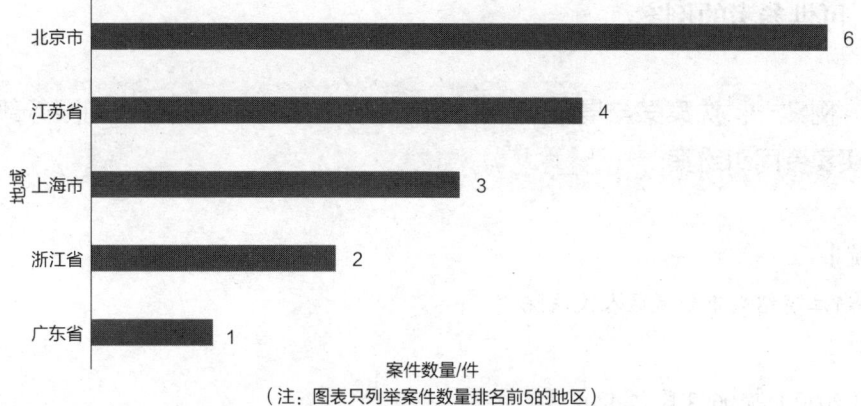

案件数量/件
（注：图表只列举案件数量排名前5的地区）

图 11-1 案件主要地域分布情况

如图 11-2 所示，可以看到此类案件的审理程序分布状况。一审案件有 11 件，二审案件有 7 件。

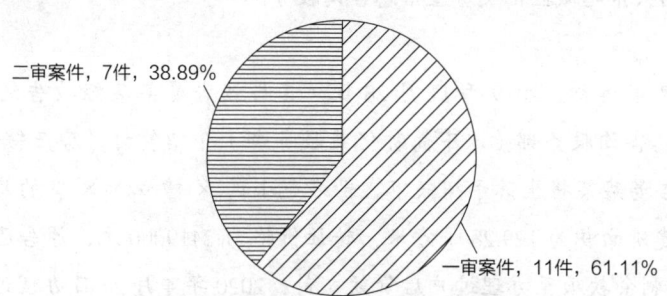

图 11-2 案件的诉讼程序分布情况

如图 11-3 所示，通过对二审裁判结果的可视化分析可以看到，维持原判的有 5件，占比为 71.43%；改判的有 2 件，占比为 28.57%。

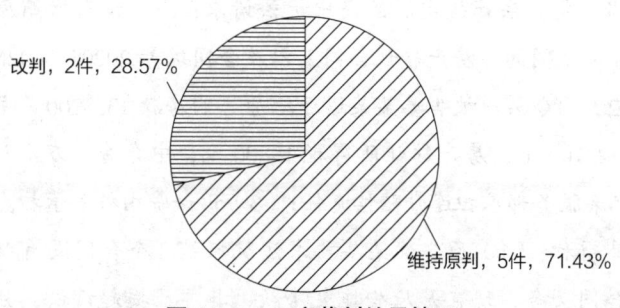

图 11-3 二审裁判结果情况

二、可供参考的例案

例案一：沈某某与晏某某、绍兴市越城区亿某房屋信息咨询服务部房屋买卖合同纠纷案

【法院】

浙江省绍兴市越城区人民法院

【案号】

（2020）浙 0602 民初 4209 号

【当事人】

原告：沈某某

被告：晏某某

被告：绍兴市越城区亿某房屋信息咨询服务部

【基本案情】

原告沈某某诉称，2019 年 11 月 28 日，其与被告晏某某经被告绍兴市越城区亿某房屋信息咨询服务部（以下简称亿某服务部）介绍签订《房产转让合同》，双方约定，被告晏某某将坐落于绍兴市盛世名苑小区 × 幢 ××× 室的房产转让给原告沈某某，建筑面积为 129.28 平方米，转让价格为 2419000 元，原告已支付购房款 1335200 元，剩余款项至办理过户后贷款支付，2020 年 4 月 24 日办理过户手续。房子过户后，原告沈某某才知道有人跳楼死在该房子的平台上，而原告在购买此房之前，已多次询问过被告晏某某，被告均予以否认。综上，原告沈某某认为，被告晏某某的行为已违反《合同法》第 54 条①之规定，现原告要求撤销合同、返还购房款等诉求理由正当，符合法律规定。故提出诉讼请求：（1）请求撤销原告与二被告晏某某、亿某服务部之间的《房产转让合同》以及合同编号 2020330602MM0010××× 共 2 份合同；（2）判令第一被告晏某某返还给原告购房款 1335200 元并赔偿原告损失 49500 元（契税 23700 元、房产转让所得税 15800 元、中介费 1 万元），合计 1384700 元，第二被告亿某服务部承担连带赔偿责任；（3）诉讼费由被告承担。

被告晏某某辩称：（1）原告沈某某要求法院撤销 2 个合同没有相关依据，其已履行完毕相应合同义务，现在是原告拖欠房款，其亦已提起诉讼，且原告并无证据

---

① 参见《民法典》第 148 条。

证明被告违反合同法条的规定，无权撤销合同；（2）原告沈某某诉请有四处与客观事实不符：其一，双方签订的房产合同时间是 2019 年 10 月 28 日；其二，原告沈某某陈述已付房款 133 万余元，但被告实际收到为 131 万余元，其余 16200 元是逾期利息；其三，原告沈某某陈述案外人跳楼死亡地点并非平台，应为露台，且该露台属于公共区域；其四，就案涉房屋是否"干净"，原告沈某某仅向被告咨询过 1 次，被告告知是干净的，并非如原告所述多次向被告询问，且原告亦未对房屋外相关情况进行询问。综上，请求驳回原告全部诉请。

被告亿某服务部辩称：原告沈某某诉请要求其与第一被告晏某某承担连带责任，并无法律依据，请法院驳回。其并提交书面答辩状称原告沈某某在签订合同当天曾咨询案涉房屋是否"干净"，第一被告晏某某陈述房子是"干净"的，其确不知晓案涉房屋外曾有案外人跳楼事件发生，且其作为中介，已尽义务。

法院经审理查明：2019 年 10 月 28 日，原告沈某某作为受让方，被告晏某某作为出让方，经被告亿某服务部居间介绍签订《房产转让合同》1 份，约定被告晏某某将坐落在绍兴市盛世名苑小区 × 幢×××室房地产转让给原告所有，建筑面积 129.28 平方米，权证号为 F 00001××××，契证号为 2008×××××……房屋用途为住宅。同时约定房屋总价款为 2419000 元，原告沈某某于合同签订日应支付定金 30 万元，余款于 2019 年 11 月 9 日支付 119000 元，于 2020 年 1 月 20 日付清剩余款项 200 万元，被告晏某某应于原告款项付清之日，将案涉房屋腾空交付原告。合同还对中介服务、违约责任及争议处理作了约定。合同签订后，原告沈某某支付定金及部分房款，双方因剩余房款支付发生争议诉至法院，法院于 2020 年 5 月 8 日立案受理，案号为（2020）浙 0602 民初 3024 号。

再查明：2020 年 4 月 24 日，原告沈某某作为买方，被告晏某某作为卖方，于绍兴市越城区行政服务中心签订编号为 2020330602MM0010×××《浙江省二手房买卖合同》1 份，原告于当天缴纳案涉房屋过户契税 237000 元，案涉房屋现已登记过户至原告名下。

诉讼中，原告沈某某向法院申请出具调查令，要求调取 2012 年 10 月 17 日位于盛世名苑跳楼死亡案件相关现场照片、记录等相关资料。法院经审理同意后，原告沈某某经向绍兴市公安局越城区分局稽山派出所调取相关资料显示，2012 年 10 月 17 日 7 时 18 分，稽山派出所接到电话报警称有人在盛世名苑小区 1 期 × 幢跳楼。在审理过程中，法院于 2020 年 7 月 2 日前往案涉房屋所在小区就案外人坠亡地点进行现场勘验，并在勘验前将时间、地点告知各当事人及二被告均参加当天勘验。经当事人指证并共同确认案外人坠亡地点为盛世名苑小区 1 期 × 幢 × 单元三楼外露台处；且经法院现场勘验，案涉房屋从其厨房及朝北部分窗户可望见该坠亡点。

【案件争点】

1. 案涉房屋是否为"凶宅"；

2. 二被告是否构成欺诈；

3. 原告是否构成重大误解。

【裁判摘要】

法院经审理认为：

1. 案涉房屋并非"凶宅"。"凶宅"并无明确法律规定，传统习俗中将某房屋定义为"凶宅"，是由日常生活中人们追求喜庆吉祥、忌讳死亡和趋利避害的心理演化而来，虽并不降低房屋本身客观使用价值，但对于房屋买卖交易而言显属重大信息，不但影响房屋的价值，且对大众群体是否购买房屋起决定性作用，故此类信息应属公序良俗范畴，受法律规制。而判断是否为"凶宅"，则不能仅以个体主观感受为依据，应以公序良俗大原则下的社会公众一般认识为判断基准，其标准大致有三：一是死亡形式，需为人为非正常死亡事件，自然的生老病死则不在此列；二是死亡地点，需发生在房屋主体结构内，其应是一相对独立、封闭、专有的空间场所，至于电梯、楼梯间及车位等公共区域则不应在此范畴内；三是当事人对情形的特殊约定，若交易双方对"凶宅"范围、情形有特别约定，则应在不违反善良风俗的情况下，尊重其约定。本案坠亡事件虽系非正常死亡事件，但其发生地点并非在案涉房屋主体结构内，而系在案涉房屋外、位于某某的公共露台处，且双方在交易过程中并未对"凶宅"有过超越一般认识的特别约定，同时死亡人员亦非案涉房屋居住使用人员，故案涉房屋不应定义为"凶宅"，否则既与社会大众的一般认识和预期相悖，亦不利于促进市场交易。

2. 二被告不构成欺诈。欺诈是指一方当事人故意告知对方虚假情况，或者故意隐瞒真实情况，诱使对方当事人作出错误意思表示的行为。在房屋买卖缔约过程中，各方当事人均应遵循诚信原则，根据合同性质、目的和交易习惯履行通知、协助、保密、信息披露等义务。故若是在房屋主体结构内曾发生非正常死亡事件，则出卖方应主动履行信息披露义务，及时将该信息告知房产中介服务者及买受人，而房产中介服务者基于其职业道德、常识，亦应主动询问，了解房屋全面、真实信息，并将其告知双方当事人，此亦为其职责所在。但若将房屋主体结构外曾发生的非正常死亡事件，仍作为出卖人及房屋中介服务者应对买受人所负之主动披露义务，则过于严苛，亦有违公平。但若买受人主动问及或双方就主体结构外非正常死亡事件曾有特别约定，在此情形下，出卖人及房屋中介服务者在明知情况下，经买受人询问，仍未告知，则有悖诚信，有违约定。但本案买受人并未就案涉房屋主体结构外是否发生非正常死亡事件问及二被告，该情形亦未作为特别约定载入合同条款，故本案二被告无论其是否明知，均不负有向买受人披露该非正常死亡事件之责。但应特别指出的是，诚信原则乃市民社会的一项重要原则，也是民事领域的"帝王条款"，为维护交易稳定和促进交易安全，合同当事人均应秉持该原则，最大化诚信地履行合同义务。本案被告晏某某虽辩称其并不知晓案外人坠亡一事，但其同时亦陈述其配偶是知晓该事情的，故其夫妻在处置共有房产过程中，未告知原告沈某某该坠亡事件，亦有违最大诚信原则，致有之后纠纷，影响交易，法院对此作否定评价。被告亿某服务部作为专业房产中介服务提供者，房屋主体结构外可能影响房产交易的信息，在一般人而言为特别注意，在其而言应为一般职业注意，虽非其信息披露范畴，但其未尽翔实调查，对本案纠纷亦有过失，法院对其中介服务亦作否定评价。

3. 原告沈某某不构成重大误解。重大误解是指行为人因对行为的性质，对方当事人，标的物的品种、质量、规格、数量等的错误认识，使行为的后果与自己的意思相悖，并造成较大损失的行为。本案原告沈某某对案涉交易性质、对方当事人及交易标的物均无错误认识，双方对交易事项均有充分明确约定。而案外人坠亡地点系在案涉房产主体结构之外，而该地点并非双方交易标的物，亦不包含在双方交易标的物内，故本案原告沈某某对案涉标的物并无错误认识。同时，如前所述，至于本案房产因案外人在三楼外露台处坠亡，并不导致本案房产构成"凶宅"。现原告沈某某以其个人感官、心理感受和认知，认为案涉房产因此坠亡事件影响其正常使用和房屋价值，已构成重大误解而要求撤销合同，对此，法院认为重大误解的认定应以社会大众一般心理评价为标准，若以个体评价为标准，则个体评价千差万别，且具有随意性，势必既影响交易安全，在一定程度上，亦有违诚信。故法院认为，原告沈某某并不构成重大误解。综上，案涉房屋并非"凶宅"，二被告亦不构成欺诈，原告亦不构成重大误解，故原告诉请要求撤销案涉合同，并无相关事实和法律依据，法院依法不予支持；原告其他诉请，法院亦不予支持。

例案二：蔡某某与珠海市名某房地产代理有限公司居间合同纠纷案

【法院】

广东省珠海市中级人民法院

【案号】

（2015）珠中法民三终字第 464 号

【当事人】

上诉人：蔡某某

被上诉人：珠海市名某房地产代理有限公司

【基本案情】

蔡某某上诉称，（1）《合同法》第 425 条①规定：居间人应当就有关订立合同的事项向委托人如实报告。而有关订立合同的事项，不仅指合同标的本身，还包括对订约有影响的其他一般事项和因素。就房屋而言，购房者决定买房，除看房屋本身价款、质量和位置外，房屋周边的环境、配套设施、房屋所处的学区、有无停车位等均是影响购房人是否订约的因素，而这些非房屋本身的因素往往还是购房人是否购买的决定因素。而包括风水、是不是"凶宅楼盘"等乡风民俗更是中国人十分重视的因素。原审判决以上因素非案涉房屋内，与案涉房屋无关，无必然联系，完全忽略了周边环境和民风乡俗对购房订约的影响。珠海市名某房地产代理有限公司（以下简称名某公司）的经营地址就在案涉房屋楼下，与案涉房屋同属一小区同一栋的商铺，距离事发地点仅仅 10 多米远，其对跳楼事件明显是明知的，在其录音对话中也表明其是明知的，而且其也深知这一事件必然会影响购房人的订约意向，故意隐瞒不告知。蔡某某认为居间人虽不负有积极调查义务，然就所知的事项不向委托人报告，就可能影响购房人订约的意向，导致委托人违背真实意愿订立合同，应承担责任。（2）蔡某某虽然居住在案涉房屋 1 公里左右的五洲花城二期，且报纸上也刊登了相关事件的报道。但蔡某某来此居住时间并不长，也未从事相关房屋交易方面的职业，作为普通市民并不必然知道案涉房屋该栋内发生的事件。事实上也并不知情，否则没有必要因此签约。名某公司是专业的房屋中介机构，所掌握的售楼房屋信息较之普通市民的信息量要大得多，而且其经营地址就在案涉房屋楼下。委托人与居间人订立居间合同，往往是由于信息不够灵通，才请居间人为其办理事务。

① 参见《民法典》第 962 条。

一审法院违反了基本逻辑及普遍认识，请求二审法院依法维护蔡某某的合法权益。故提出上诉请求：撤销原审判决，依法驳回名某公司的诉讼请求。

名某公司辩称：（1）原审法院查明事实清楚、适用法律正确，作出的判决公平、公正、合理。蔡某某与名某公司之间属居间合同关系，名某公司仅需对案涉房屋的有关事项向蔡某某如实报告，而蔡某某主张的"惨剧事件"与案涉房屋无必然的关联性，不属于名某公司必须告知蔡某某的事项（发生"惨剧事件"时，蔡某某早居住于该小区，应当知悉，且从录音谈话中亦足以反映名某公司向蔡某某告知过），据此，蔡某某以"惨剧事件"作为拒付佣金的理由不成立。（2）现代社会高度文明，蔡某某封建迷信上诉理由不应支持。对于"惨剧事件"的发生，生者本应对逝者予以哀悼，不应拿来作为不履行支付佣金义务的理由（毕竟与本案毫无关联），现代社会，人类对世界万物已有足够的认知，蔡某某应当打破封建迷信思想。（3）因归责于蔡某某的原因不购买案涉房屋，蔡某某理应向名某公司赔偿佣金损失。名某公司已促成卖方与蔡某某签订买卖案涉房屋的合同，并约定由蔡某某向名某公司支付佣金26400元，因蔡某某不购买案涉房屋的行为，蔡某某理应赔偿佣金损失26400元给名某公司。综上所述，恳请人民法院依法支持名某公司的答辩请求，依法驳回蔡某某的上诉。

法院经审理查明：珠海市香洲山场路×号×栋×单元××房是登记在盛某名下的房产。2015年2月17日，盛某通过公证方式委托盛某某代为出售该房产。2015年5月20日，以蔡某某为购买方、名某公司为销售代理方签订一份《购房委托代理合同》，双方约定签订本合同时，蔡某某即付认购金5000元，蔡某某于名某公司通知之日起2日内前来办理该房产转让过户手续并于当日交清所有购房款项，逾期不办或中途放弃购买，按蔡某某弃权处理，并不得要回认购金；名某公司收取蔡某某认购金后，负责及时同出售方协商，如因出售方未能成功确认，名某公司须在2015年5月26日前无条件退还蔡某某所交认购金，名某公司不承担任何违约赔偿责任（若名某公司到期未能与出售方成功确认且不退还蔡某某所交认购金，则名某公司需双倍赔偿蔡某某所交认购金）；若名某公司在2015年5月26日前与业主商谈达到蔡某某要求的总价132万元（实收），蔡某某必须自原告通知之日起2日内到名某公司与业主签订正式的《房地产（三方）买卖合同》并补足定金（包括上述认购金）10万元，蔡某某不得以任何理由毁约或变卦不买，否则视为蔡某某违约，不得要回上述认购金。名某公司于当天收取蔡某某案涉房产认购金5000元。

同日，以盛某为卖方、名某公司为经纪方、蔡某某为买方签订一份《房地产

（三方）买卖合同》，约定买卖双方通过经纪方出售及购入珠海市香洲山场路×号×栋×单元××房，建筑面积73.57平方米，转让成交价为人民币132万元；蔡某某须于签署本合同时交纳定金2万元给卖方，剩余定金8万元，蔡某某须于2015年5月21日补交给卖方（农业银行南湾支行，户名盛某某，账号95×××16）；买卖双方于2015年5月27日备齐相关资料原件由名某公司协助前往相关部门申请报税，并相继办理过户手续，蔡某某即时付清购房款122万元给卖方；鉴于名某公司已促成买卖合同的成交，买卖双方确认蔡某某应在办理过户手续并领取《珠海市房地产登记中心受理回执单》后即时向名某公司支付26400元作为佣金。第8条违约责任第3款约定，若卖方或买方任何一方未能依本合同之条款出售或买入该房地产，则毁约一方须即时支付名某公司佣金损失26400元，若卖买双方在未取得名某公司同意下协议取消本合同，则卖买双方均成为本合同毁约者而须共同连带支付名某公司佣金26400元。落款处，卖方盛某的委托人盛某某和买方蔡某某签名、经纪方名某公司签章。同日，蔡某某向卖方支付案涉房产购房定金2万元。2015年5月21日，蔡某某向卖方转账支付了剩余定金8万元。

2015年5月28日，名某公司向蔡某某发出一份《催告函》，主要内容是：蔡某某于2015年5月25日前来本公司表示因个人原因决定放弃购买案涉房产，我方于当晚安排卖方与你见面协商，后经我公司业务人员多次电话、信息通知你前来办理过户手续，你方未能依合同约定于2015年5月27日前来办理案涉房产的过户手续，现本公司正式书面通知你于2015年6月1日之前来办理案涉房产的转让过户手续，逾期视为自动放弃，作违约处理，特此通知。名某公司将该函件邮寄给蔡某某，蔡某某于2015年5月30日在珠海市五洲花城2期×栋××房签收该函件。蔡某某于2015年7月24日以书面方式向法院说明：蔡某某于2015年2月才迁入五洲花城2期的房产，不知山场小区×栋有过跳楼事件。

另查明：2014年12月2日9时许，珠海市香洲山场路的另一处×号×栋×单元××××房内一名八旬老妇从自家阳台纵身跳下，砸中正在楼下的另一名八旬老妇，二人当场死亡。该事件被多家媒体报道。蔡某某以名某公司未在签约前将该事件告知为由，要求终止《房地产（三方）买卖合同》。名某公司提交2015年5月31日上午名某公司员工周某某、何某某与蔡某某的电话录音，显示双方就不购买案涉房产理由以及赔偿数额进行了沟通。庭审中，名某公司和蔡某某均确认《房地产（三方）买卖合同》已经解除。

【案件争点】

案涉房屋楼上住户跳楼事件是否属于作为中介机构的名某公司应当告知的居间义务范围。

【裁判摘要】

法院经审理认为：

根据《合同法》第 425 条第 1 款①之规定，居间人应当就有关订立合同的事项向委托人如实报告。而作为房屋中介机构，有关订立合同的事项主要包括房屋的位置、大小、结构、质量、权属状况以及标的物有无查封、抵押等信息。而关于跳楼事件，诚如一审法院所认定，该事件发生于案涉房屋楼上的住户内，并非发生于本案的案涉房屋内，因此，跳楼事件并非属于被上诉人名某公司需要如实告知的义务范围。上诉人蔡某某的该上诉主张没有事实及法律依据，法院不予支持。但同时，法院认为，虽然被上诉人名某公司已经促成上诉人蔡某某与卖方盛某签订房屋买卖合同，名某公司根据法律规定和合同约定可获得相应报酬。但名某公司并未完成如办理房屋按揭、过户手续等合同的后续服务，即居间服务并未全部完成，故法院酌情认定上诉人蔡某某向被上诉人名某公司支付佣金人民币 2 万元。

例案三：武进高新区嘉某房产中介服务部与邹某某、姚某中介服务合同纠纷案

【法院】

江苏省常州市武进区人民法院

【案号】

（2021）苏 0412 民初 7857 号

【当事人】

原告：武进高新区嘉某房产中介服务部

被告：邹某某

被告：姚某

【基本案情】

原告武进高新区嘉某房产中介服务部（以下简称嘉某中介服务部）诉称，2021

---

① 参见《民法典》第 962 条第 1 款。

年 5 月 9 日，被告邹某某、姚某夫妻俩作为购买方与出售方陈某、叶某及原告就坐落于江苏省常州市武进区 × × 广场 × × 幢 × × 室房屋的交易签署了《存量房买卖合同（居间）》。《存量房买卖合同（居间）》约定被告于 5 月 28 日前支付首付款，后被告违约，逾期未支付首付款。截至起诉日，被告尚欠原告该笔交易的居间服务费、违约金等费用暂计人民币 44000 元。故提出诉讼请求：（1）判令二被告立即偿付原告合计 44000 元；（2）由二被告承担本案律师费 3000 元；（3）由二被告承担本案诉讼费用。

被告邹某某和姚某辩称：（1）原告赚取的中介费是提供信息服务的，需要根据买卖双方需求促成买卖合同。但是原告在提供信息服务上明显有瑕疵，甚至中介还使用了小手段，隐瞒了所涉及买卖的房屋此幢楼有人跳楼死亡事件，且死亡在入户门口；（2）当其知道该情况后，认为房屋不吉利，才产生与房东解约的想法；（3）现房东在其不知情的情况下将此套房屋出卖了，其想履行此合同也无法履行，所以其认为三方都有责任，原告仅提供了 3 小时服务，其愿意支付相应的中介费。

法院经审理查明：2021 年 5 月 9 日，被告邹某某、姚某作为购买方与出售方陈某、叶某及原告嘉某中介服务部作为中介机构，三方签订了一份《存量房买卖合同（居间）》，合同约定由二被告购买陈某、叶某所有的常州市武进区 × × 广场 × × 幢 × × 室房屋，房屋建筑面积 138.66 平方米，总价 327 万元，合同对房款的支付时间、房屋交付时间、居间服务、违约责任等均作了约定。同日，上述三方分别签订了"居间服务费用确认单""房地产经纪服务合同"，确认单中确认咨询服务费 4 万元由二被告承担，服务合同中约定：未能按约定支付佣金/咨询服务费，每逾期一日按千分之一标准支付违约金等。合同签订后，二被告从网络媒体上得知 × × 幢中曾有人跳楼，并且死亡在入户门口（以下简称跳楼事件），二被告认为该房屋不吉利，即于 5 月 11 日告知原告嘉某中介服务部不再继续履行购房合同，并拒付中介费（佣金），但原告仍要求被告支付约定的佣金，故诉至法院。

另查明：原告嘉某中介服务部为本次诉讼，委托江苏博爱星律师事务所指派律师作为委托诉讼代理人参加诉讼，支付了代理费 3000 元。

【案件争点】

1. 嘉某中介服务部是否就有关订立合同的事项如实向二被告报告；

2. 跳楼事件是否属于与订立合同有关的重要事实，嘉某中介服务部是否需要如实报告；

3. 二被告是否需要支付佣金，并承担律师费。

【裁判摘要】

法院经审理认为：

1. 根据房屋状况说明书记载的内容，本案中，原告嘉某中介服务部就武进区××广场××幢××室所涉及的相关情况已向二被告邹某某、姚某如实报告，不存在故意隐瞒该房屋的相关事实。

2. 关于跳楼事件。首先不是从××室跳楼的，其次跳楼事件与买卖××室房屋没有本质上的关联，××室房屋不属于传统意义上的不吉利房屋或"凶宅"；即使原告嘉某中介服务部知道跳楼事件，也非法定及约定必须向二被告邹某某、姚某报告的事由，故跳楼事件不属于订立合同有关的重要事实；二被告因跳楼事件而认为所涉及的房屋不吉利，从而要求解除合同，二被告应当承担相应违约责任。

3. 本案的中介服务系房地产中介服务，原告嘉某中介服务部不仅要为二被告邹某某、姚某订立合同提供机会或媒介，还要在合同成立后，为二被告提供合同备案、协助房屋过户、协助办理银行抵押贷款、协助房屋交付等方面的服务，因二被告不再履行买卖房屋的合同，故上述合同成立后，原告嘉某中介服务部无须再提供服务，客观上减轻了原告的服务量，根据公平原则可酌情减少二被告的佣金，法院酌定二被告支付原告中介服务费及违约金共计25000元。关于原告嘉某中介服务部请求承担律师费的诉讼请求，因双方有约定，且律师费在合理的范围内，法院予以支持。

三、裁判规则提要

法院在判断案涉房屋是否为"凶宅"时通常需要考量死因、空间及时间三个要素，其中空间要素指非正常死亡事件需发生在房屋主体结构内。总结上述案例可知，在不满足空间要素的条件下，案涉房屋不会构成普遍意义上的"凶宅"，包括案涉房屋楼上住户的非自然死亡、发生在小区公共露台等公共区域的死亡事件等。

在审理因案涉房屋主体结构外发生的非自然死亡事件引发的房屋买卖合同纠纷或居间合同纠纷时，法院应注意房屋出卖人和房地产中介机构均不具有主动告知此信息的义务；但是若房屋买受人对此特别询问，出卖人出于诚信原则应当如实告知，中介机构在知悉相关信息时亦应履行告知义务。

四、辅助信息

《民法典》

第七条 民事主体从事民事活动，应当遵循诚信原则，秉持诚实，恪守承诺。

第一百四十七条 基于重大误解实施的民事法律行为，行为人有权请求人民法院或者仲裁机构予以撤销。

第一百四十八条 一方以欺诈手段，使对方在违背真实意思的情况下实施的民事法律行为，受欺诈方有权请求人民法院或者仲裁机构予以撤销。

第九百六十二条 中介人应当就有关订立合同的事项向委托人如实报告。

中介人故意隐瞒与订立合同有关的重要事实或者提供虚假情况，损害委托人利益的，不得请求支付报酬并应当承担赔偿责任。

房地产中介纠纷案件裁判规则第 12 条：

房产交易中，房屋主体结构内发生的自然死亡事件不是影响合同订立、履行的重要事实，不属于房地产中介机构应当主动告知的义务范围

【规则描述】　　根据我国民间风俗习惯，"凶宅"会对购房人是否愿意购买房屋以及以何种条件进行交易产生重大影响，房屋出卖人及房地产中介机构应当主动披露此信息。但是，发生在房屋主体结构内的自然死亡事件符合正常规律，是正常现象，不构成对房屋本身进行物质性使用的障碍，通常不会影响房屋的价值，是普通民众所能接受和认可的，因此不应被定义为"凶宅"，不属于房地产中介机构应当主动告知的义务范围。

一、类案检索大数据报告

案例来源：Alpha 案例库，案件数量：16 件，数据采集时间：2023 年 10 月 31 日，本次检索共获取相关房地产中介纠纷案件裁判文书 16 篇。

如图 12-1 所示，从案件主要地域分布来看，此类案件主要集中在广东省、上海市、福建省，分别占比为 31.25%、18.75%、18.75%。其中广东省的案件数量最多，达到 5 件。

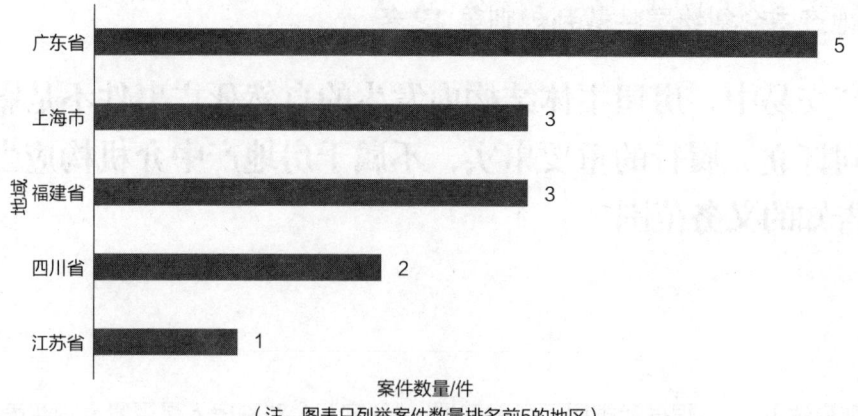

（注：图表只列举案件数量排名前5的地区）

图 12-1 案件主要地域分布情况

如图 12-2 所示，可以看到此类案件的审理程序分布状况。一审案件有 11 件，二审案件有 5 件。

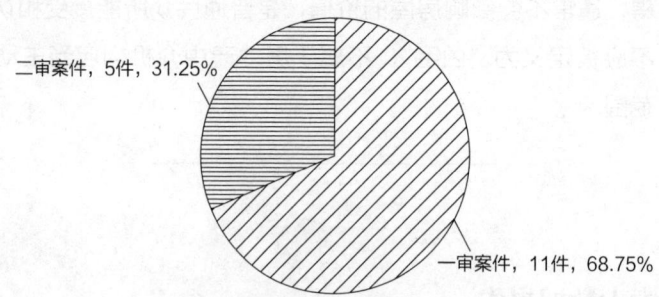

图 12-2 案件的诉讼程序分布情况

如图 12-3 所示，通过对二审裁判结果的可视化分析可以看到，维持原判的有 4件，占比 80.00%；改判的有 1 件，占比 20.00%。

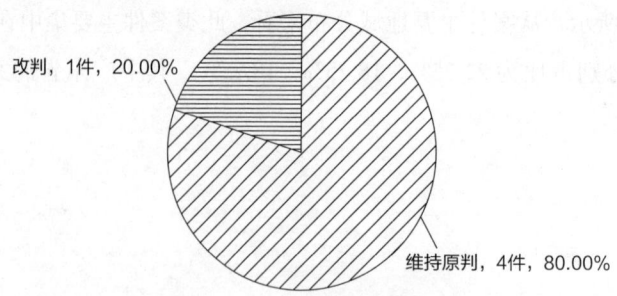

图 12-3 二审裁判结果情况

二、可供参考的例案

例案一：陈某某与龚某某房屋买卖合同纠纷案

【法院】

福建省厦门市翔安区人民法院

【案号】

（2020）闽 0213 民初 272 号

【当事人】

原告：陈某某

被告：龚某某

【基本案情】

原告陈某某诉称，其与龚某某及中介于 2019 年 5 月 29 日签订《房产买卖协议》，约定由陈某某购买龚某某位于厦门市翔安区的房屋，陈某某应支付购房定金 5 万元，并于 2019 年 6 月 14 日前支付首期购房款 48 万元（含定金），龚某某应于 2019 年 6 月 14 日前办理提前还贷并及时办理解除抵押等手续。陈某某申请贷款 142 万元并与银行签订《个人购房借款／担保合同》，约定该贷款由银行直接转至龚某某账户。合同签订后，陈某某按合同约定在 2019 年 5 月 29 日支付龚某某定金 1 万元并支付中介佣金 19000 元，次日支付龚某某定金 4 万元。2019 年 7 月 15 日，案外人中国工商银行股份有限公司厦门鹭江支行依约放款 142 万元并付至龚某某账户。陈某某为办理银行贷款及房产过户事宜而支付评估费用 3641 元、契税 20300 元、个人所得税 30450 元。房屋交付后，陈某某家属于 2019 年 9 月去案涉房屋打扫卫生，才得知 2018 年 4 月有一名年轻女租客死于房屋，后向小区其他业主及保安询问，所有人都予以确认并告知女租客系晚饭后休息时突然死亡。陈某某知情后心神不宁，出现严重的失眠症状。2019 年 9 月 18 日，陈某某前往厦门市仙岳医院就诊，诊断为重度抑郁与重度焦虑。陈某某购买案涉房屋原准备作为婚房使用，但是因上述问题导致婚期延后。此外，陈某某在购房前多次告知中介，死过人和不吉利的房屋坚决不买，但协议签订时龚某某隐瞒租客死亡的事实导致陈某某作出错误的决定。后经双方协商解除买卖合同未果。故提出诉讼请求：（1）撤销陈某某、龚某某于 2019 年 5 月 29 日签订的《房产买卖协议》；（2）龚某某立即向陈某某支付购房款 190 万元、契税 20300 元、个人所得税 30450 元、中介佣金 19000 元、房屋评估费用 3641 元、已付住房按揭贷款利息 20444.75 元及利息损失（利息以前述 1993835.75 元为基数，按年利率 6% 从起诉之日起计至实际给付之日，暂从 2019 年 11 月 5 日计至 2020 年 1 月 4 日为 19938.36 元）；（3）龚某某立即向陈某某支付与定金和中介费等额的 69000 元；（4）龚某某赔偿陈某某精神损害抚慰金 1 万元；（5）龚某某承担陈某某因本案支付的律师费 15000 元；（6）龚某某承担本案的诉讼费用。

被告龚某某辩称：（1）陈某某与龚某某之间的房屋买卖系正常的交易行为，双方签订的《房产买卖协议》真实、合法、有效，房产成交价与当时的市场价相符，相关合同条款不存在显失公平的内容。（2）陈某某的请求权基础系以欺诈为由行使撤销权，根据相关法律规定，陈某某应就签订《房产买卖协议》时龚某某存在欺诈行为提供充分的证据加以证实，否则应承担举证不能的法律后果。（3）陈某某之所以指称龚某某存在欺诈，因其认为讼争房屋系"凶宅"，而龚某某却未主动披露。但是，陈某某提交的证据材料以及法院调取的证据材料，均无法证明之前年轻女租客阙某某系因自杀或他杀死亡，也无法证明其在案涉房屋内死亡。相反，证据材料显示，阙某某系因癫痫病发作死亡，是正常的生老病死，不是自杀或他杀等非正常死亡，也并非在房屋内死亡。所以，案涉房屋并非民间所称"凶宅"。龚某某无须主动向陈某某披露阙某某因癫痫病发作被送往医院抢救无效死亡的相关信息，不存在欺诈行为。具体事实与理由如下：（1）"凶宅"一词并非法律上的概念，我国现行法律对此亦无明文规定，属于民间词语，一般指发生非正常死亡的房屋。司法实务中多以发生"非正常死亡"的房屋指代民间所称的"凶宅"，且房屋认定为"凶宅"一般需要同时满足两个条件：发生非正常死亡；死亡发生在案涉房屋内。其中，非正常死亡指的是自杀、他杀等人为因素导致的意外事故或者煤气爆炸等突发事故造成的死亡事件。正常的生老病死，并不属于非正常死亡。（2）关于死亡原因。陈某某的起诉状及证据清单均没有指称女租客阙某某系自杀或他杀等非正常死亡，相反，当龚某某之子龚某斌与陈某某通话时指出阙某某系病死，陈某某并未予以否认。龚某某与阙某某的丈夫温某某的微信聊天记录显示，温某某明确其妻系癫痫病发作死亡。法院调取的《厦门市医疗急救中心出警记录》《厦门市医疗急救中心院前急救病历》可以看出，关于死亡原因，《厦门市医疗急救中心出警记录》报救情况为"内科，晕倒"；《厦门市医疗急救中心院前急救病历》记载现病史为"发现俯卧，呼吸心跳骤停，呼之无反应，口鼻无气息"，既往史为"其他癫痫"。上述两份材料均未记载阙某某系自杀或他杀等非正常死亡，相反，相关记载已经足以证明阙某某系癫痫病发作死亡。（3）关于死亡地点。《厦门市医疗急救中心院前急救病历》记载担架工为

"/"，结合业主"寒梅傲雪"说邻居、保安帮忙抬阙某某下楼，证明120急救车赶到××小区时，阙某某已经被家属、邻居、保安抬到小区楼下公共空地，此时120已无须安排担架工将阙某某抬下楼，而是由120急救医生在小区楼下公共空地展开急救并确认阙某某的生存情况。龚某某与阙某某的丈夫温某某的微信聊天记录显示，温某某明确阙某某晕倒后被120急救车送到厦门市第五医院，并在ICU病房抢救好几个小时后才死亡，并附上医院出具的收费专用票据为证。因此，即使阙某某并非在厦门市第五医院死亡，也应当是在小区楼下公共空地经抢救无效死亡，并非在房屋内死亡。（4）阙某某病逝后，龚某某并没有立即出售案涉房屋，而是另行出租给他人，直到一年后才将房屋出售给陈某某。阙某某于2018年4月12日病死后，其夫温某某终止租赁关系并搬出房屋，但是龚某某并未立即出售房屋，而是于2018年8月出租给案外人李某某。当龚某某与陈某某于2019年5月份签订《房产买卖协议》时，距离阙某某死亡已经超过一年，新的租客已经在房屋中居住生活将近一年。（5）陈某某购买房屋是为了出租赚钱、转售获利，并非自住，更不是为了用于结婚。陈某某在与龚某某微信聊天时，明确表示"也是看你面子说会租很久，稳定的""我现在都没在厦门""而且（房屋在）岛外那么麻烦"。由此可见，陈某某购买案涉房屋的短期目标是出租赚钱，长期目标是转售获利，既没在厦门，又嫌岛外麻烦，根本没有自己居住，更谈不上用于结婚。综上所述，本案证据均无法证明案涉房屋系"凶宅"，故龚某某无须主动披露阙某某因癫痫病发作被送往医院抢救无效死亡的相关信息，陈某某无权以欺诈为由要求撤销《房产买卖协议》，亦无权要求龚某某支付购房款、契税、中介费、精神损失费、律师费等费用。因此，恳请法院驳回陈某某的全部诉讼请求。

法院经审理认定：2017年2月10日，龚某某将其位于厦门市翔安区房屋出租给阙某某。2018年4月12日凌晨，阙某某家人发现其昏迷及呼之不应，于0时29分拨打"120"急救中心电话。厦门市医疗急救中心救护车于2018年4月12日0时40分到达现场，"发现俯卧，呼吸心跳骤停，呼之无反应，口鼻无气息"，初步诊断"死亡"（其他情况：颈动脉搏动消失、胸廓无起伏运动、心尖区无搏动、心肺听诊未闻及心音及呼吸音，神经反射无）。2018年4月12日0时48分，救护车将阙某某送至厦门市第五医院，初步诊断为"院前死亡、窒息、癫痫大发作"，后经抢救无效于2018年4月12日1时53分被宣布临床死亡。厦门市第五医院出具《居民死亡医学证明（推断）书》对死亡原因诊断如下："直接死亡原因：院前死亡，异物吸入性窒息；引起的疾病或情况：癫痫大发作。"

2019 年 5 月 29 日，陈某某与龚某某及案外人厦门市翔安区某毅房产中介服务部签订了《房产买卖协议》。协议第 1 条约定：龚某某将厦门市翔安区房屋出售给陈某某；第 2 条约定：房屋成交价为 190 万元，本协议签订当日，陈某某应支付给龚某某购房定金 5 万元；第 4 条约定：双方同意陈某某将购房款分两次支付给龚某某，已支付的定金可冲抵首期购房款，陈某某于 2019 年 6 月 14 日前向龚某某支付 48 万元（含定金），陈某某向银行申请商业贷款 142 万元，由银行直接转至龚某某账户，若银行实际放款金额小于贷款申请金额，陈某某应于银行放款 5 日内将差额部分以现金方式支付给龚某某；第 6 条约定：龚某某应于收到全部购房款 3 日内将房屋交付给陈某某使用；第 7 条约定：若因甲方或甲方的委托代理人原因（包括但不限于甲方无权处分、代理人无权代理等情形）致本房屋买卖合同无效或被撤销的，甲方、甲方的委托代理人自愿向乙、丙方分别按相当于定金和中介费的标准承担过错赔偿责任。双方还对其他权利义务等进行了约定。

协议签订当日，陈某某向龚某某支付定金 1 万元，并向厦门市翔安区某毅房产中介服务部支付中介费 19000 元。2019 年 5 月 30 日，陈某某向龚某某支付剩余定金 4 万元，并于 2019 年 6 月 6 日支付剩余首期购房款 43 万元。陈某某为办理房地产抵押（二手房按揭）贷款支付评估费 3641 元，办理案涉房屋过户手续缴纳契税 20300 元及个人所得税 30450 元。2019 年 7 月 1 日，陈某某向中国工商银行股份有限公司厦门鹭江分行申请按揭贷款，银行于 2019 年 7 月 15 日依约将贷款 142 万元支付给龚某某。龚某某已依约将案涉房屋交付给陈某某使用。

之后，陈某某得知案涉房屋原承租人阙某某在租赁期间内死亡，与龚某某协商未果，遂诉至法院。

另查明：2019 年 9 月 13 日，厦门市第五医院诊断陈某某为非器质性睡眠障碍。2019 年 9 月 18 日，厦门市仙岳医院诊断陈某某为重度抑郁与重度焦虑。陈某某因本案支付律师费 15000 元。

【案件争点】

龚某某未披露案涉房屋承租人阙某某死亡一事是否构成《房产买卖协议》的可撤销事由。

【裁判摘要】

法院经审理认为：

陈某某、龚某某对阙某某的死亡地点虽有争议，但根据厦门市第五医院出具的《居民死亡医学证明（推断书）》，其中对死亡原因诊断如下："直接死亡原因：院前死亡，异物吸入性窒息；引起的疾病或情况：癫痫大发作。"因此，现有证据不足以证明阙某某死于案涉房屋内。但是，上述证明记载阙某某系因癫痫发作导致异物吸入性窒息而死亡，该事实远未达到普通民众所认知的因"横死"等其他情形而造成房屋成为"凶宅"的严重程度。对"凶宅"的概念，应当遵从普通民众的通常认知，即曾发生自杀或凶杀等人为因素致人非正常死亡的房屋，具体包括发生他杀、自杀以及意外事件等情形。本案中，阙某某因病死亡，属正常死亡，即便其死亡地点在案涉房屋内，该事件的发生亦不构成房屋的重大瑕疵，不影响房屋的正常使用，不应认定为影响合同订立、履行的重要事实。如前所述，阙某某因病去世不构成房屋的重大瑕疵，故龚某某未披露阙某某死亡相关信息的行为不属于故意隐瞒与订立合同有关的重要事实，不构成欺诈，故《房产买卖协议》不存在陈某某主张的可撤销事由。综上，陈某某主张撤销其与龚某某签订的《房产买卖协议》的诉求，缺乏事实与法律依据，法院不予支持。至于陈某某主张龚某某向其支付购房款、契税等其余诸项诉讼请求，均是基于《房产买卖协议》撤销所提出，故法院亦不予支持。

例案二：丁某某与陈某某及钱某房屋买卖合同纠纷案

【法院】

江苏省南通市中级人民法院

【案号】

（2019）苏 06 民终 4375 号

【当事人】

上诉人：丁某某

被上诉人：陈某某

原审被告：钱某

【基本案情】

丁某某上诉称：（1）案涉《房屋买卖合同》中所售房屋为毛坯房的约定明确。一审法院认定"对案涉房屋是整体或是仅附属设施以毛坯交付并未明确约定，应视为约定不明""丁某某对房屋装修现状在合同签订时即已明知"错误。首先，虽然"毛坯房，配套房（'房'字是笔误，应当是'费'字，才符合真实表意，实际不存在配套房甲方交付的事实）甲方已交，第一本产权证由甲方自己办"写在"附属设施"之后标有横划线空白的地方，只要客观、整体地看其全部内容，就不会认为这行字是对附属设施的具体项目的表述或说明，而是与"附属设施"相独立，是对所售房屋为毛坯房及费用交付、权证办理情况的特别说明，意思表达完整明确。附加该说明，是因为订立合同时借用房屋中介机构的格式合同，打印文字的地方原来就有了，标有横线的上方空白是留给当事人写上特别约定或作具体说明的内容。从内容看，这段文字不会引起双方认为是对附属设施的说明，因为上面已明确出售的是98平方米的私有住房、12平方米的车库（储藏室）一套。不像大型别墅、生产厂房、仓库等附属设施会有其他配套的建筑物或构筑物等需用是不是毛坯房来说明，更不可能将交费、办证等事宜列入附属设施。一审中，丁某某举证合同证明买卖合同中明确交易的房屋是毛坯房，对此陈某某的质证意见为"但合同条款中记载的毛坯房是因为双方约定按毛坯房的价格计算房屋价格"，暂不管这一抗辩理由是否成立，但至少可以证明其认可"毛坯房"的说明是针对其所售房屋。可见，对合同中记载的"毛坯房"是针对所售房屋的说明，双方无异议。只是陈某某所谓按毛坯房的价格计算房屋价格的抗辩违背合同的意思表示而已。其次，常人都知道，城市多层套间毛坯房是未经装修和未配置生活设备的，在室内不能正常生活的房子。因此，丁某某在订立合同时只知道案涉房屋是毛坯房，怎么也不可能知道该房已装修且住过人还死过人的事实。原审断章取义，以退一步讲的推理方式，摘取合同只言片语（配套费"甲方已交""乙方对甲方所售房屋进行了充分了解并愿意购买"）作出丁某某对房屋装修现状在合同签订时即已明知的事实认定，更是错误。(2)原审认定订立合同时陈某某已披露所售房屋因遗产分割涉诉的相关事实、丁某某已知有人死于该屋内的事实错误。原审作出这一认定依据的是由合同付款方式条款的约定推断出来的。该条款表明的是该房屋曾经有纠纷，经过法院处理好了，当时在执行中，65万元陈某某打到法院账户，法院执行到位可以办理过户。订立合同时，陈某某也是这样回答丁某某的。丁某某根据合同条款毛坯房的说明认为房屋没住过人，无非权属纠纷，法院已解决，打款后不影响案涉房屋的交付。只要公正，运用逻辑推理和日常生活经验，凭合同中打款给法院的表述，是不可能作出原审法院上述判断的。(3)原审对陈某某隐瞒在订立合同之前李某某在案涉房屋内死亡的行为不属于故意隐瞒与订立合同有关的重要事实的认定，明显认定事实错误。首先，合同证实陈某某明确所售房屋是毛坯房，原审庭审中陈某某对李某某在案涉房屋中死亡及简装修房屋的事实无异议，但抗辩在订立合同之前已向丁某某披露，却没有证据证明，其抗辩不能成立。其次，陈某某深知如果丁某某知道案涉房屋死过人不会订立合同，故意设计隐瞒这一事实，诱使丁某某作出错误意思表示订立了合同。陈某某在合同上告知丁某某所售房屋是毛坯房，并找借口不让丁某某看房，这样就把房屋已装修的事实不让丁某某知道。陈某某隐瞒装修的目的是防止丁某某知道房屋不是毛坯房而深究房屋住过人、死过人的情况而不签合同，因而设下只告知是毛坯房的虚假情况，不告知已装修且住人、死人的真实情况的计策，诱使丁某某作出错误意思表示签订合同。丁某某也正是中陈某某的圈套，认为是毛坯房，不会住人，也不可能有死过人的情况，从而作出错误意思表示。如果知道案涉房屋内有死过人的情况，不管是怎么死的，丁某某是不会签订合同的。丁某某在签订合同后不久知道案涉房屋内死过人的事实，即提出撤销合同，不打首付款，不到一个月就提起撤销之诉，足见案涉房屋内死人事件是直接影响其签订合同的。最后，陈某某出售房屋时隐瞒屋内曾死过人的事实，是决定丁某某是否愿意与陈某某进行房屋交易的重大信息，应当认定为欺诈行为。根据一般交易习惯和常规，对于交易出现死人情况的房屋，尤其是城市房屋，不一定非得是"横死"或"凶宅"，必然会出现正常流通受阻及房屋价值贬损的后果。因为对于购房者而言，逝者非其亲属，难以接受，且入住这样的房屋必然产生极大的心理恐惧。屋内出现过死人的情况（况且距签订合同不到9个月，时间不长）必然对合同是否订立或者对合同订立的条件产生重大影响，因此对购房者来说是重要信息，这是常识。《合同法》等法律规定，当事人订立、履行合同应当遵循诚信原则，尊重社会公德。陈某某理应在与丁某某订立合同前，主动将案涉房屋曾发生过有人死亡这一对于丁某某来说是否愿意与其进行交易的重大情况告知丁某某。但陈某某却对此刻意隐瞒，有违诚信原则和社会公德。原审对李某某"寿终正寝"逝于案涉房屋内，陈某某没有主动披露的法定义务，不属于故意隐瞒与订立合同有关的重要事实的认定，有违常理，有悖法律原则。对照《最高人民法院关于贯彻执行〈中华人民共和国民法通则〉若干问题的意见（试行）》（已失效）第68条规定，陈某某订立合同时告知毛坯房的虚假情况，隐瞒房屋死过人的真实情况，达到诱使丁某某订立合同作出错误意思表示的目的，完全可以认定陈某某存在欺诈行为。故提出上诉请求：（1）撤销一审判决，改判撤销其与陈某某于2018年9月19日订立的《房屋买卖合同》；（2）驳回陈某某的反诉请求；（3）一、二审诉讼费用由陈某某承担。

陈某某、钱某辩称：一审法院认定事实和判决正确。丁某某上诉要求解除房屋买卖合同没有任何依据。请求依法驳回丁某某的上诉请求。

法院经审理认定：2018年9月19日，陈某某（甲方）与丁某某（乙方）订立《房屋买卖合同》一份，主要内容："（1）甲方自愿将坐落于启东市北上海C区×号

×室住房一套（建筑面积约98平方米，车库储藏室12平方米）及附属设施（毛坯房，配套房甲方已交，第一本产证由甲方自办）出售给乙方。乙方对甲方所售房屋进行了充分了解并愿意购买。总成交价为人民币壹佰肆拾伍万元整（145万元），甲方净得价。（2）付款方式：签订合同之日乙方首付房款定金人民币壹拾万元整（10万元），买卖成立后，此款即转为购房款，其余购房款付款方式如下：甲方通知乙方付首付款后2天内付人民币陆拾伍万元整（65万元），用于甲方打入法院账户；待法院执行好后办理过户手续，过户当日交接房屋并付清全款。（3）甲、乙双方须遵守国家房地产政策、法规，并按照规定缴纳办理房地产过户手续所需缴纳的税费，在办理过户手续时，甲方必须协助乙方共同办理有关手续并提供相应材料，经双方协商房产权转移发生的费用由乙方承担。（4）合同签订后不管房地产涨跌多少，双方均不得反悔，如有违约，违约方除按规定支付购房定金的双倍外，还应支付对方总房价30%的违约金。"陈某某在甲方处签字确认，丁某某的签名系其妻许某梅代签。当日，丁某某通过启东市某邦房产信息服务部工作人员潘某某尾号为2349的银行账户向钱某尾号为3547的银行账户转账支付定金10万元。钱某于2018年10月7日至10月15日间通过中介及邮寄挂号信等方式向丁某某催要首付款，但均未得到回应。

另查明：案涉房屋原系陈某某与案外人李某某夫妻共同所有，出售前由李某某居住。李某某于2018年1月14日在案涉房屋中去世，《居民死亡医学证明（推断）书》载明死亡原因系"衰老"。为遗产分割事宜，陈某某曾诉至法院，经法院判决，陈某某在给付其他继承人遗产分割款后房屋产权归陈某某所有。2018年12月11日，案涉房屋产权移转登记至陈某某名下。

【案件争点】

丁某某以陈某某存在欺诈行为为由请求撤销案涉《房屋买卖合同》是否成立。

【裁判摘要】

法院经审理认为：

1.案涉《房屋买卖合同》中"毛坯房，配套房甲方已交，第一本产证由甲方自己办"虽然手写填在"附属设施"之后，但对于住房而言，附属设施通常是指房屋装修等添加的部分，附属设施不存在"毛坯房"的问题，因此，"毛坯房"是对房屋的说明，而非对"附属设施"的说明。但是上述合同中"附属设施"仍作了保留并没有删去，也可以理解为合同对案涉毛坯房有特定的含义，房屋包括装修等添加部分也不违反双方的意思表示。可见，案涉房屋为装修房并不违背双方合同的约定。而且，通常情况下，相同的房屋出售，装修过的房屋较毛坯房更具价值优势。且对于现房特别是二手房，购买人不去房内查看的可能性相对较小。虽然本案的出卖方没有带丁某某去看房，但是从丁某某能够提供案涉房屋的室内照片来看，不能排除丁某某在签订合同时已经到案涉房屋室内查看，即已经知道案涉房屋的室内装修情况的事实。如果丁某某不去现场查看，反过来可以说明房屋现状并不是影响其交易的决定性因素。况且，合同中还约定"乙方已对甲方所要出售的房地产进行了充分了解并愿意购买"。由此也可以认定丁某某对房屋装修现状在合同签订时已经明知，其并未对此提出异议，表明其认可房屋现状。一审庭审中丁某某的陈述（丁某某陈述，其诉讼主要原因是基于房屋有人死亡的事实才要求撤销双方的合同）也可以证明，案涉房屋是否装修并非影响其购买的决定因素。另外，房屋买卖中卖方常附加赠送装修部分，而不计算价格，因此，陈某某辩解"为何合同中写了毛坯，因为我们是按毛坯房的价格出售给原告的"，并非没有一定的依据。综上，案涉房屋实际为装修房并不违背丁某某购买的真实意思表示（对于案涉房屋为毛坯房或者装修房，丁某某作出的购房意思表示不存在不一致）。丁某某以合同约定为毛坯房而实际为装修房，认为陈某某存在欺诈，不能成立。

2. 人的生老病死为自然规律。丁某某提供的《居民死亡医学证明（推断）书》载明李某某死亡原因系"衰老"（李某某死亡时年龄为85周岁），属于正常死亡，并非在房屋内出现自杀、谋杀等非正常死亡事件（民间所谓"凶宅"）。房屋内有人正常死亡通常并不影响房屋的价值，亦为社会上的普通民众所接受和认可。即使陈某某未将李某某死于案涉房屋内的情况告知丁某某，但丁某某主张陈某某未主动告知该情况，违背诚信和社会公德，构成欺诈，没有依据。况且丁某某也未询问该情况，双方对此也没有作出特别约定。即便是毛坯房，未经装修，也并非不能正常居住生活。丁某某以毛坯房即为在内没有住过人、未死过人的房屋，该推理也缺乏依据。丁某某以陈某某深知如果丁某某知道案涉房屋死过人就不会订立合同为假设前提，以陈某某通过在合同中告知丁某某所售房屋是毛坯房、隐瞒装修的事实，并找借口不让丁某某看房为手段，以达防止丁某某知道房屋不是毛坯房而深究房屋住过人、死过人的情况而不签合同为目的，诱使丁某某作出错误意思表示而签订合同，也没有事实依据。综上，丁某某以陈某某存在欺诈为由请求撤销案涉合同，缺乏事实和法律依据，一审法院未予支持，并无不当。

例案三：孙某某与许某房屋买卖合同纠纷案

【法院】

浙江省宁波市鄞州区人民法院

【案号】

（2019）浙 0212 民初 8265 号

【当事人】

原告：孙某某

被告：许某

【基本案情】

原告孙某某诉称，其与被告许某在宁波南某房产北岸琴森店（以下简称南某房产中介）的居间介绍下，于 2019 年 5 月 7 日签订了《存量房屋买卖中介合同》，约定：被告许某将位于江东区的房产（权证号 20××44）出售给原告孙某某，房屋价款 290 万元。具体为：定金 5 万元，房屋首付款 82 万元，余款 203 万元办理按揭。合同签订当日，原告孙某某支付定金 5 万元给被告许某，被告出具了收条。次日，原告孙某某向被告许某交付首付款 82 万元。随后，原告孙某某、被告许某办理了房产过户登记手续，原告孙某某支付各项税费共计 87000 元。另，原告孙某某向南某房产中介支付房屋中介费 15000 元，过户费 600 元。原告孙某某、被告许某在签订《存量房屋买卖中介合同》前，原告曾详细询问被告家庭情况，并要求被告的配偶前来交谈并签字。被告许某一直推托称其丈夫在云南出差，不方便赶来。在原告孙某某、被告许某房产交易过程中，被告也谎称与其丈夫商量成交价格，原告因此而相信被告，与其签订合同。但原告在办理房屋按揭过程中，意外得知被告许某向银行提交的户籍材料中，明确写明"丧偶"，时间为 2014 年。原告孙某某立即向被告许某质疑其卖房时的说辞，要求被告明确告知原告其丈夫的死亡原因和地点，但被告拒不告知。原告孙某某因此而产生怀疑，经向小区保安和邻居多方打听得知，被告许某丈夫于 2014 年因疾病死于案涉房产中，死亡后被告将房产过户至其名下，但被告一直未再居住在此房屋中，直至隐瞒实情出售给原告。原告孙某某积攒多年积蓄购买改善型住房，从中国传统风俗习惯来说，希望购买风水顺遂的房屋，择吉而居。被告许某的丈夫因病去世在案涉房屋内，从正常人的购买心理来说，在知情的情况下是不愿意以正常的市场价格去购买的。何况原告孙某某家中尚有未成年儿子，原告一家无法接受生活在有人去世过的房屋这一事实。原告孙某某认为，依据诚信以及对于传统风俗的尊重，被告许某有向原告如实披露、告知的义务，由原告自行确定是否购买房屋。但被告许某故意对原告孙某某隐瞒了与房屋相关的重大信息，故意告知原告其丈夫在云南出差，隐瞒了其丈夫早已死亡的真实情况，故意使原告相信被告丈夫健在，被告的行为已构成欺诈。被告许某的欺诈行为导致原告孙某某作出违背其真实意思的购房决定，原、被告之间签订的《存量房屋买卖中介合同》应当撤销。故提出诉讼请求：（1）判决撤销原、被告签订的《存量房屋买卖中介合同》；（2）判决被告返还原告购房定金5万元，购房首付款82万元，并支付自2019年5月8日起至实际付款之日止按银行同期同类贷款利率计算的利息；（3）判决被告赔偿原告中介费损失15600元、税费损失87000元；（4）判决因退房产生的各项税费由被告承担。

被告许某辩称：本诉原告孙某某诉称被告存在欺诈没有事实与法律依据。首先，被告并无欺诈之故意及欺诈之行为；其次，在整个交易过程中，被告并未虚构事实或隐瞒真相。交易过程系原告孙某某找的中介全程参与，案涉房屋各种情况中介均与双方进行了确认。双方签订的《存量房屋买卖中介合同》与格式版本略微有差异，尤其是双方对于特别事项进行了具体约定。现原告孙某某因自身原因不能履行合同，在违约的情形下违背事实，诉称被告欺诈不能成立，请求法院驳回本诉原告的全部诉讼请求。

被告许某提出反诉诉讼请求：（1）判令反诉被告孙某某立即支付房屋尾款203万元及按照中国人民银行同期贷款利率4.35%计算至实际履行付款之日止的逾期利息（暂从2019年5月20日计算至2019年6月10日为5080元）；（2）判令反诉被告孙某某支付违约金5万元。

事实和理由：本案讼争房产，反诉原告许某委托中介挂牌出售。2019年5月5日，反诉被告孙某某在某旺房产中介陪同下看房，并通过某旺房产中介与反诉原告许某商定该房屋买卖价格为290万元。后反诉被告孙某某又通过南某房产中介联系反诉原告许某，称愿意以高于290万元的价格购买该房屋，但因银行关系需要指定南某房产中介为中介。2019年5月7日，在被反诉被告孙某某以此种手段骗至南某房产中介后，该中介及反诉被告孙某某竟企图再次压价至285万元，反诉原告许某感觉被骗予以拒绝。后经南某房产中介再三周旋及反诉被告孙某某丈夫林某某出示警官证等各种保证说辞，反诉原告许某始同意以原商定价格出售该房屋。据此，买卖双方于当天即2019年5月7日共同签订了《存量房屋买卖中介合同》，反诉被告孙某某自愿购买反诉原告许某案涉房屋，合同对于总价款、支付方式、违约责任等事项进行了约定。反诉被告孙某某支付定金及首付款后，反诉原告许某即按照合同约定配合其办理了房产过户登记手续，反诉被告孙某某在房屋登记至其名下后却拒绝支付尾款，并在 2019 年 5 月 20 日提起诉讼，要求撤销双方签订的《存量房屋买卖中介合同》，表明其不再履行支付剩余房款义务。反诉原告许某认为，在《存量房屋买卖中介合同》中可能影响房产交易的"房地产状况"一栏，反诉原告许某已经如实披露应当说明的情况。现在反诉被告孙某某却以莫名其妙的理由，故意歪曲相关事实提出撤销合同，显属根本违约，已严重侵犯了反诉原告许某的合法权益，特提起反诉。

原告孙某某辩称：首先，由于反诉原告许某的欺诈导致反诉被告孙某某要求撤销合同，不同意反诉原告许某的反诉请求。目前房价持续上涨，撤销合同返还房屋后反诉原告许某还将获得房屋增值部分的收益；其次，反诉原告许某未如实告知反诉被告孙某某相关信息，导致合同需要撤销，反诉被告无须支付违约金。

法院经审理查明：2019 年 5 月 7 日，在南某房产中介的居间下，孙某某作为买方（乙方）、许某作为卖方（甲方）、案外人南某房产中介作为丙方，三方共同签订合同编号为×××的《存量房屋买卖中介合同》一份，就甲方将其所有的位于鄞州区朝晖路×弄×号×室的房屋（以下简称案涉房屋）出售给乙方事宜进行约定，房屋建筑面积为 128.58 平方米，房屋总价款为 290 万元，房屋总价包括车棚、装修、设施。付款方式为在合同签订之日，乙方支付购房定金 5 万元，此定金抵扣房款；在 2019 年 5 月 10 日前，乙方支付首付款 82 万元，剩余房款 203 万元由乙方办理 20 年银行商业按揭贷款手续，待正式放贷当天支付给甲方。若贷款金额不足以支付剩余房款的，乙方在接到银行或丙方通知的 10 个工作日内，以现金方式向甲方补足付清；因乙方原因被银行拒绝贷款的，乙方在接到银行或丙方通知的 10 个工作日内，以现金方式向甲方付清剩余房款；逾期未付清的，乙方承担违约责任。因房屋买卖交易产生的税、费由乙方承担。甲方对上述房地产状况所提供的情况必须真实，证件合法有效。乙方对上述房地产状况已经了解，并已实地查看，且已核查相关证件。

《存量房屋买卖中介合同》签订当日，孙某某向许某交付购房定金 5 万元；2019 年 5 月 8 日，孙某某向许某交付购房首付款 82 万元。孙某某、许某双方于 2019 年 5 月 8 日办理了房屋过户登记手续，产权过户至孙某某名下。孙某某为此支付房屋交易税费 87000 元，支付中介费 15000 元，支付过户费 600 元。

另查明：案涉房屋在 2014 年之前的所有权人为忻某某。忻某某系许某的丈夫，于 2014 年 9 月 2 日将案涉房屋转让给许某，忻某某于 2014 年 9 月 11 日因胃癌死亡，死亡前登记住址为案涉房屋。孙某某在办理银行按揭贷款手续过程中，得知许某的丈夫在案涉房产中去世，遂停止办理按揭贷款手续，并向法院提起本案诉讼。

【案件争点】

被告许某隐瞒其丈夫在案涉房屋中死亡是否构成欺诈。

【裁判摘要】

法院经审理认为：

1. 首先，从双方交易过程来看，原告孙某某系通过房产中介的居间介绍，事先查看了案涉房屋状况、了解了房屋权证登记信息后作出购买的意思表示，该意思表示应当是真实的。案涉房屋现已过户至原告孙某某名下，说明被告许某在按约履行合同义务。其次，原告孙某某主张被告隐瞒其丈夫在案涉房屋中死亡的信息，法院认为，被告许某系案涉房屋的所有权人，其在出售房屋过程中没有义务告知购房人其丈夫在案涉房屋中死亡的信息，该信息也不属于双方签订《存量房屋买卖中介合同》过程中被告许某应当披露的信息。被告许某未将上述信息告知原告孙某某，不构成欺诈。再次，退一步讲，即使被告许某在交易过程中提到过"老公在云南出差"，但根据原告孙某某提供的《情况说明》，被告许某是在原告孙某某询问其老公的情况下进行的答复，因被告许某系案涉房屋的所有权人，故被告许某的上述回答并不影响《存量房屋买卖中介合同》的订立及履行，被告许某的行为不构成《合同法》规定的欺诈。最后，房屋的主要功能系供人居住生活，不可避免会有人在房屋中出生、死亡，此应属于众所周知的事实。况且本案中被告许某的丈夫忻某某在 2014 年因病死亡，案涉房屋并不构成"凶宅"。综上，原告孙某某认为被告许某构成欺诈并要求撤销《存量房屋买卖中介合同》的理由不能成立，法院对其本诉的诉讼请求不予支持。

2. 原告孙某某、被告许某签订的《存量房屋买卖中介合同》系双方真实意思表示，双方均应按照合同约定全面履行各自的义务。按照合同约定；原告孙某某通过办理银行按揭支付购房余款 203 万元，现原告孙某某中断办理银行按揭手续流程，已损害被告许某的利益，现被告许某反诉要求原告孙某某支付房屋尾款 203 万元，理由正当，法院予以支持。对于被告许某的逾期利息主张，因银行按揭贷款并未明确放贷的具体日期，故法院酌情自被告许某提出反诉主张之日即 2019 年 6 月 18 日开始作为逾期利息的起算点。被告许某反诉主张的违约金 5 万元，因原告孙某某认为被告许某未全面告知相关信息继而向法院提起诉讼，原告孙某某主观上不存在故意不履行合同行为，且法院已支持被告许某主张的逾期利息，故法院对于被告许某反诉主张的 5 万元违约金不予支持。

三、裁判规则提要

法院在判断案涉房屋是否为"凶宅"时通常需要考量死因、空间及时间三个要素，其中死因要素是指发生在房屋内的自杀、凶杀、意外事件等非自然死亡事件。总结上述案例可知，包括因病去世、衰老死亡等在内的自然死亡事件不符合"凶宅"中死因这一构成要件。法院在审理涉及自然死亡事件的二手房买卖合同纠纷或居间合同纠纷案件时，需注意以下几点：

1. 自然死亡不应被认定为影响合同订立、履行的重要事实。人的生老病死是自然界普遍的发展规律，因疾病、衰老去世是一种正常的自然现象，是普遍为一般社会认知所能接受和认可的。自然死亡并不会使房屋被贴上"不吉利"的标签，不会使居住者对该房屋产生心理瑕疵，进而不会对房屋的使用价值和商业价值产生不利影响。因此，自然死亡不应被认定为影响合同订立、履行的重要事实。

2. 自然死亡事件不属于房屋出卖人和房地产中介机构需承担的主动告知义务范围。基于自然死亡并不属于影响合同订立、履行的重要事实，在房屋买受人无特别询问的情况，自然死亡事件不属于房屋出卖人和房地产中介机构需承担的主动告知义务范围。出卖人不主动披露此信息，不会构成对房屋买受人的欺诈，其与买受人之间签署的房屋买卖合同当属合法有效。若房屋买受人特别询问相关情况，房屋出卖人出于诚信原则，应当如实告知信息；房地产中介机构在已经获取自然死亡事件这一信息的情况下，若买受人特别询问，基于诚信原则与职业要求，应当履行如实告知义务。

四、辅助信息

《民法典》

第七条 民事主体从事民事活动，应当遵循诚信原则，秉持诚实，恪守承诺。

第一百四十七条 基于重大误解实施的民事法律行为，行为人有权请求人民法院或者仲裁机构予以撤销。

第一百四十八条 一方以欺诈手段，使对方在违背真实意思的情况下实施的民事法律行为，受欺诈方有权请求人民法院或者仲裁机构予以撤销。

第九百六十二条 中介人应当就有关订立合同的事项向委托人如实报告。

中介人故意隐瞒与订立合同有关的重要事实或者提供虚假情况，损害委托人利益的，不得请求支付报酬并应当承担赔偿责任。

《最高人民法院关于适用〈中华人民共和国民法典〉总则编若干问题的解释》

第二十一条 故意告知虚假情况，或者负有告知义务的人故意隐瞒真实情况，致使当事人基于错误认识作出意思表示的，人民法院可以认定为民法典第一百四十八条、第一百四十九条规定的欺诈。

房地产中介纠纷案件裁判规则第 13 条：

房地产中介机构在提供房产经纪服务时，应当根据合同约定履行房产税费的告知义务，但该义务仅限于税种的释明，而非具体、准确的税费金额

【规则描述】　　在房地产交易中，税费是一个重要的组成部分，它直接影响到交易的总成本。因此，房地产中介机构在提供房产经纪服务时，应当在遵循诚信原则的基础上，合规、全面、尽职地向委托人履行中介合同中约定的义务，包括如实告知房屋交易涉及的税费，但是针对税费的告知义务仅限于税种的释明，而非具体、准确的税费金额。因为税费的计算涉及许多因素，包括房产的价格、购房者的身份、交易的时间等，这些因素可能会在交易过程中发生变化。因此，中介机构无法提前准确计算出税费的金额。此外，税费的计算也需要专业的财税知识，超出了中介机构的专业范围。

一、类案检索大数据报告

案例来源：Alpha 案例库，案件数量：3865 件，数据采集时间：2023 年 10 月 31 日，本次检索共获取涉房产税费告知义务的房地产中介纠纷案件裁判文书 3865 篇。

如图 13-1 所示，从案件主要地域分布来看，此类案件主要集中在上海市、广东省、江苏省，分别占比为 24.48%、21.76%、10.09%。其中上海市的案件数量最多，达到 946 件。

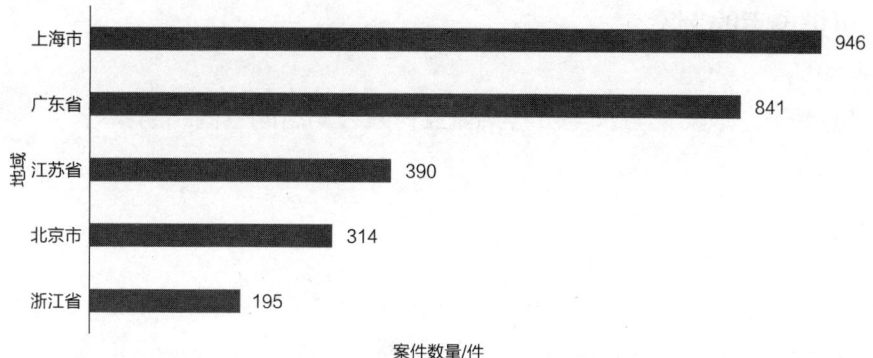

案件数量/件

（注：图表只列举案件数量排名前5的地区）

图 13-1　案件主要地域分布情况

　　如图 13-2 所示，可以看到此类案件的审理程序分布状况。一审案件有 2650 件，二审案件有 1187 件，执行案件有 3 件，再审案件有 23 件，其他案件有 2 件。

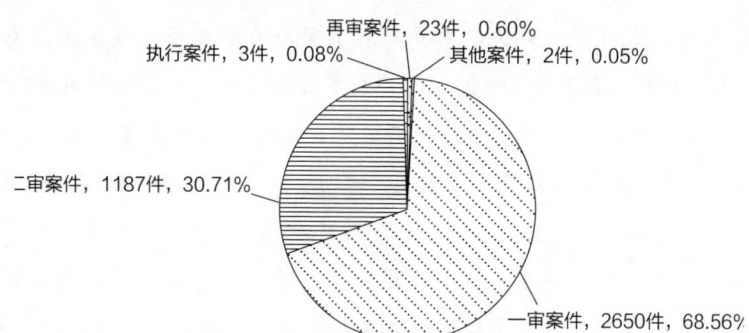

图 13-2　案件的诉讼程序分布情况

　　如图 13-3 所示，通过对二审裁判结果的可视化分析可以看到，维持原判的有 938 件，占比 79.02%；改判的有 219 件，占比为 18.45%；其他的有 30 件；占比为 2.53%。

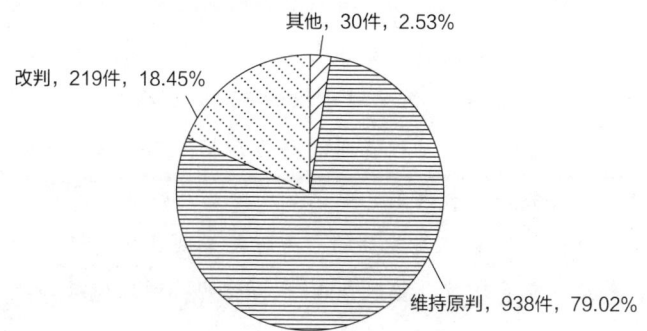

图 13-3　二审裁判结果情况

二、可供参考的例案

例案一：陈某某与东莞市喜某置业有限公司居间合同纠纷案

【法院】

广东省东莞市中级人民法院

【案号】

（2021）粤 19 民终 6258 号

【当事人】

上诉人：陈某某

被上诉人：东莞市喜某置业有限公司

【基本案情】

陈某某上诉称：（1）一审认定东莞市喜某置业有限公司（以下简称喜某公司）估算税费存在过错但"履行持份 1% 房改房政策提醒义务并不影响合同目的实现"错误。陈某某的合同目的是购买案涉房屋后以陈某某的名义办理房产证，并按照第二套房产的 2% 税率缴纳相关房产交易税费，二者缺一不可。当迫于无奈只能以赖某某的名义办理房产证，陈某某的合同目的不能完全实现。陈某某的利益因此被损害，第三套房不能申请房贷，房屋产权人年过七十、其名下房产也不能通过抵押贷款，案涉房产完全失去融资能力，以后房产证要更改为陈某某的名字还得通过多项手续产生如公证等其他费用。房屋套数对购房资格、申请房贷资格、首付成数以及税费缴纳数额均有直接重要影响，购房人愿意以什么价位购买房子、付出多少居间费是在考虑房产总价、居间费、交易税费等总支出的基础上决定的，房屋套数估算错误不是没有影响达成合同目的的微小错误。喜某公司既然存在税费估算错误，在促成合同方面存在过错令陈某某利益受损，应判令喜某公司承担过错责任，减收部分居间费。为了便于审判工作，陈某某愿意对争议的 35000 元承担一半责任即 17500 元。（2）喜某公司为陈某某签约前预估税费时没有告知相关购房及税费政策，致房屋套数认定错误，税费估算错误。签约前，喜某公司故意隐瞒卖家已离婚信息，刻意编造结婚证件忘带的情形，欺骗陈某某签约，为陈某某创设房产权属风险。喜某公司利用陈某某不熟悉房产交易环节，骗取 2000 元办证费，被发现后却不肯归还。陈某某针对喜某公司上述情况不得不多次要求协商沟通，部分居间费延后支付，且延后支付日期也由喜某公司主动提出。一审将该段时间作为违约金计算时间错误，违约金应从 2020 年 7 月 17 日起计算。喜某公司作为居间方背弃陈某某利益，唯利是图，违背诚信原则，其不诚信行径令人反感之余，更为陈某某创设风险，喜某公司的失职行为致不能如期交房，引发买卖双方矛盾。陈某某作为普通购房消费者，没有房屋买卖及法律经验，面对居间方不负责任、不诚信行为，内心是焦虑和愤怒的。为了继续履行合同，陈某某不得不另外花费大量精力处理这些意外事件。喜某公司在明知其中介费包含房产过户服务，仍欺诈性收取 2000 元办证费，性质恶劣，应予惩罚，居间费未付部分违约金完全由陈某某承担有失公平，应酌情考虑陈某某对违约金承担一定比例。（3）一审诉讼费由陈某某负担的比例过重，喜某公司应按违约责任比例承担相应诉讼费。故提出上诉请求：（1）改判一审判决第一项为：陈某某支付喜某公司居间服务费 17500 元及逾期违约金（逾期违约金按照全国银行间同业拆借中心公布的同期贷款市场报价利率 4 倍计算，从 2020 年 7 月 17 日起计算至实际付清之日止）；（2）改判一审诉讼费承担比例，由陈某某与喜某公司各承担一半即 328.29 元；（3）喜某公司承担本案二审诉讼费。

喜某公司辩称：（1）一审认定事实清楚、证据充分，陈某某要求减半收取中介服务费没有依据。《房地产买卖及居间合同》第 10 条约定，喜某公司基于经营范围所限，不对交易税费等作任何承诺或担保，案涉交易税费具体支付金额应以税务机关要求为准。喜某公司对案涉交易税费估算是基于陈某某陈述其名下包括其持份 1% 房改房的房产数量，依照国家税费政策进行初步预估，喜某公司只能基于陈某某的陈述而无权查明其具体房产套数。合同签订前，喜某公司多次询问陈某某，陈某某均明确告知名下只有一套房产，其在一审庭审中对此事实也确认。因陈某某隐瞒还有一套拥有 1% 份额的房产的原因导致税费比预估时增加，并非喜某公司的过错，陈某某无权因自身过失或对自身房产数量认定错误而将责任推卸给喜某公司并以此要求减半支付居间费。（2）案涉交易契税的实际缴纳数额没有超过陈某某的估算，房屋于 2020 年 7 月 13 日完成过户及交楼，陈某某实现合同目的。《房地产买卖及居间合同》第 11 条约定案涉房屋款项采取一次性付款方式，不存在陈某某上诉所称因税费增加导致不能申请商业贷款的问题。（3）陈某某主张喜某公司刻意隐瞒卖方婚姻状况并编造虚假理由促成合同签订并非事实。一审庭审中，陈某某确认其没有向喜某公司说明卖家的婚姻状况是其决定是否购买房屋的重要因素。卖方是否离婚对案涉房屋的价格及功能没有任何影响，与本案交易无关。房屋目前所有手续均已履行完毕，没有存在任何因卖方的婚姻状况而使交易受阻，故陈某某不能以此主张少付居间费及违约金。（4）陈某某主张因喜某公司失职导致不能如期交房并非事实。合同签订后，喜某公司的居间服务已完成，虽然后续作为中介方为维护买卖双方关系会协调、提醒、协助买卖双方及时办理手续，但喜某公司没有因此收取服务费用。喜某公司在合同约定的期限内积极协调买卖双方，房屋交房逾期是由于买卖双方对于先过户还是先付款项产生争议所致，双方最后协商于 2020 年 7 月 13 日过户并交付房屋。喜某公司在此过程中并不存在任何的失职。（5）关于违约金起算时间及标准。根据陈某某提供的微信记录，喜某公司多次催促陈某某给付居间费，均被其以各种理由推脱。喜某公司没有同意推迟给付居间费，故陈某某应根据合同约定承担违约责任。一审对违约金的起算时间认定正确。一审已对违约金的标准进行调整，且喜某公司不存在过错，陈某某要求调整违约金承担比例没有依据。（6）陈某某一审判决后分别于 2021 年 3 月 9 日、2021 年 3 月 12 日支付喜某公司共计 35000 元。陈某某还应返还喜某公司办证费 2000 元，赔偿喜某公司损失。双方互付的金钱债务相互抵扣后，陈某某尚有部分款项未支付喜某公司。

法院经审理查明：喜某公司提交收款收据，拟证明陈某某一审后向其付款 35000 元，但尚有其他判决付款义务未履行。陈某某经质证，确认付款事实，但认为其付款不能代表其服从判决。

另查明：陈某某分别于 2021 年 3 月 9 日、2021 年 3 月 12 日支付喜某公司 17500 元，共计 35000 元。

【案件争点】

1. 陈某某应否向喜某公司支付居间服务费；

2. 喜某公司是否存在故意隐瞒与订立合同有关重要事实的情形；

3. 喜某公司未报告房屋卖方特定身份关系是否构成违约。

【裁判摘要】

法院经审理认为：

1. 陈某某在签订房屋买卖合同后已经付款，出卖人龙某某、刘某某亦交付房屋、办理房屋权属转移登记。喜某公司提供居间服务已经促成双方订立合同，买卖双方均已履行合同完毕，陈某某主张其不能实现房屋买卖合同目的，与事实不符，法院不予支持。房屋买卖合同均明确约定陈某某应一次性付款，其订立居间合同时亦无明确约定房屋融资的特定使用功能，其接收房屋、办理权属转移登记后使用房屋的情形不影响房屋买卖合同、居间合同的履行，因而其主张的无法申请房贷、无法融资致其合同目的不能实现的意见，亦不能成立，法院不予支持。喜某公司主张居间服务费，合法有据，应予支持。

2.陈某某在订立房屋买卖合同时，应如实提供影响房屋买卖交易的个人信息，其名下房产权益的情况属于其个人知晓的重要信息，应由陈某某如实陈述。依据微信记录，喜某公司工作人员曾明确询问陈某某名下房产的情况，陈某某并未如实告知有关信息，因此，喜某公司不存在故意隐瞒与订立合同有关重要事实的情形。陈某某主张喜某公司未主动查询陈某某名下房产致税费预估错误，但其个人名下房产权益的情况仅由陈某某一方知晓，陈某某应当清楚该情况可能会对房产套数的认定产生影响，在喜某公司明确询问后其应先陈述名下房产权益的真实情况，由喜某公司再进行判断。喜某公司在未获得陈某某真实全面信息的情况下，不具备正确判断房产税费的条件，其并不构成违约。陈某某仅以不清楚限购政策对其名下房产权益的影响为由，主张喜某公司违约的意见不能成立，法院不予支持。

3.在房屋买卖交易实践中，影响交易税费的情形众多，每名交易相对人的情况均不相同，喜某公司也无法预判陈某某是否存在何种情形影响交易税费，并已概括询问陈某某名下房产权益的真实情况，在未获得真实信息的情况下，喜某公司不能向陈某某作出有针对性的提示，且该提示也不是居间合同中约定的报告、服务等主要义务，亦不构成违约。购房者普遍基于房屋的使用价值、交易价值予以购买，陈某某提出喜某公司隐瞒卖方离婚信息而欺骗其签约，但房屋原权属人的一般身份关系不影响房屋的价值，其在委托喜某公司时对此并未明确提出特殊要求，喜某公司没有查实、报告该情况的义务，因此喜某公司未报告房屋卖方特定身份关系不构成违约。陈某某该项违约主张，缺乏依据，法院不予支持。

4.陈某某与喜某公司未约定2000元办证费由陈某某承担，喜某公司收取该笔费用缺乏依据，陈某某主张喜某公司违约收取办证费的意见成立，喜某公司因此应承担损失赔偿责任。一审据此认定喜某公司退还该笔费用、赔偿损失，处理正确，法院予以确认。陈某某一审后支付喜某公司35000元，已经履行了付款义务，但其逾期支付居间服务费仍应承担支付违约金的义务。依据喜某公司、陈某某的主张，并结合陈某某的付款事实，陈某某的逾期付款违约金应酌定为：以17500元为本金，按照全国银行间同业拆借中心公布的同期限贷款市场报价利率的4倍，从2020年5月26日起计算至2021年3月9日止；以12500元为本金，按照全国银行间同业拆借中心公布的同期限贷款市场报价利率的4倍，从2020年5月26日起计算至2021年3月12日止；以5000元为本金，按照全国银行间同业拆借中心公布的同期限贷款市场报价利率的4倍，从2020年7月14日起计算至2021年3月12日止。喜某公司并未上诉，视为服从一审判决，应维持一审其他判项。

例案二：梁某与郑州居某房地产营销策划有限公司居间合同纠纷案

【法院】

　　河南省郑州市中级人民法院

【案号】

　　（2018）豫01民终1379号

【当事人】

　　上诉人：梁某

　　被上诉人：郑州居某房地产营销策划有限公司

【基本案情】

　　梁某上诉称，郑州居某房地产营销策划有限公司（以下简称居某公司）未履行如实告知义务，导致梁某承担的税费比合同签订前居某公司员工陈某某告知的税费多出10万余元，梁某所受损失应由居某公司承担，提出上诉请求：依法撤销一审判决，改判支持梁某的诉讼请求。

　　居某公司辩称：核定税费不是居某公司作为居间人的法定义务，依法律规定和合同约定，税费不应由居某公司承担。买卖双方是否按时交接房屋与居某公司无关，梁某要求居某公司承担租房损失于法无据，不应支持。一审法院认定事实清楚，适用法律正确，请求二审法院维持原判。

　　法院经审理查明：2016年6月25日，梁某与吕某某在居某公司居间下签订了《房屋买卖合同》。合同主要约定：吕某某（卖方）将其位于郑州市管城回族区××路××号××号楼×单元×层×号的房屋以100万元的价格出售给梁某；双方到房产管理部门办理立契过户手续时，应依照国家相关法律法规之规定缴纳有关税费，由买方梁某承担总税费的100%；梁某于合同签订时支付5万元，其中佣金及代办费23000元，余额作为中介方代管的定金等。

　　合同签订后，梁某向居某公司支付了佣金及代办费共计23000元；2016年6月25日支付定金1万元；2016年6月27日支付银行按揭费用14260元；2016年8月21日支付部分税费24000元。2016年8月16日，梁某向郑州住房置业担保有限责任公司缴纳担保费2100元；2017年5月3日向税务部门缴纳契税14285.72元，缴纳城市维护建设税、个人所得税、增值税、地方教育附加及教育费附加等共计111494.17元。

　　另查明：2016年10月20日，梁某以吕某某和居某公司为被告提起民事诉讼，后撤回对居某公司的诉讼，并与吕某某达成调解协议。

【案件争点】

居某公司是否对梁某故意隐瞒重要交易信息。

【裁判摘要】

法院经审理认为：

按照《房地产经纪管理办法》第 21 条第 1 款第 5 项的规定，居某公司作为居间人，在与梁某签订房地产经纪服务合同时，虽有书面告知"房屋交易涉及的税费"事项的义务，但该义务只是就房屋交易涉及税种的释明，而非具体、准确的税费金额的确定。就本案而言，首先，梁某所多缴纳的税费系因国家税收政策调整所致，非居某公司所能预见，也不能认定居某公司违反《合同法》第 425 条①规定的报告义务。其次，在案涉《房屋买卖合同》第 5 条明确约定"甲乙（买卖）双方共同到郑州市房地产交易管理部门办理产权立契过户手续时，应依国家相关法律法规之规定缴纳有关税款及相关费用，甲方负担总税费用的 0%，乙方负担总税费用的 100%"。梁某对缴纳税费数额、纳税机关等均明知。再次，梁某提交的微信税费计算表图片，既不显示制作人制作时间，也无居某公司签章，且居某公司也不予认可。最后，案涉合同签订于 2016 年 6 月 25 日，而自 2016 年 3 月起，国家税务总局已经公布"营改增"，此与梁某提交的清单上显示的"营业税项目"明显矛盾。故法院对梁某诉称因居某公司故意隐瞒造成其多缴纳税费损失应承担赔偿责任的诉请，不予支持。

例案三：张某某与秦皇岛欧某房地产经纪有限公司居间合同纠纷案

【法院】

河北省秦皇岛市海港区人民法院

【案号】

（2020）冀 0302 民初 10438 号

【当事人】

原告：张某某

被告：秦皇岛欧某房地产经纪有限公司

---

① 参见《民法典》第 962 条。

【基本案情】

原告张某某诉称，其于 2020 年 9 月 20 日通过被告秦皇岛欧某房地产经纪有限公司（以下简称欧某房产经纪公司），从卖房人洪某某处购买位于秦皇岛市海港区房产。购买时，被告欧某房产经纪公司承诺此房是"老本唯一"①，缴 1% 的契税。原告张某某当天中午就去被告欧某房产经纪公司处签了合同，交付了定金 1 万元。直到过户时，原告张某某才知道房主名下有两套房，需要缴纳契税 2%。由于原告张某某着急过户，想简单处理，给被告欧某房产经纪公司打电话协商，协商结果是原告承担 1400 元，房主承担 3900 元。当时房主洪某某同意承担 3900 元，但其说没带钱，但看完合同后又说没写"老本唯一"，拒绝出这笔钱。事后通过被告欧某房产经纪公司协商多次无果。原告认为被告合同存在漏洞，属于欺诈行为，被告应负责此项费用。提出诉讼请求：（1）请求判令被告欧某房产经纪公司赔偿契税 5300 元整，利息从 2020 年 11 月 4 日开始，按照中国人民银行同期贷款利率的 4 倍计算；（2）请求判令本案全部诉讼费用及律师费用等相关费用由被告承担。

被告欧某房产经纪公司辩称：不同意赔偿。应按照合同为准。签完合同之后，每个中介公司都是一样的。按流程签完合同后，都是让买卖双方各看一遍，看完了觉得没问题，或者是哪些地方不明白的，可以帮他们解释，完了之后双方同意才签的字，按的手印，之后写定金收据。

法院经审理查明：2020 年 9 月 20 日，原告张某某与案外人洪某某以及被告欧某房产经纪公司签订了《秦皇岛市房地产经纪服务合同》，甲方（卖方）洪某某，乙方（买方）张某某，丙方（经纪机构名称）欧某房产经纪公司，合同第 2 条约定："房屋基本情况：1. 该房屋坐落在工人 ×× 号，该房屋所在楼栋建筑总楼层为 3 层，其中地上 3 层，地下 0 层。该房屋所在楼层为 3 层，建筑面积共 59.24 平方米（实际面积以《房屋所有权证》或《不动产权证书》登记的面积为准）……"第 3 条约定："成交价格、付款方式：（一）经甲乙双方协商一致，同意该房屋成交价格为人民币（大写）叁拾玖万陆千元整（¥396000.00 元）……"第 5 条约定："税、费相关约定：本合同履行过程中，买卖双方应按照国家及秦皇岛市的相关规定缴纳各项税费。买卖双方同意，本次房屋交易按照现行法规和政策应缴纳的税费金额以税务机关最终核算的金额为准（任何其他方计算的税费金额均为参考，不能作为税费缴纳依据），税费的具体承担方式按照下列第 1 种方式履行（只可选择以下一项），并由

---

① "老本唯一"指的是以家庭为单位，房本满 5 年，且名下只有一套住房。

承担方直接向税务机关缴纳：1. 全部由乙方承担；2. 全部由甲方承担；3. 甲方承担__%，乙方承担__%。其他约定：甲方保证老本过户。"合同履行过程中，原告张某某与出卖方在办理房产登记过户手续中，因税费问题产生争议，依据国家税务机关规定本次房屋交易需要卖房人洪某某因财产转让所得缴纳个人所得税5300元、买房人张某某因房屋买卖缴纳契税5300元。经三方协商，原告张某某缴纳了交易的全部税费10600元，并办理了过户手续。现原告张某某主张因出卖人反悔，拒绝承担口头承诺的税费，要求被告欧某房产经纪公司对中介服务中存在漏洞造成的损失承担赔偿责任。

【案件争点】

欧某房产经纪公司应否向张某某赔偿税费差额。

【裁判摘要】

法院经审理认为：

张某某与欧某房产经纪公司及案外人洪某某签订的《秦皇岛市房地产经纪服务合同》，是其真实意思表示，符合相关法律规定，为合法有效合同，合同当事人均应按合同约定履行。合同中关于税费方面约定了税费金额以税务机关核算为准，税费由乙方即原告张某某全部承担，同时约定甲方保证老本过户，未约定房产"老本唯一"。原告张某某以被告欧某房产经纪公司向其承诺交易房产是"老本唯一"，仅缴纳1%的契税，而实际其承担了2%的税费为由，要求被告赔偿5300元，但原告提交的证据未能证明被告向其进行了上述承诺，原告的主张没有事实和法律依据，故法院不予支持。

三、裁判规则提要

在房产交易中，税务部门需要向买卖双方征收各类税费，如契税、增值税及个人所得税等，因此，税负是否满足交易方预期很大程度上影响了买卖双方对于交易的意愿和选择。而房地产中介机构作为居间者，负有对影响交易的重要信息（包括税费）的告知义务。综合上述案例来看，这种告知义务主要基于以下三方面：（1）职业专业要求。房地产经纪机构及其从业人员，作为专业服务者，应当具有能够满足自身职业任务的专业知识，包括房产交易知识、交易流程、政策规定以及税务知识等。（2）诚信原则。《民法典》第7条规定"民事主体从事民事活动，应当遵循诚信原则，秉持诚实，恪守承诺"。根据诚信原则，房地产中介在提供经纪服务时应当根据合同约定，不隐瞒合同重要信息。（3）履行合同约定之义务。交易方基于对房地产中介业内口碑、专业能力的信赖，委托其协助实现房产交易，二者通常在服务提供之前签订中介服务合同，而房地产中介基于履行合同约定之义务，应当就包含税费在内的重要交易信息告知交易方。

法院审理涉及房地产中介对于税费的告知义务时，需注意以下两点：

1. 房地产中介承担告知义务的前提是交易方披露信息。房产交易的税费受到多重因素影响，包括交易方家庭情况和财务情况、国家政策、地方政策等。房地产中介作为交易撮合方，并非天然能够获取与房产交易有关的全部信息，在其向交易方询问相关情况、履行必要审查义务并告知后，应当视为已经履行了合理的告知义务；由于房产交易方故意隐瞒信息导致的税费差距，房产买受人或出卖人要求房地产中介赔偿的，法院不应支持。

2. 房地产中介对税费的告知义务仅限于税种的释明，而非具体数额。房产交易所涉税费数额很大程度上受到税收政策的影响，房地产中介负有如实告知所涉税种的义务，同时在政策稳定下，应告知其计算出的大致数额。但是国家与地方税务政策临时调整等其他难以预见的事项，不应当认为房地产中介对此具有告知义务。

四、辅助信息

《民法典》

第七条　民事主体从事民事活动，应当遵循诚信原则，秉持诚实，恪守承诺。

第九百六十二条　中介人应当就有关订立合同的事项向委托人如实报告。

中介人故意隐瞒与订立合同有关的重要事实或者提供虚假情况，损害委托人利益的，不得请求支付报酬并应当承担赔偿责任。

《房地产经纪管理办法》

第二十一条　房地产经纪机构签订房地产经纪服务合同前，应当向委托人说明房地产经纪服务合同和房屋买卖合同或者房屋租赁合同的相关内容，并书面告知下列事项：

（一）是否与委托房屋有利害关系；

（二）应当由委托人协助的事宜、提供的资料；

（三）委托房屋的市场参考价格；

（四）房屋交易的一般程序及可能存在的风险；

（五）房屋交易涉及的税费；

（六）经纪服务的内容及完成标准；

（七）经纪服务收费标准和支付时间；

（八）其他需要告知的事项。

房地产经纪机构根据交易当事人需要提供房地产经纪服务以外的其他服务的，应当事先经当事人书面同意并告知服务内容及收费标准。书面告知材料应当经委托人签名（盖章）确认。

房屋查封情况是影响合同订立、履行的重要事实，房地产中介机构应当对此履行必要的、审慎的审查核实及如实告知义务

【规则描述】　　对于房屋这一特殊商品，影响其价值的最为核心的两个因素即质量和权利所属，以及是否存在负担。房屋查封信息属于房地产交易基本信息，会直接影响购房人的交易意愿以及交易条件，同时会对房屋买卖合同履行产生直接影响。房地产中介机构作为提供专业服务的居间人，因此，应当依据法律和合同约定对此履行必要的、审慎的审查核实及如实告知义务。

一、类案检索大数据报告

案例来源：Alpha 案例库，案件数量：12078 件，数据采集时间：2023 年 10 月 31 日，本次检索共获取涉房屋查封的房地产中介纠纷案件裁判文书 12078 篇。

如图 14-1 所示，从案件主要地域分布来看，此类案件主要集中在广东省、江苏省、山东省，分别占比为 33.17%、8.74%、7.19%。其中广东省的案件数量最多，达到 4006 件。

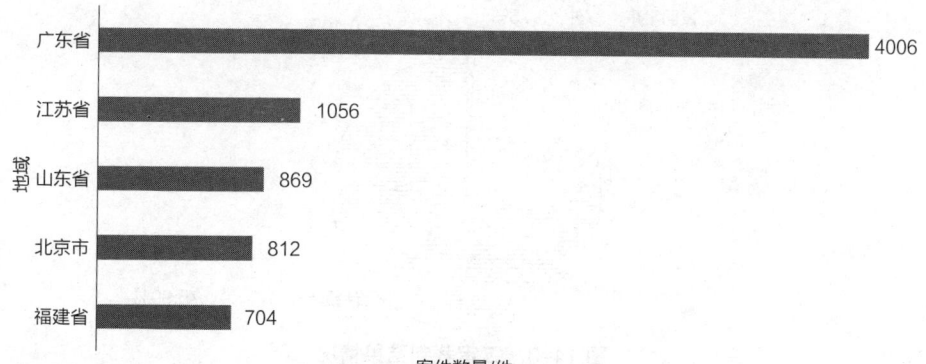

案件数量/件
（注：图表只列举案件数量排名前5的地区）

图 14-1　案件主要地域分布情况

如图 14-2 所示，可以看到此类案件的审理程序分布状况。一审案件有 6005 件，二审案件有 4936 件，再审案件有 269 件，执行案件有 842 件，其他案件有 26 件。

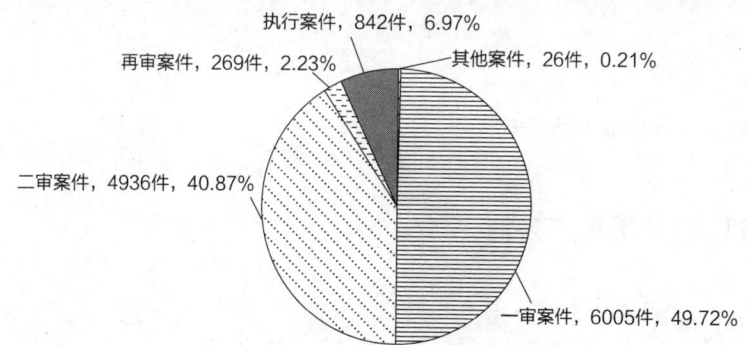

图 14-2　案件的诉讼程序分布情况

如图 14-3 所示，通过对二审裁判结果的可视化分析可以看到，维持原判的有 3751 件，占比 75.99%；改判的有 1143 件，占比 23.16%；发回重审的有 37 件，占比 0.75%；其他的有 5 件，占比 0.10%。

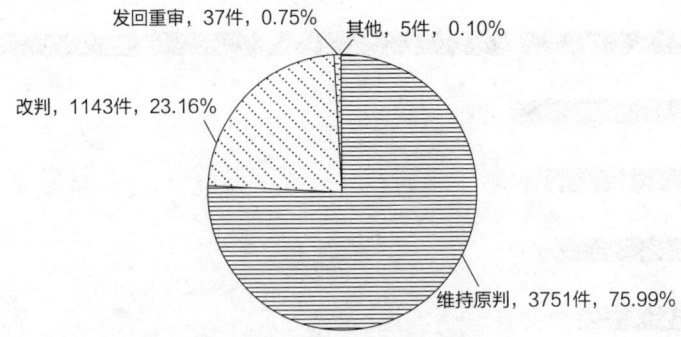

图 14-3　二审裁判结果情况

二、可供参考的例案

例案一：陈某与厦门市某氏房产营销顾问有限公司居间合同纠纷案

【法院】

福建省厦门市中级人民法院

【案号】

（2015）厦民终字第 2976 号

【当事人】

上诉人：陈某

被上诉人：厦门市某氏房产营销顾问有限公司

【基本案情】

陈某上诉称，（1）原审故意隐瞒案件关键事实。原审庭审中，厦门市某氏房产营销顾问有限公司（以下简称某氏公司）明确承认其从未向厦门市国土资源与房产管理局调查核实案涉房产信息。某氏公司是专业从事房地产居间业务的经营者，而提供客观、真实的房屋信息，是其最基本的义务之一，某氏公司未审核案涉房屋信息，怠于行使居间人应尽的义务。某氏公司承认其对外宣传的服务宗旨是"用心某氏人，放心房产人""为您提供最安全的交易保障"，该承诺的性质属于要约，在双方之间的居间合同成立后成为承诺，对某氏公司具有法律约束力。（2）原审判决标准不一。原审判决某氏公司返还已获得的全部居间报酬 1 万元并赔偿利息损失，但对购房款的利息损失认定陈某应承担 70% 的责任，某氏公司承担 30% 的责任。原审对于陈某主张的转账手续费、公证费、律师费、诉讼费，认为不是必然损失而不予支持。本案是居间合同纠纷，上述相关费用均是因某氏公司促成各方签订《房产预约买卖合同》而产生的损失。（3）原审关于陈某"存在重大过失"的理由，缺乏法律依据。某氏公司称其无法向房地产管理部门调查案涉房产信息，作为购房者的陈某更无法发现许某某诈骗的嫌疑，又何来购房人"基本的审慎义务"呢？在双方之前的交易习惯中，不但都是由某氏公司审核相关信息，而且相关交易手续都是由某氏公司代办。（4）从本案情况来看，某氏公司提供的涉讼房产在《房地产居间合同》及《房产预约买卖合同》签订之前就已被人民法院查封、拍卖，导致陈某利益受损。但原审在认定某氏公司在居间过程中存在过失，应承担违约责任的情况下，认定作为购房人的陈某没有尽到基本的审慎义务。（5）原审确定的案件受理费及财产保全费负担错误。陈某已将保全请求由65万元变更为10万元，原审按陈某原申请数额计算有误。本案系因某氏公司未履行居间义务而引发的纠纷，过错方是某氏公司，相应的诉讼费、财产保全费应当由某氏公司负担。故提出上诉请求：（1）变更原审判决第二项，改判为某氏公司赔偿陈某购房款利息损失38064.65元；（2）撤销原审判决第三项，改判为：某氏公司赔偿陈某转账手续费40元、公证费200元、律师费1万元、诉讼费13元。案件受理费、财产保全费由某氏公司负担。

　　某氏公司辩称：原审判决认定事实清楚、程序合法正当，应当依法驳回陈某的全部上诉请求。（1）原审判决由陈某自行承担相应责任是正确的。作为一桩大宗商品交易，陈某对其所欲购买的房产负有了解、审查的义务，其未尽到谨慎注意义务，对此所产生的后果应由其自行承担。据厦门市房地产中介协会出具的《调查申请复函》显示，陈某系专业的房地产经纪人，非普通购房户，本身具有房产交易的专业知识，在本案诉争前，陈某仅在某氏公司处就有4次房地产买卖记录，其对房产交易风险意识明显高于普通购房户。根据《房产预约买卖合同》第4条的约定，陈某支付购房款的时间为合同签订后1个月内，以其专业的房地产经纪人资质，其完全有权利、有时间、有责任去审查房屋是否为许某某所有、是否存在抵押、是否存在查封等情况，但陈某显然未进行审查，因讼争房屋被法院查封等情况导致房屋买卖无法进行，其产生的责任就由陈某自行处理承担，与某氏公司无关。（2）在本案从事居间活动过程中，某氏公司已经尽到如实报告的义务，并不存在错误报告或隐瞒报告之情形。在买卖双方签署的《房产预约买卖合同》第1条明确约定，某氏公司已经以合理方式提请陈某注意亟待查实的房产信息，其也确认对讼争房产的现状已作充分必要的了解，并自愿受让。在三方共同签署的《房地产居间合同》第1条中明确约定，某氏公司已以合理方式提请买卖双方注意交易风险，双方也确认清楚购买讼争房产应承担的相应法律后果，并同意交易；《房地产居间合同》第6条第1款还明确约定"如讼争房屋存在任何抵押、质押、查封等权利受限制的情形，许某某应承担一切责任"。某氏公司不存在故意提供虚假信息情况。居间合同签订前，从房屋登记情况看，案外人许某某确为讼争房屋的权属人，某氏公司所提供的房屋基本情况均为真实，并不存在虚假。买卖双方在《房产预约买卖合同》第15条第3项约定"在产权证未办理出来之前，卖方有违约，则应赔偿买方按市场行情总房款20%的违约金"。本案系卖方违约，陈某可以根据该约定向卖方主张违约责任。（3）陈某所谓经济损失均为履行《房产预约买卖合同》事宜所产生，与某氏公司无关，要求某氏公司承担没有法律依据和合同依据。

法院经审理查明：某氏公司接受陈某、许某某的委托，促成双方达成房屋买卖意向，2013年9月12日，许某某作为委托人甲、陈某作为委托人乙、某氏公司作为中介方，三方共同签订《房地产居间合同》，约定许某某将其名下位于厦门市××的房产以280万元的价格出售给陈某；某氏公司的佣金按28000元计，由陈某支付，陈某与许某某签订《房产预约买卖合同》时应向某氏公司支付佣金；许某某保证对上述房产享有完全处分权，保证该房产不存在任何抵押、质押、查封等情形，否则应承担一切责任，且佣金由许某某支付。同日，陈某与许某某签订了《房产预约买卖合同》，双方确认买卖标的房产尚未竣工交付使用，并约定陈某应于2013年10月10日前支付首期款50万元（含定金），于2013年12月16日前办理公证手续时向许某某支付购房款107万元，2013年12月16日起尚欠银行按揭款由陈某负责偿还，此外双方还约定了其他权利义务事项。

2013年9月13日，陈某委托案外人李某某向许某某转账支付20万元购房款。2013年9月20日，陈某支付某氏公司居间费1万元。2013年10月15日，陈某委托案外人沈某某向许某某转账支付15万元购房款。2013年10月16日，陈某向许某某转账支付15万元购房款，因此产生手续费40元。

因许某某未按约定时间办理公证手续，陈某向许某某发出书面通知，催促许某5日内办理公证手续，逾期则解除合同。陈某就该通知内容及邮寄过程办理了公证，为此支付公证费200元。2014年1月22日，陈某委托福建某律师事务所律师就上述房屋买卖合同纠纷向原审法院提起诉讼，为此支付律师费1万元，之后陈某申请撤回起诉，原审法院裁定准许撤诉，案件受理费13元由陈某负担。陈某于2014年2月28日向厦门市公安局湖里分局报案称被合同诈骗，该案经公安机关立案侦查后破案,追缴款项 50 万元。2015 年 2 月 10 日,陈某领回购房款 50 万元。

另查明:涉讼房产于 2013 年 3 月 12 日被厦门市中级人民法院依法查封。案件执行过程中,厦门市中级人民法院委托拍卖该房产,由买受人陈某 1 竞得。2013 年 9 月 11 日,厦门市中级人民法院作出(2013)厦执行字第 88-2 号执行裁定书,裁定厦门 ×× 房产的所有权及相应的其他权利归买受人陈某 1 所有,陈某 1 可持该裁定办理产权过户登记手续。

【案件争点】

1. 某氏公司作为居间人就房产查封情况是否存在审查告知义务;

2. 某氏公司应否对陈某承担赔偿责任。

【裁判摘要】

法院经审理认为:

1. 委托人之所以与居间人订立合同,往往基于对居间人提供信息的信赖,目的之一在于通过专业的居间人核实合同信息,如果居间人提供的信息虚假不实,将造成委托人无法实现居间合同的目的,因此给委托人造成损失的应承担相应的赔偿责任。本案中,某氏公司作为营利的、专业的房屋中介机构,在进行居间服务时应尽到必要的、审慎的审查核实及如实告知义务,如核实卖房人的身份信息、房源信息、房屋权利状况等义务后并如实告知委托人陈某。委托人陈某作为合同当事人,在签订合同时亦负有必要的注意义务。

2. 案涉房产于 2013 年 3 月 12 日被厦门市中级人民法院依法查封,本案《房地产居间合同》及《房产预约买卖合同》的签订时间均为 2013 年 9 月 2 日。现有证据表明,某氏公司未履行前述审核义务,亦未明确告知委托人陈某其无法确认卖房人许某某提供的信息真伪。某氏公司在履行居间合同过程中存在过错,致使许某某得以实施诈骗、损害陈某合法利益,某氏公司应当承担相应的损害赔偿责任。陈某亦未尽到审慎注意义务,应自行承担相应的责任。法院综合本案案情及双方当事人的过错程度,酌定陈某自行承担 30%、某氏公司承担 70% 的赔偿责任为宜。

3. 关于陈某损失数额的范围,其主张的购房款利息损失 38064.65 元、转账手续费 40 元、公证费 200 元、诉讼费 13 元属合理范围,法院予以采纳。陈某提起本案诉讼系因某氏公司过错造成,陈某要求某氏公司赔偿律师费损失应予支持,但其主张该费用过高,法院酌定为 5000 元,上述损失合计 43317.65 元。某氏公司应对陈某上述损失承担 70% 的赔偿责任。陈某提出原审判决保全费计算不当有理,法院予以变更。

例案二：韩某与于某某、洛阳懿某房产经纪有限公司房屋买卖合同纠纷案

【法院】

　　河南省郑州市金水区人民法院

【案号】

　　（2017）豫 0105 民初 1671 号

【当事人】

　　原告：韩某

　　被告：于某某

　　被告：洛阳懿某房产经纪有限公司

【基本案情】

　　原告韩某诉称，2016 年 8 月 13 日，原告韩某与被告于某某、洛阳懿某房产经纪有限公司（以下简称懿某公司）三方签订《房屋买卖（居间）合同》一份，合同约定：原告购买被告于某某位于郑州市××农业路××楼××单元××号房屋（面积 87.64 平方米），总房款为 150 万元，原告在面签时支付房款 80 万元，余款以按揭方式支付；居间服务费 3 万元；甲方（于某某）保证房屋权属无争议，未被司法机关查封，若发生与甲方有关的权属纠纷或债务纠纷，由甲方负责解决并承担一切后果及违约责任，合同还对违约责任进行了约定。合同签订后，原告韩某于 2016 年 8 月 14 日向被告懿某公司支付中介费 3 万元，被告于某某拒不履行合同义务。后原告韩某得知该房早已被法院查封，被告于某某不能上市交易。原告认为，二被告于某某、懿某公司隐瞒房屋被法院查封的事实与原告签订合同，造成原告购买房屋的目的不能实现，房价上涨还造成原告损失，故二被告应承担违约责任。原告无奈诉至法院请求判令：（1）解除原、被告之间的《房屋买卖（居间）合同》；（2）被告懿某公司返还原告居间服务费 3 万元及利息（利息按照银行同期贷款利率自起诉之日起计算至实际返还之日）；（3）二被告支付原告违约金 15 万元；（4）诉讼费、保全费、律师费由二被告承担。

　　被告于某某辩称：（1）于某某没有故意隐瞒房屋被查封的事实，韩某对房产信息不了解，完全是由于中介懿某公司造成的。①于某某在签订合同之前已将房产被法院查封的情况告知了懿某公司的相关工作人员。在于某某、韩某和懿某公司在 2016 年 8 月 13 日签订三方居间合同之前，于某某已将房产被法院查封的事实告知

了懿某公司的相关工作人员，房产经纪公司作为沟通房产买卖双方的桥梁，其工作人员本应爱岗敬业，向其客户履行如实告知房产信息的义务。②懿某公司的工作人员，为了促成于某某与韩某之间的签约，有意对韩某隐瞒了于某某的房产被法院查封的事实。对于房产被法院查封的事实，于某某在签约之前跟懿某公司的工作人员沟通过，并让其告知韩某。然而，房产经纪公司相关工作人员却说，房产权属问题房产经纪公司这边知道了，随后会告知于某某，只是这个问题，在签约的时候不要说。（2）对于韩某因房产价值上涨造成的损失，于某某不应承担赔偿责任。在于某某与韩某签约3天后，于某某曾将房产确定不能交易的事实告诉了懿某公司的工作人员，让其尽快通知韩某，并让他们尽快退还韩某3万元的居间费用。然而，懿某公司的工作人员并没有将这一信息及时告知韩某，而是一再拖延。甚至在韩某追问房产情况时，仍然含糊其词，说房主联系不上，可能旅游去了。这导致韩某在房产价值不断上升的社会背景下，一再等待，最终等来了房产因被法院查封而不能交易的事实。懿某公司的相关工作人员没有履行如实告知义务的这一行为，严重损害了韩某的利益。

被告懿某公司辩称：（1）韩某要求懿某公司退还居间服务费3万元及利息，无事实和法律依据。懿某公司作为居间方，义务已经履行完毕，理应收取居间服务费。居间合同是居间人向委托人报告订立合同的机会或者提供订立合同的媒介服务，委托人支付报酬的合同。懿某公司作为居间方，主要义务是协调韩某与于某某的关系，以便双方达成签署合同的协议。本案中，懿某公司通过与买卖双方沟通，查验双方基本证件，带韩某去看房等行为促成双方签订了《房屋买卖合同》，该合同意思表示真实，内容不违反法律规定，是有效合同。懿某公司义务已经履行完毕，收取居间服务费符合法律规定。（2）韩某要求懿某公司赔偿违约金15万元并承担本案诉讼费、保全费、律师费的请求没有法律依据。《房屋买卖（居间）合同》第7条第1款约定：甲方须保证该房屋权属无争议，未被司法机关查封，或明知被限制过户而不如实告知的，若发生与甲方有关的权属纠纷或债务纠纷，由甲方负责解决并承担一切后果及违约责任。本案中，于某某明知房屋被查封，仍然签署该合同，违反了诚信原则，理应依据合同第7条约定承担违约责任。但是，于某某房屋是否被查封，明显超出了懿某公司的合理审查义务，懿某公司没有义务也没有能力审查于某某的房屋是否被查封以及是否存在债权债务关系。韩某并未提供证据证明懿某公司明知于某某房屋被查封仍然促成双方签署该合同。韩某亦并未有证据证明懿某公司未履行合理审查的义务。由于于某某的违约行为，导致韩某无法实现合同目的，韩某可以根据合同追究于某某的违约责任，从而弥补自己的损失。但懿某公司对于某某的违约行为无法预见，也无任何过错，因而不应承担责任。故韩某要求懿某公司承担违约责任以及本案诉讼费、保全费、律师费的请求没有法律依据。

法院经审查认定：2016年8月4日，原告韩某作为委托方，被告懿某公司作为受托方签订了《房屋委托购买协议》，主要约定：经被告懿某公司介绍，原告韩某对坐落在郑州市××农业路××楼××单元××号房屋已进行充分了解并实地看房，委托懿某公司向物业业主提出如下签约条件：原告韩某愿意以人民币150万元购买该物业。原告韩某于2016年8月4日向乙方支付了认购诚意金人民币1万元整。该协议落款处有原告韩某的签名及被告懿某公司的签章。

2016年8月13日，被告于某某作为卖方，原告韩某作为买方，被告懿某公司作为居间方，三方签订了《房屋买卖（居间）合同》，主要约定：原告韩某购买被告于某某名下位于郑州市××农业路××楼××单元××号房屋，房屋建筑面积为87.64平方米，房屋总价款为150万元。双方采用按揭方式履行本合同，本合同签订时买方须支付经纪方的居间服务费人民币3万元。签署本合同后，若本合同非经纪方原因被撤销、解除或未被实际履行，均不影响经纪方收取上述咨询服务费的权利。甲方须保证该房屋权属无争议，未被司法机关查封，或明知被限制过户而不如实告知的，若发生与甲方有关的权属纠纷或债务纠纷，由甲方负责解决并承担一切后果及违约责任。卖方如违反本合同约定或其他由于卖方的原因而无法将该房屋售予买方的，应向买方支付该房屋成交价的10%作为违约金，并且必须退回买方已缴纳的所有款项。由于一方违约，守约方为追究违约责任而产生的律师费等相关费用由违约一方承担。该合同还对其他事项进行了约定。

在合同签订前后，被告于某某将房屋被查封的事实告知了被告懿某公司，但被告懿某公司并未将这一事实告知原告韩某。

2016年8月14日，被告懿某公司收到原告韩某中介费3万元，并出具了收款专用收据。

2017年1月25日，郑州市不动产登记中心查询结果载明，该案涉房屋在2013年11月25日抵押于中国工商银行股份有限公司河南省分行营业部，2015年12月3日被郑州市金水区人民法院查封。

【案件争点】

1. 懿某公司应否返还原告居间服务费；

2. 二被告应否支付原告15万元违约金。

【裁判摘要】

法院经审理认为：

1. 韩某与于某某、懿某公司三方签订的《房屋买卖（居间）合同》系当事人真实意思表示，该合同合法有效。但因案涉房屋已经被抵押和多次查封，且被告于某某未能解决房屋上的权属纠纷，不能履行合同，更不能实现合同目的，故原告韩某诉请解除合同符合法律规定，合同予以解除。于某某明知房屋上有权属纠纷依然进行交易，违反合同约定，应当承担违约责任。被告懿某公司作为原告韩某的受托人，应当就有关订立合同的事项向委托人如实报告，懿某公司故意隐瞒房子被查封的事实促成签订买卖合同，其隐瞒真实情况的行为是造成本案诉争的根本原因，具有过错，且损害了委托人原告方韩某的利益，原告要求被告懿某公司返还居间服务费3万元及利息，法院予以支持。原告韩某主张利息按银行同期贷款利率计算，其中超过年利率6%的部分，法院不予支持。

2. 原告韩某诉请二被告于某某、懿某公司支付违约金15万元，根据过错，被告于某某明知房屋有权属纠纷仍签订合同，被告懿某公司作为专业的中介公司故意授意被告于某某隐瞒房屋被查封的事实促成签订合同，损害了委托人的利益，双方应根据过错承担对原告的赔偿责任。原告没有诉讼保全，故保全费法院不予支持。原告诉请支付律师费，并提交律师费发票原件，法院予以支持。

例案三：苏某某、中某地产代理（深圳）有限公司与宋某某房屋买卖合同及居间合同纠纷案

【法院】

广东省深圳市中级人民法院

【案号】

（2016）粤03民终766号

【当事人】

上诉人：苏某某

上诉人：中某地产代理（深圳）有限公司

被上诉人：宋某某

【基本案情】

苏某某上诉称，（1）原审判决认定的苏某某向宋某某支付违约金45万元实属过

高，本案应当以造成的经济损失为基数，予以适当减少。本案中，宋某某并未在举证期限内证明其实际遭受的损失，也未提交相关证据。退一步说，宋某某在合同签订过程中仅支付了 15 万元的定金，违约金就高达 45 万元，苏某某难以承受，显然属于过高，依法应予改判。（2）中某地产代理（深圳）有限公司（以下简称中某地产公司）应对其故意向宋某某隐瞒案涉房产真实情况的行为承担全部的损害赔偿责任。在案涉合同签订前，苏某某将房产已被查封的真实情况如实告知中某地产公司。在案涉合同签订后，苏某某又将有记载案涉房产查封状态的产权信息资料提供给中某地产公司。中某地产公司作为交易双方之居间方，应当履行其对交易双方的忠实义务，即应当将案涉房产的真实情况及时并如实告知宋某某。事实上，中某地产公司刻意对宋某某隐瞒了房屋已被查封的事实，其故意隐瞒行为严重损害了交易双方的合法权益，应当根据《合同法》第 425 条①的规定承担损害赔偿责任。综上，为维护苏某某的合法权益，请求判令：（1）撤销原审判决第二项，依法改判；（2）一、二审诉讼费用由宋某某、中某地产公司共同承担。

宋某某辩称：一审认定事实清楚，适用法律正确，请求驳回苏某某的上诉请求。

中某地产公司辩称：（1）对苏某某主张一审认定的违约金过高的事实予以认可。按照《合同法》和司法解释的有关规定，违约金过高，法院应依法予以调整。同时，宋某某在一审中没有举证证明其受到的实际损失。我方作为居间方促成买卖双方达成物业成交直至过户，我方收取的佣金仅为 5 万元，而一审判决要求我方对 45 万元的违约金承担连带责任，明显过重。（2）对苏某某主张我方存在故意隐瞒案涉房产真实情况的行为，我方不予认可。首先，在原审中，没有任何证据证明我方在提供居间服务时存在故意隐瞒或提供虚假情况的行为。其次，由于苏某某故意隐瞒房屋被查封的事实，且提供虚假的情况，才导致了宋某某的利益受损。最后，承担连带责任须有明确的法律规定或合同约定，在一审提交的所有证据材料中，没有约定我方因未尽到居间义务向守约方承担违约责任。由于苏某某的原因，导致宋某某的利益受损，应由苏某某承担全部的违约责任。

中某地产公司提出上诉请求：（1）原审判决对中某地产公司的谨慎审查义务和忠诚义务解读有误。原审判决认为："中某地产公司作为中介机构，未对应当予以核查的基本事项予以核查，存在重大过失，也应当承担相应的赔偿责任。至于中某地产公司实际上在何时知晓案涉房产的查封情况，均不排除其作为居间人对居间的标

---

① 参见《民法典》第 962 条。

的物谨慎审查的法定义务。"实际情况是：中某地产公司于 2015 年 5 月 24 日促成苏某某、宋某某签订《二手房买卖合同》时就多次督促苏某某提供案涉房屋的产权信息查询单，因房产信息属于个人隐私，中某地产公司虽作为专业的房地产经纪公司，其员工未得到苏某某的授权亦无权查询其名下的房产信息。且苏某某在签署合同时一直保证案涉房屋产权清晰、有抵押无查封，具备交易条件，提供了房产证复印件，同时向中某地产公司出具了一份声明书，承诺如房产现状与其保证的情况不符，将自行承担违约责任。综上所述可证，其一，中某地产公司主观上不存在任何过错。中某地产公司一直在积极履行作为中介方的谨慎审查义务，但因苏某某的故意隐瞒，中某地产公司在客观上无法获知案涉房屋的产权现状，导致合同最终无法继续履行；其二，中某地产公司已谨慎履行了合理审查义务和如实告知义务。当中某地产公司于 2015 年 5 月 30 日从苏某某处得知案涉房屋被查封不具备过户条件时，中某地产公司第一时间告知了宋某某，并积极沟通双方就解除合同赔偿损失达成一致，苏某某、宋某某于 2015 年 7 月 13 日已签署中某地产公司处的《解除及协议书》，最后因赔偿金额无法达成一致而起诉至法院。中某地产公司在整个交易过程中一直在积极履行谨慎审查义务和忠诚义务，但原审判决无视客观情况扩大了中某地产公司审查的范围，直接将中某地产公司谨慎审查的行为解读为谨慎审查的结果，加重了中某地产公司作为中介的审查义务，直接导致原审判决认定事实错误。（2）原审判决对证据效力的认定存在重大过错。原审判决认为："苏某某向中某地产公司出具的声明书，不对宋某某发生法律效力，中某地产公司可另寻途径处理。"该声明书系苏某某承诺："本人是通过合法途径取得该物业产权，若与实际不符，导致在过户过程中发生房地产证原件被产权登记部门扣押，产权过户失败等情形，本人自愿按照与买方宋某某签署的二手房买卖合同之约定向买方承担违约责任。请求中某地产公司代理（深圳）有限公司配合本人与买方宋某某之间的产权过户手续，由此导致任何损失与赔偿，由本人自行承担。"本案的案由为房屋买卖合同纠纷，中某地产公司虽为中介方，但作为本案的共同被告参与诉讼。为证明原审二被告苏某某、中某地产公司对于该交易无法继续进行的责任承担，中某地产公司提交了上述声明书，原审判决却认为该声明书"对宋某某不发生效力"，明显与原审法院对本案案由及中某地产公司在原审中的诉讼地位的认定逻辑不符。上述声明书系认定本案二被告苏某某、中某地产公司责任划分的重要证据，原审判决却不予采纳，原本应该在本案中一并审理的事项却直接让"苏某某、中某地产公司另寻途径处理"，势必导致司法不公，增加了中某地产公司的诉累，浪费了司法资源。故，原审判决对中某地产公司提交的声明书的效力认定错误，直接导致原审判决在认定苏某某、中某地产公司的责任划分上存在重大过错。（3）原审判决对苏某某、中某地产公司的责任划分适用法律不当。原审判决认为："中某地产公司作为中介方，未尽谨慎审查义务，应当对苏某某的上述义务承担连带责任。"关于中某地产公司尽到了合理的谨慎审查义务在第1条中已充分阐述，此处不再赘述。关于原审判决认定的中某地产公司对苏某某应支付的45万元违约金承担连带责任，系由于原审判决对于连带责任的认定适用法律不当。理由如下：①根据《民法通则》（已失效）中关于连带责任的相关规定，连带责任只能适用于法律明文规定或合同明确约定的相关情形。本案是合同纠纷，排除了《侵权责任法》（已失效）中关于连带责任的相关规定，本案中存在两类合同关系，苏某某、宋某某之间的房屋买卖合同关系和中某地产公司与苏某某、宋某某之间的居间合同关系，《二手房买卖合同》等所有与本案有关的合同文件中均未约定中某地产公司如因未尽到居间人的义务应当对违约方的过错向守约方承担连带责任。原审判决无视法律规定，将原审二被告苏某某、中某地产公司的责任承担认定为连带责任，实属对连带责任在法律适用上认定有误。②退一万步说，即使原审判决要判令中某地产公司承担损害赔偿责任，其适用的法律规定也应当为《合同法》第452条①"居间人应当就有关订立合同的事项向委托人如实报告。居间人故意隐瞒与订立合同有关的重要事实或者提供虚假情况，损害委托人利益的，不得要求支付报酬并应当承担损害赔偿责任"。且前提是"故意隐瞒与订立合同有关的重要事实或者提供虚假情况，损害委托人利益的"。但原审判决亦无法基于上述规定认定中某地产公司应承担损害赔偿责任。首先，原审中无任何一方有证据证明中某地产公司在提供居间服务的过程中存在故意隐瞒或提供虚假情况的行为；其次，相反，原审原告的利益被损害是由于苏某某故意隐瞒或提供虚假情况的行为所致。故，原审判决将居间合同中中介的损害赔偿责任与买卖合同中违约方的违约责任混为一谈，直接导致原审判决对连带责任的认定存在重大过错。

宋某某辩称：我方的答辩意见与对苏某某的答辩意见一致。

苏某某辩称：（1）针对中某地产公司第1点上诉理由，我方认为没有事实和法律依据。房屋买卖涉及的标的额巨大，存在较大交易风险，当事人找到中某地产公司提供居间服务，是因为中某地产公司作为中介公司拥有大量获取房屋信息的渠道，这种信息资源是普通买房者不可能获取的。正是基于中介公司的这种行业的特殊性，

---

① 参见《民法典》第962条。

中介公司的谨慎审查义务应包括两个方面：一是对于我方提供的资料应如实地告知宋某某，不得隐瞒或提供虚假资料；二是应对我方提供的各种资料作出必要的专业审查，以确保其提供的信息的真实性。本案中，我方并没有隐瞒案涉房产被查封的真实情况，我方在与宋某某签订案涉房屋买卖合同前，已经如实告知了中某地产公司该房产已被查封的事实，并要求中某地产公司将上述事实告知宋某某。此外，我方在与宋某某签订案涉房屋买卖合同后第二天，应中某地产公司的要求，提供案涉房产的房产证复印件。我方于当日直接向深圳市房地产权中心查询案涉房产的产权信息和查封信息，上述信息均显示案涉房产处于查封状态。无论从我方与中某地产公司关于案涉房产的房产证提供问题的交谈，还是从我方向中某地产公司提供查询结果的行为，均可显示我方从一开始就将案涉房产已被查封的真实情况直接展现给中某地产公司和宋某某，但是中某地产公司却一再要求我方提供房产证复印件，原因是房产证复印件中并不会记载查封状态。很明显，中某地产公司在本案中并未对合同的真实性加以必要、谨慎的审查核实，且故意向宋某某隐瞒该案涉房产已被查封的事实，该行为已经严重损害交易双方的利益。（2）原审判决对证据效力认定清楚，中某地产公司称原审判决对证据效力认定存在重大过错，没有任何依据。我方认为，中某地产公司在收取高额的居间费用的同时，就应当为交易双方负责，履行其谨慎审核之法律义务，并不能单凭本案所涉的声明而置身事外，成为其逃避法律责任的保护伞。所谓的声明书仅仅是我方针对中某地产公司单方提出的，且是对案涉房产产权取得方式是否合法作出的声明，原审法院对此的认定并没有错。（3）中某地产公司诉称原审判决对赔偿责任划分适用法律不当。我方认为中某地产公司存在重大过错，应承担全部的损害赔偿责任。我方已明确告知中某地产公司案涉房产被查封的事实，并要求中某地产公司如实告知宋某某。中某地产公司也完全可要求我方提供案涉房产的完整登记信息，或要求我方出具完整的授权，或亲自到相关部门对案涉房产产权进行查询，然而中某地产公司从未对本案房产产权是否合法清晰、有无被抵押、查封等情况进行确认。反而在故意隐瞒与订立合同有关的事项情况下，介绍给宋某某购买，导致宋某某遭受经济损失，故中某地产公司对宋某某遭受的经济损失负有不可推卸的责任，应对宋某某承担全部赔偿责任。综上，恳请二审法院依法驳回中某地产公司的上诉请求，维护我方的合法权益。

法院经审理认定：2015年5月24日，宋某某作为买方，苏某某作为卖方，双方签订《二手房买卖合同》，约定宋某某向苏某某购买位于深圳市龙岗区××路××城×栋×座×号房产，建筑面积以及房产证号均以房产证为准，合同约定的转让价款为 4438000 元。合同第 6 条第 2 款约定：本条款中该物业产权现状依卖方陈述确定，卖方对其真实性负责并保证没有查封情况，如与实际情况不符，则卖方应当按照本合同第 11 条承担违约责任。合同第 11 条约定：如卖方未按照合同约定的履行期限履行义务，买方有权要求卖方以转让成交价为基数按日万分之五支付违约金并继续履行合同，如卖方逾期履行义务超过 10 日或有其他根本违约的行为，买方可以选择解除合同并要求卖方支付转让成交价 20% 的违约金承担违约责任或者双倍返还买方已支付的定金。中某地产公司为双方签订的买卖合同提供居间服务。同日，宋某某与苏某某、中某地产公司签订《资金托管协议》，协议买卖双方将定金 15 万元托管于中某地产公司处。合同签订后，宋某某向苏某某支付了 15 万元定金，该款项托管于中某地产公司处。

2015 年 5 月 24 日，苏某某向中某地产公司出具一份声明书，声明案涉房产系通过合法途径取得，若与实际不符，导致在过户过程中发生房产证原件被产权登记部门扣押，产权过户失败等情况，其自愿承担任何损失和赔偿。

2014 年 12 月 18 日，案涉房产被深圳市罗湖区人民法院以（2014）深罗法执二字第 168 号案件继续查封，查封期限为 1 年。在买卖双方签订二手房买卖合同后，该查封措施并未解除，案涉房产无法办理赎楼等相关手续，合同无法继续履行。

【案件争点】

1. 苏某某应否返还宋某某定金 15 万元并支付宋某某违约金 887600 元；

2. 中某地产公司应否对上述违约金向宋某某承担连带责任。

【裁判摘要】

法院经审理认为：

1. 宋某某基于其与苏某某之间的房屋买卖合同关系及其与中某地产公司之间的居间合同关系要求苏某某、中某地产公司承担赔偿责任，本案应为房屋买卖合同及居间合同纠纷案件。宋某某与苏某某签订的案涉《二手房买卖合同》系当事双方的真实意思表示，内容不违反法律、行政法规的效力性禁止性规定，原审法院认定其有效，适用法律正确。因案涉房产被查封，合同无法继续履行，原审法院判决解除合同并酌定苏某某向宋某某支付违约金 45 万元，适用法律正确，处理结果亦无不当，法院予以维持。

2. 中某地产公司作为居间方，在本案所涉房屋交易过程中提供中介服务并收取报酬，其应当就有关订立合同的事项向交易双方如实报告。查封信息属于房产的基本信息，会直接影响当事人的交易决策，中某地产公司作为居间方应当在合同签订前进行核实并尽快如实报告。中某地产公司未尽到谨慎审查的法定义务，使宋某某基于虚假情况签订了案涉《二手房买卖合同》并发生损失，中某地产公司不得要求支付报酬并应当承担损害赔偿责任。原审法院结合案涉《二手房买卖合同》的履行情况、预期利益等综合因素，根据公平原则和诚信原则酌定苏某某支付45万元违约金，该违约金是对宋某某因合同所发生损失的补偿。如苏某某未能足额支付前述款项，则对于该部分未得到赔偿的损失，中某地产公司应就其与宋某某之间的居间合同单独承担赔偿责任。由于具体金额尚需苏某某先行赔偿后确定，为了减少当事人诉累，法院确定中某地产公司就前述45万元违约金承担补充清偿责任。

三、裁判规则提要

总结上述案例可知，法院在审理涉及房产查封的房屋买卖合同纠纷或居间合同纠纷时，需注意以下几点：

1.房产查封信息是影响合同订立、履行的重要事实。在合同订立方面，房屋查封与否会影响购房人对此房屋的交易意愿以及交易条件；在合同履行方面，房屋查封与否决定了购房人能否实际使用房屋。房屋出卖人基于诚信原则应当对此主动向房地产中介机构和购房人履行告知义务。

2.房屋出卖人隐瞒查封信息同购房人签署房屋买卖合同，致使合同不能履行，房屋出卖人构成违约。如双方约定了违约金，购房人请求房屋出卖人根据违约情况支付违约金的，法院应予支持。

3.房地产中介机构未尽到法定的审查告知义务，致使购房人未能提前获知交易房产的查封情况，导致合同不能履行的，应承担侵权责任。侵权构成要件包括：（1）房地产中介机构未能履行必要的审查核实和提前告知义务，存在过错；（2）房地产中介机构未能向房屋出卖人确认权属状况，未能进行审慎调查，向购房人传达了错误的信息，实施了侵权行为；（3）购房人在房地产中介机构的撮合下，同房屋出卖人签署买卖合同并支付价款，但因房屋查封，导致其不能实现合同目的，存在因侵权行为造成的损失；（4）购房人签署合同是基于房地产中介机构提供的居间服务，其选择缔约对象和房源很大程度上依赖于对房地产中介机构专业性的信任，房地产中介机构对于房源权属的疏于调查同购房人不能实现合同目的存在明显因果关系。在满足上述构成要件时，购房人请求房地产中介机构承担侵权损害赔偿责任的，法院应予支持。

四、辅助信息

《民法典》

第七条 民事主体从事民事活动，应当遵循诚信原则，秉持诚实，恪守承诺。

第一百四十八条 一方以欺诈手段，使对方在违背真实意思的情况下实施的民事法律行为，受欺诈方有权请求人民法院或者仲裁机构予以撤销。

第二百三十八条 侵害物权，造成权利人损害的，权利人可以依法请求损害赔偿，也可以依法请求承担其他民事责任。

第五百八十五条 当事人可以约定一方违约时应当根据违约情况向对方支付一定数额的违约金，也可以约定因违约产生的损失赔偿额的计算方法。

约定的违约金低于造成的损失的，人民法院或者仲裁机构可以根据当事人的请求予以增加；约定的违约金过高于造成的损失的，人民法院或者仲裁机构可以根据当事人的请求予以适当减少。

当事人就迟延履行约定违约金的，违约方支付违约金后，还应当履行债务。

第九百六十二条 中介人应当就有关订立合同的事项向委托人如实报告。

中介人故意隐瞒与订立合同有关的重要事实或者提供虚假情况，损害委托人利益的，不得请求支付报酬并应当承担赔偿责任。

房地产中介纠纷案件裁判规则第 15 条：

房屋抵押情况是影响合同订立、履行的重要事实，房地产中介机构应当对此履行必要、审慎的审查核实及如实告知义务

【规则描述】　　对于房屋这一特殊商品，影响其价值的最为核心的两个因素即质量和权利所属，以及是否存在负担。房屋抵押信息属于房屋权属信息之一，是房地产交易的基本信息，会直接影响购房人的交易意愿、交易条件，同时会对房屋买卖合同履行产生直接影响。房地产中介机构作为提供专业服务的居间人，因此，应当依据法律和合同约定对此履行必要、审慎的审查核实及如实告知义务。

一、类案检索大数据报告

案例来源：Alpha 案例库，案件数量：6348 件，数据采集时间：2023 年 10 月 31 日，本次检索共获取涉房屋抵押的房地产中介纠纷案件裁判文书 6348 篇。

如图 15-1 所示，从案件主要地域分布来看，此类案件主要集中在广东省、北京市、江苏省，分别占比为 17.80%、12.18%、9.37%，其中广东省的案件数量最多，达到 1130 件。

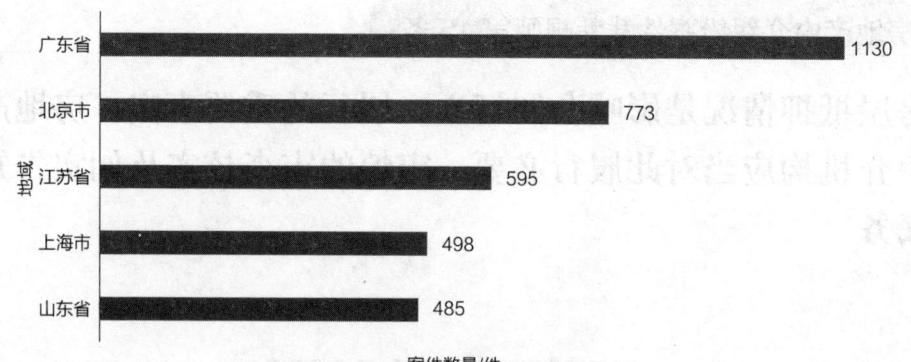

案件数量/件
(注：图表只列举案件数量排名前5的地区)

图 15-1　案件主要地域分布情况

如图 15-2 所示，可以看到此类案件的审理程序分布状况。一审案件有 3345 件，二审案件有 2724 件，再审案件有 192 件，执行案件有 87 件。

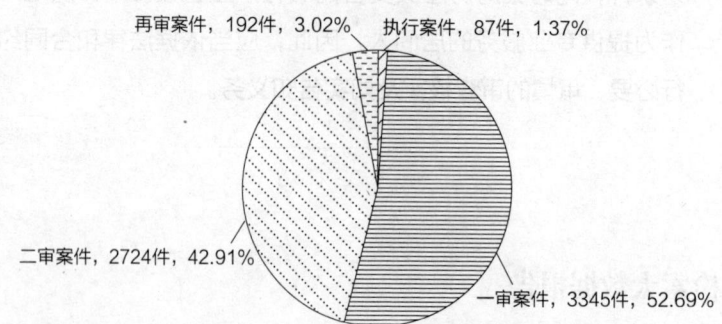

图 15-2　案件的诉讼程序分布情况

如图 15-3 所示，通过对二审裁判结果的可视化分析可以看到，维持原判的有 2007 件，占比 73.67%；改判的有 673 件，占比 24.71%；发回重审的有 1 件，占比 0.04%；其他的有 43 件，占比 1.58%。

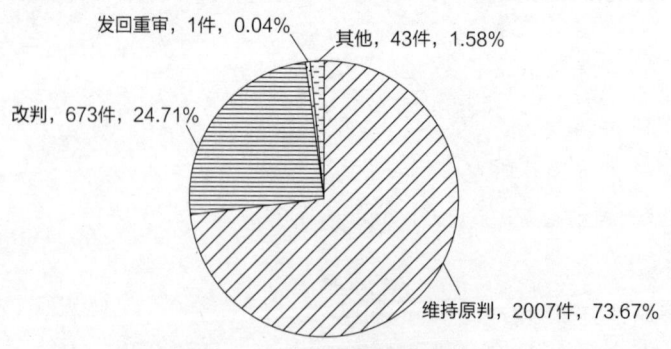

图 15-3　二审裁判结果情况

二、可供参考的例案

例案一：潍坊恒某房产营销中心与李某某居间合同纠纷案

【法院】

山东省潍坊市中级人民法院

【案号】

（2014）潍商终字第 113 号

【当事人】

上诉人：潍坊恒某房产营销中心

被上诉人：李某某

【基本案情】

潍坊恒某房产营销中心（以下简称恒某房产中心）上诉称：（1）原审认定损失错误，上诉人已向买卖双方如实告知，并履行了中介服务义务。（2）原审法院未追加王某某、高某某参加诉讼是错误的，应追加王某某、高某某参加诉讼。请求二审法院撤销原审判决，依法改判上诉人不承担赔偿责任、不返还中介费。

被上诉人李某某辩称：原审判决正确，应予维持原判。

法院经审理查明：2011 年 6 月 27 日，高某某以王某某的名义与李某某、恒某房产中心三方签订《房屋中介买卖合同》，约定将户名为王某某的 ×× 小区 ×× 室私有房产出售给李某某，房屋建筑面积为 133.22 平方米，房产证号为潍坊房权证高新字第 ×× 号，房屋成交价格为 808000 元，房屋现有附属设施包括水、电、暖气、有线、煤气、地下室、空调 1 台、整体厨房及固定装修等均已包含在房款之内，卖方不再另行收费。对于房款的支付，双方约定：李某某于 2011 年 6 月 27 日支付首付款 50 万元（包含定金 3 万元），于 2011 年 11 月 30 日前支付剩余房款 308000 元，结清房款当日，买卖双方第一时间到房管部门办理过户手续或房产公证手续。该合同还约定，卖方保证上述房屋产权清晰，能够办理交易过户手续，如发生与卖方有关的产权纠纷，概由卖方自行承担；如因卖方产权纠纷给买方造成经济损失，卖方负责赔偿；中介佣金按上述房屋成交价格的 2% 由双方各承担 1%，在签订合同当日一次性支付给恒某房产中心。该合同下方卖方处写有"王某某，高某某代"，买方处有李某某签字，恒某房产中心在中介方加盖了公章。

2011 年 6 月 27 日，李某某向恒某房产中心交纳中介费 8000 元，恒某房产中心为李某某出具收据。同日，李某某付购房款 50 万元，高某某出具收条，收款人处写明"王某某，高某某代收"。

2011 年 9 月 28 日，由恒某房产中心工作人员执笔，李某某和高某某签订《买卖补充协议》，约定：空房时间定于 2012 年 3 月 30 日，李某某于 2011 年 9 月 28 日支付房款 20 万元，剩余房款 108000 元，其中的 8000 元作为延期交房的租金，李某某于 2012 年 3 月 30 日前交房过户时付清剩余房款 10 万元。

2011 年 9 月 28 日，李某某付购房款 20 万元，高某某出具收条，收款人处载明高某某。

2012 年 3 月 6 日，李某某付购房款 10 万元，高某某为其出具了收条。

另查明：案涉房屋的所有权人为王某某。2011 年 4 月 13 日，王某某将该房屋抵押给案外人李某玲，权利价值为 70 万元，王某某与案外人李某玲办理了潍坊他证高新字第 00058×××号他项权证，该他项权证载明贷款金额为 60 万元。对于恒某房产中心所称的已向买房人李某某告知并说明所涉房屋有抵押的事实，恒某房产中心未提供证据予以证明。

因案涉房屋系王某某抵押借贷纠纷一案的抵押物，潍坊市潍城区人民法院于 2012 年 4 月 20 日予以查封。2013 年 3 月 25 日，潍坊市潍城区人民法院裁定抵顶给借款人李某某并已办理过户。

再查明：恒某房产中心在房屋中介过程中也未让房主王某某与李某某见过面，恒某房产中心所称王某某与高某某系夫妻关系未提供证据证明，也未提供证据证明高某某卖房时持有房主王某某的授权委托，且恒某房产中心称李某某见过房产证原件并知晓房产抵押的事实，亦不能提供证据证实。

恒某房产中心于 2013 年 10 月 21 日向法院申请追加王某某与高某某为本案的被告参加诉讼。另恒某房产中心向法院申请调取李某某到潍坊市高新公安局经侦大队关于王某某与高某某刑事案件案卷材料，法院工作人员依被告申请到潍坊市高新公安局经侦大队调取关于王某某与高某某刑事案件案卷材料时，潍坊市高新公安局经侦大队工作人员告知关于王某某与高某某一案刑事未立案，没有形成档案材料。

最后查明：恒某房产中心为李某某出具收到 8000 元收据并载明所收的为"中介代理费"。

【案件争点】

1. 恒某房产中心作为居间人是否向李某某履行了如实告知义务；

2. 恒某房产中心要求追加王某某、高某某参加诉讼是否符合法律规定。

【裁判摘要】

法院经审理认为：

1. 居间合同是指居间人向委托人报告订立合同的机会或者提供订立合同的媒介服务，委托人支付报酬的合同。本案中，上诉人恒某房产中心既为委托人李某某报告订约机会，也为委托人李某某订立合同充当媒介，进行介绍、撮合，委托人李某某为此向居间人恒某房产中心支付报酬，故案涉居间合同合法有效。由于上诉人恒某房产中心作为专业的房地产中介公司，应当知道其交易房屋的具体状况，但上诉人恒某房产中心在案涉房屋买卖的中介过程中，未让房主王某某与买主李某某见面商谈，也未审查出卖案涉房屋的高某某是否持有房主王某某的授权委托手续，且不能证明就案涉房屋存在抵押之事实已告知被上诉人李某某，因此，上诉人恒某房产中心在居间过程中存在严重违约情形，其行为损害了委托人李某某的利益，依据《合同法》第 425 条^①的规定，居间人应当就有关订立合同的事项向委托人如实报告。居间人故意隐瞒与订立合同有关的重要事实或提供虚假情况，损害委托人利益的，不得要求支付报酬并应承担损害赔偿责任。基于此，在上诉人恒某房产中心提供交易信息存在瑕疵的情况下，被上诉人李某某要求上诉人恒某房产中心承担损害赔偿责任并返还中介费的诉讼请求，具有法律依据，应予支持。

2. 本案中，是否追加原房主王某某、实际卖房人高某某为被告参加诉讼，是诉讼原告李某某的权利，因本案审理的系居间合同纠纷，王某某、高某某不是本案审理的居间合同当事人，上诉人恒某房产中心要求追加原房主王某某、实际卖房人高某某作为被告，无依据，法院不予支持。另外，上诉人恒某房产中心在承担本案的赔偿责任后，可就其与高某某的居间合同，另行处理。综上，上诉人恒某房产中心的上诉主张缺乏事实和法律依据，法院不予支持。原审判决结果正确，应予维持。

例案二：解某某与北京某房产经纪有限公司合同纠纷案

【法院】

北京市朝阳区人民法院

【案号】

（2021）京 0105 民初 34399 号

---

① 参见《民法典》第 962 条。

【当事人】

原告：解某某

被告：北京某房产经纪有限公司

【基本案情】

被告北京某房产经纪有限公司（以下简称某公司）系有限责任公司，注册资金2000万元，经营范围为：从事房地产经纪业务；从事互联网文化活动；广播电视节目制作。

2017年7月25日，原告解某某与张某某委托代理人张某庆签订《北京市存量房屋买卖合同（经纪成交版）》，约定原告向张某某购买案涉房屋，房款总价710万元。合同第2条房屋权属情况中关于抵押情况为：该房屋已设定抵押，抵押权人为西安创新某某公司，抵押登记日期为2016年11月9日。合同附件二为房屋买卖事宜的具体约定，包括定金为140万元，买受人于签约当日支付50万元，2017年10月10日支付90万元，以及相关抵押情况。抵押权人为西安创新某某公司，抵押数额为人民币500万元。出卖人承诺：除上述抵押外，该房屋不存在其他抵押及担保。与该房屋有关的借款由出卖人自行清偿，出卖人应于2017年10月16日前向抵押权人申请提前清偿借款，按抵押权人确定的日期将借款支付至抵押权人指定账户，并在取得结清证明后10个工作日内申请办理抵押登记注销手续。物业费用保证金20万元，于物业费用结清当日支付。室内设施保证金20万元，于房屋及家具家电等附属设施交接完毕当日支付。户籍迁出保证金20万元，于房屋内原有户籍迁出后当日支付出卖人。剩余购房款买受人于2017年11月15日前以存量房自有交易资金监管账户资金监管方式支付255万元，以银行资金监管方式支付255万元。若无特别约定，全部监管款项于所有权转移登记手续办理完毕后划转至出卖人，具体内容以买卖双方与资金监管机构签订的监管协议为准。出卖人根本违约的情形包括：逾期履约超过15个工作日；配偶或其他共有权人不同意出售房屋；以提高房屋成交总价等为由拒绝出售房屋；将房屋出售给第三人；房屋被查封或设置其他权属转移登记限制，导致无法办理交易手续；提供的资料或信息不真实、不合法、不完整，导致无法办理交易手续；其他因出卖人原因导致合同不能继续履行。具备上述情形之一的，出卖人构成根本违约，买受人有权单方解除《买卖合同》。出卖人应于买受人解除合同之日起15日内按房屋成交总价的20%向买受人支付违约金。违约金不足以弥补买受人损失（含房屋差价、维权成本等）的，出卖人还应赔偿买受人损失。

同日，原告与张某某还签订《购房资格协议》，约定因原告暂不具备购房资格，其或其家庭成员取得北京市工作居住证或北京市户籍，即具备购房资格。张某某知晓原告暂不具备购房资格，并同意原告于 2017 年 10 月 9 日前满足上述条件，具备购房资格。若原告未能于上述约定时间内具备购房资格，则张某某同意将房屋所有权转移登记至原告指定人员名下。原告应于本协议第 2 条约定期限届满后 5 日内指定新产权人，并确保新产权人具备购房资格。

当日，原告与张某某还签订《网签授权委托书》，委托某公司协助双方办理网签备案登记；双方与某公司就本次交易签署《居间服务合同》，原告、张某某与福建金诚丰某某北京分公司签署《房屋交易保障服务合同》。张某某作为出卖人与原告作为买受人以及被告作为居间方签订的《居间服务合同》中约定，居间服务范围为：（1）提供房屋买卖市场行情咨询；（2）寻找、提供并发布房源、客源信息；（3）引领买受人看房；（4）协助出卖人、买受人协商、洽谈，确定成交意向；（5）协助出卖人、买受人签署房屋买卖合同。买受人向居间方支付居间服务费人民币 15 万元……居间方应遵守相关法律规定，尽职提供居间服务；若买卖双方需变更或补充约定，居间方协助买卖双方草拟补充协议；居间方协助买卖双方处理交易过程中产生的争议；居间方为买卖双方提供与本次交易相关的流程办理及法律政策咨询；居间方有权为买卖双方办理网签备案登记手续，买卖双方应配合提供相应材料并签署相应文件……居间方因工作疏漏，遗失买卖双方相关文件及资料原件的，居间方承担补办手续费并给予相应的经济补偿。买卖双方任一方拖延或拒绝配合办理补办手续，造成另一方损失的，由拖延或拒绝配合一方承担赔偿责任。

2017 年 7 月 25 日至 26 日，原告解某某通过银行转账向张某某支付定金 50 万元。

2017 年 11 月 3 日，原告解某某与张某某签署《补充协议》，约定应原告要求，张某某同意将案涉房屋的权属过户至买受人指定人员名下，同意以买受人指定人员作为购买人办理网上签约备案，买受人保证已经征得其指定人员的同意并且买受人仍应按本合同及相关协议履行义务。若需撤销网上签约备案，则买受人负责与其指定人员联系办理撤销事宜，若造成出卖人或其指定人员的损失，由买受人承担。买受人指定人员名称为温某某。某公司为温某某进行了购房资格核验，核验结果为初步核验通过。

另查，张某某与张某庆原为夫妻关系。案涉房屋登记在张某某名下。现案涉房屋共设定两个抵押，第一抵押权人为西安创新某某公司，义务人为张某庆，抵押登记时间为 2016 年 10 月 25 日，担保债权为 5032442.06 元及相应利息、费用，西安创新某某公司已于 2017 年 12 月 20 日就该债权向北京市朝阳区人民法院申请强制执行。第二抵押权人为王某某，义务人为张某某，抵押登记时间为 2017 年 3 月 30 日，担保债权为人民币 120 万元，该债权已经过公证，并有公证执行证书。

2018 年 3 月 26 日，签署了《声明》1 份，该《声明》的主要内容为：本人（我司）解某某（证件号码：XXXX）通过某公司的居间服务购买（或出售）坐落于北京市朝阳区某某房屋。本人与居间方签署了《居间服务合同》，合同约定本人应向居间方支付居间服务费人民币 15 万元整，现因出卖人无法偿还房屋二抵导致交易无法进行原因，居间方同意对以上费用作出如下处理：自实际收取的居间服务费中支付人民币 15 万元整给本人（我司）作为折让……签署本声明（居间方／金诚丰支付上述款项）后，本人（我司）与居间方、服务方及买卖交易相对方再无其他任何争议。2018 年 3 月 27 日，被告通过某银行向原告给付了 15 万元，付款回单摘要内容为客户退款—退佣。

在原告所提交的《某房产七星服务保障协议》中显示：乙方（即被告）于签署买卖合同或定金协议前核实并告知甲方交易房屋是否存在查封。如因乙方未尽核实或告知义务导致存在查封的房屋被签约且已支付的房款无法追回的，乙方将先行垫付甲方支付的房款，再向出卖人追偿；相关定义，查封：交易房屋被国家机关查封、限制转让；损失：甲方已支付给出卖人且出卖人无法返还的房款；适用条件：（1）出卖人已取得房屋所有权证。无房屋所有权证无法核验或确权，不在保障范围内。（2）签署买卖合同前房屋已存在查封且乙方未如实告知甲方。签约后房屋被查封或甲方明知存在查封仍签约或支付房款的，不在保障范围内。（3）出卖人拒不返还房款及相关损失。如买卖双方达成一致由出卖人自行解除查封后继续交易的，不在保障范围内。（4）甲方应配合签署和解等相关协议，并协助乙方对垫付款项进行追偿，因追偿产生的费用由乙方先行承担，并自追偿的收益中扣除。特别说明：若未办房屋核验手续，则甲方自行交接的定金最高不超过 50 万元，超过 50 万元的部分于房屋核验或确权完毕、确认房屋不存在查封等影响上市交易的情形后支付……通过乙方居间的存量房屋买卖交易如最终未能成功办理过户手续，乙方将退还全部已收取的居间服务费。

2017 年 11 月 30 日，原告解某某将张某某作为被告、本案被告某公司作为第三人诉至法院，要求：（1）解除原告与张某某于 2017 年 7 月 25 日签订的《北京市存量房屋买卖合同》及相关附件、《网签授权委托书》《居间服务合同》；（2）张某某返还定金 50 万元；（3）张某某按照定金罚则赔偿 50 万元。2018 年 10 月 31 日，法院作

出（2017）京 0105 民初某某号民事判决，判决："一、解某某与张某某 2017 年 7 月
25 日签署的《北京市存量房屋买卖合同（经纪成交版）》及相关附件、《网签授权委
托书》于 2017 年 12 月 27 日解除；二、张某某于判决生效后 7 日内双倍返还解某某
定金 100 万元；三、驳回解某某的其他诉讼请求。"张某某对该判决不服，上诉至北
京市第三中级人民法院。2019 年 2 月 25 日，北京市第三中级人民法院作出（2019）
京 03 民终某某号民事判决，判决：驳回上诉，维持原判。此后，张某某向北京市高
级人民法院提出申诉。2019 年 8 月 30 日，北京市高级人民法院作出（2019）京民申
某某号民事裁定，裁定：驳回张某某的再审申请。

在（2017）京 0105 民初某某号案件中，原告解某某主张，张某某在签约时隐瞒
案涉房屋有二抵的事实，未提供真实房产权证，且未能按照合同约定的时间办理
抵押注销手续，已经构成根本违约，故主张解除合同，张某某双倍返还定金。张某
某表示并非有意隐瞒，签约时因房产证不在手中，故出示二抵之前的房产证照片，
且曾要求某公司进行房源核验，但某公司并未问及是否有二抵。张某某还主张合同
履行过程中曾要求原告一次性支付 500 万元，但某公司称按规定首付款只能是 200 万
元，还包括三项保证金 60 万元，故原告与某公司承诺将 300 万元房款以借款方式先
行支付，但之后又反悔不愿提供借款，且未按时支付定金，才导致合同难以继续履
行。张某某提供签约当日某公司工作人员手写并有三方签字的交易流程图一份，显
示交易流程为签约—预约还款—作担保借 300 万—还款—房屋核验—申请资格—网
签—交税—过户。原告否认该流程图的真实性，并表示从未与张某某达成借款合意，
未按时支付第二笔定金是因为在 2017 年 8 月得知案涉房屋尚有二抵且金额巨大，对
张某某的清偿能力产生怀疑，故行使不安抗辩权。某公司称制作流程图时张某某并
未告知案涉房屋有二抵，刚开始确实曾谈过原告解某某向张某某提供 300 万元借款，
但需要提供抵押物，张某某无法提供，后来又说向担保公司借款，但张某某不配合
担保公司，故担保公司未能放款。

2020 年 9 月 7 日，法院作出了（2019）京 0105 执某某号执行裁定，裁定：终结
本次执行程序。在（2019）京 0105 执某某号执行裁定书中载明："执行中，法院依法
向被执行人发出执行通知书、报告财产令，并依法传唤了被执行人。经在全国网络
查控系统和北京市高级人民法院网络财产查询系统中查询，未发现被执行人有足额
可供执行的财产。法院已对被执行人采取限制消费措施。申请执行人也无法提供被
执行人可供执行的财产线索。法院已实现债权金额为 0 元，法院已将案件执行情况、
采取的财产调查措施以及被执行人的财产情况等信息告知申请执行人。申请执行人

同意终结本次执行程序。"

庭审中，原告称因被告未尽到核实抵押情况的合同义务，故依据《合同法》第107条［对应《民法典》第577条。］规定，要求被告承担代偿责任。在居间合同中约定了被告的义务，但是没有赔偿标准。被告不同意原告的主张并称原告所主张的损失应当由张某某承担的法律责任。

法院认为，依法成立的合同，受法律保护，对当事人具有法律约束力。本案中，原告解某某与被告某公司签订的《居间服务合同》系双方真实意思表示，且不违反法律行政法规的强制性规定，该合同依法成立并生效，双方均应依法依约全面履行各自的合同义务。在原、被告居间合同的履行过程中，在被告的居间下，原告与张某某签订了《北京市存量房屋买卖合同》，后该《北京市存量房屋买卖合同》解除，因张某某违约，人民法院判决张某某双倍返还原告定金100万元。原告向法院申请强制执行后，因未发现张某某有足额可供执行的财产，原告已实现的债权金额为0，法院依照相关规定作出终结本次执行程序的裁定。

【案件争点】

1. 本案是否符合《某房产七星服务保障协议》中载明的："乙方（即被告）于签署买卖合同或定金协议前核实并告知甲方交易房屋是否存在查封。如因乙方未尽核实或告知义务导致存在查封的房屋被签约且已支付的房款无法追回的，乙方将先行垫付甲方支付的房款，再向出卖人追偿"的内容（以下简称"签前查封，损失垫付"）。

2. 原告与被告于2018年3月26日签署的《声明》的性质以及被告向原告退还的15万元的性质，是否可以免除被告的责任。

3. 被告所提供的居间服务是否全面、恰当。

4. 关于被告应当赔偿原告损失的金额。

【裁判摘要】

1. 在《某房产七星服务保障协议》中明确了"查封"的定义，即交易房屋被国家机关查封、限制转让；本案中，坐落于北京市朝阳区某某房屋虽然在原告解某某与张某某签署《北京市存量房屋买卖合同》时存在两项抵押，但并不存在被国家机关查封、限制转让的情形，因此，本案不符合"签前查封，损失垫付"的情形，因此，原告解某某依据该内容要求被告某公司先行给付垫付的损失的请求依据不足。

2. 首先，原告对《声明》中的本人签字的真实性予以认可，故法院对该《声明》的真实性予以确认。其次，虽然在《声明》中载明"本人（我司）与居间方、服务方及买卖交易相对方再无其他任何争议"的内容，但在签订该协议时原告解某某不能向张某某追回定金的情形尚未发生，且原告尚无法确定其损失的存在，亦不能对无法追回损失的情况予以确定。另，根据该《声明》内容显示，该《声明》处理的仅仅为原告解某某向被告某公司所交纳的居间费用，而并不包括其他费用，据此，该《声明》的性质应为原、被告就居间费的处理之约定。此外，在签署《声明》后被告向原告给付15万元，该付款回单的摘要内容为客户退款—退佣，且根据《某房产七星服务保障协议》中载明的"交易未果，佣金退还"的内容，故该费用应被认定为被告向原告退还的佣金，而不应被认定为赔偿款。

3. 我国法律明确规定居间合同中居间人的法定义务是如实报告义务。在房地产居间过程中，如实报告的前提必须是居间人对与订立合同有关事项的彻底了解和知悉，这也是居间人有效促成交易的保证。此外，《合同法》亦对当事人应当履行的通知、协助、保密等附随义务予以明确规定。因此，居间人除具有如实报告义务外，还应当根据合同的性质、目的、交易习惯、公序良俗等，负有勤勉尽责、忠实、专业等义务，审慎地核实涉诉房屋的产权资料等与交易有关的情况，这自然包括了对委托人提供的各种资料作必要的专业审查，以确保其提供信息的真实性的应有之义。本案中，被告某公司作为专业从事房地产中介的机构，应当本着对客户负责，对企业商誉负责的态度，审慎地核实涉诉房屋的产权资料等与交易有关的情况，法院认为，这应该也是被告作出"签前查封，损失垫付"服务承诺的初衷。虽然在合同中并未明确约定被告应当在促成房屋买卖合同签订前完成对涉诉房屋的抵押情况的查询和审核，且涉诉房屋存在抵押的情况并不会必然导致房屋买卖合同的不能履行，但被告在促成房屋买卖交易前未能就涉诉房屋的抵押情况进行查询与核实，被告在一定程度上存在未能全面、恰当地履行居间服务义务的情形，在客观上增加了原告的交易风险，被告应对原告的损失承担相应的责任。

4. 法院认为，被告某公司作为在北京市专门从事房地产经纪的公司，应当遵守法律规定，尽职为客户提供居间服务，其应熟知北京市住房限购政策，在居间服务中为购房人提供正确合法的政策咨询，并对涉诉房屋是否存在查封、抵押等情况进行事先的初步审查与判断，以确保交易各方的交易安全，此亦为被告在居间服务合同关系中应尽之合同义务。然，被告并未在促成原告解某某与张某某签订《北京市存量房屋买卖合同》前对涉诉房屋的抵押情况进行形式审查，即未能让张某某提供房屋产权证的原件或到房屋权属登记机关查明涉诉房屋的信息，进而导致原告在涉诉房屋存在两次抵押的情况下与张某某签订合同，从而增加了原告的交易风险，被告应当对原告的损失承担一定程度的责任。此外，原告作为完全行为能力人，其亦有对涉诉房屋的情况加以了解和核实的义务，且被告未审核抵押情况的行为亦非导致原告与张某某合同不能履行的直接原因，对于原告的损失亦无直接过错。据此，本案将根据查明的事实与在案证据情况，在综合考虑《北京市存量房屋买卖合同》以及《居间服务合同》实际履行的情况和责任参与度的情况下，酌情确定被告赔偿原告10万元。

例案三：万某、广州市某房地产经纪有限公司等中介合同纠纷案

【法院】

广东省广州市花都区人民法院

【案号】

（2021）粤 0114 民初 13690 号

【当事人】

原告：万某

被告：广州市某房地产经纪有限公司

被告：某房产经纪有限公司

被告：天津某某房地产经纪服务有限公司

【基本案情】

原告万某在某房产经纪有限公司（以下简称某房产经纪）所属的某房产经纪网上看到合适的房源，便通过网上的电话联系中介人员黄某旭。黄某旭介绍其公司属于天津某某房地产经纪服务有限公司（以下简称天津某某房产经纪公司）的"某某"品牌连锁店，经过专业培训，管理非常规范，房源真实，服务非常专业。万某认为天津某某房产经纪公司和某房产经纪网是大品牌，为了安全交易，尽管居间服务费比其他中介高，还是选择了广州市某房地产经纪有限公司（以下简称广州市某公司）、某房产经纪、天津某某房产经纪公司共同提供的居间服务。2020 年 3 月 27 日，万某与侯某某、广州市某公司在广州市某公司的门店签订了三方协议《存量房买卖合同》。合同约定：万某购买侯某某位于广州市花都区 xx 花园 x 街 x 号 xx 房，建筑面积 87.75 平方米，按套转让价款 166 万元。定金 33 万元，万某应于签订买卖合同当天支付第一笔定金 10 万元，签订网签合同当天支付第二笔定金 23 万元，过户当天再支付首付款 17 万元，剩余 116 万元通过银行按揭贷款支付。房屋已设定抵押，抵

押权人中国建设银行，抵押登记日期 2018 年 12 月 27 日。侯某某承诺抵押贷款本息余额不超过 116 万元，2020 年 11 月 1 日前向贷款机构提交一次性还清剩余贷款的申请。万某与侯某某应于 2020 年 12 月 31 日前共同到房屋登记机构申请办理房屋权属转移登记手续。万某签订合同后，向侯某某支付 33 万元定金，向某房产经纪的账户支付居间服务费 19920 元和交易服务费 6960 元。但侯某某未能按照合同约定在 2020 年 11 月 1 日前向原贷款机构申请一次性还清按揭贷款。房屋在 2020 年 8 月 3 日被广东省广州市天河区人民法院另案查封。不动产登记簿查册表显示，房屋在 2020 年 1 月 13 日被抵押给中国建设银行花都分行，抵押债权数额 1842750 元，2020 年 1 月 17 日房屋被二次抵押给陈某垣，抵押债权数额 50 万元，合计 234 万余元。经多次协商，侯某某既不解除房屋的查封，又不配合一次性还清原有抵押贷款。侯某某隐瞒房屋存在两次抵押且债权金额高达 234 万余元，远超过房屋成交价，也不按约定及时还清原有抵押贷款，且不解除房屋的查封，导致合同无法继续履行，已构成根本违约。

广州市花都区 ×× 花园 × 街 × 号 ×× 房登记的权属人是侯某某，登记时间是 2018 年 12 月 4 日，建筑面积 87.75 平方米，附记：根据穗府办函 [2017]65 号文，该房屋须取得《不动产权证书》满 2 年后方可转让或办理析产手续，从 2018 年 12 月 4 日起。2020 年 1 月 13 日登记设定债权数额 1842750 元的最高额抵押，抵押权人中国建设银行花都分行。2020 年 1 月 17 日登记设定债权数额 50 万元的抵押，抵押权人陈某垣。2020 年 8 月 3 日被广东省广州市天河区人民法院以（2020）粤 0106 执保 2800 号查封。

（2020）粤 0114 民初 17516 号案是万某作为原告诉被告侯某某的房屋买卖合同纠纷案，在该案中，万某向法院申请对侯某某的财产采取保全措施，向某保险股份有限公司深圳分公司投保诉讼财产保全责任保险，支出保费 722.61 元。法院于 2021 年 3 月 9 日作出（2020）粤 0114 民初 17516 号民事判决，载明不动产登记簿查册表证明，某房设定最高额抵押和一般抵押，2020 年 8 月 3 日被人民法院司法查封，至今未涂销抵押和解除查封，致至今未能办理贷款申请和房屋权属转移登记手续。侯某某迟延履行主要债务，经万某通过《敦促履行通知书》催告后在合理期限内仍未履行，已致使不能实现合同目的……法院判决如下：一、确认原告万某与被告侯某某于 2020 年 3 月 27 日签订的《存量房屋买卖合同》于 2021 年 1 月 8 日解除；二、被告侯某某于本判决发生法律效力之日起 10 日内向原告万某双倍返还定金 66 万元。上述判决生效后，万某向法院申请强制执行，法院以（2021）粤 0114 执 8667 号案立案执行，万某陈述其并未在执行案件中得到任何受偿。

诉讼中，各方关于中介合同的主体情况、广州市某公司在促成交易之前是否进行了查册并将查册结果告知万某等各执一词。关于中介合同的主体情况，万某认为，中介合同的主体是广州市某公司、某房产经纪、天津某某房产经纪公司，中介费是打入某房产经纪的账户，广州市某公司是天津某某房产经纪公司的连锁店。广州市某公司认为，中介合同的主体是其与万某，与某房产经纪、天津某某房产经纪公司无关，其与某房产经纪不存在实际关系，其与天津某某房产经纪公司存在特许经营加盟合同关系。某房产经纪、天津某某房产经纪公司认为，广州市某公司与某房产经纪无任何关系，天津某某房产经纪公司是特许经营，许可广州市某公司使用基于中介服务研发的管理系统。中介合同的主体是广州市某公司与万某，中介费收据由广州市某公司出具，费用亦由广州市某公司收取。关于广州市某公司在促成交易之前是否进行了查册并将查册结果告知万某，万某陈述，广州市某公司没有告诉其进行过查册，也没有给其看过查册表。广州市某公司认为，因交易当天时间较晚且在下雨，侯某某没来得及查册，当时也没有开通卖家手机查册的功能，需要由侯某某携带身份证去房管局查询才能得到记载有详细信息的产权情况表。交易之前由广州市某公司在手机上进行了查册，并打印出来出示给买卖双方，查册时间与万某提交的房屋买卖时间一致。若万某未确认就签订存量房买卖合同也不符合房屋买卖交易的一般流程。签订合同之前其有询问卖家抵押的具体情况，若负债过高，或房屋存在查封，其不会促成双方签订合同。卖家签订合同前承诺只有一押，抵押债权是116万元，并没有说有二押。卖家陈述的抵押情况与实际抵押情况不一致。万某提交其父亲万某生的信用卡账单拟证明其将中介费支付至某房产经纪的账户，账单上显示：交易日为2020年3月27日、交易金额为26880元，交易描述为某房产经纪，温馨提示中载明交易描述的商户名称仅供参考，如与签购单（POS单）不符，请以签购单为准。广州市某公司提交查询人为其员工黄某、查询时间为2020年3月27日的不动产登记查册表拟证明其进行了查册，上述查册表显示案涉房屋存在抵押权登记，但未能显示抵押权人、债权数额、抵押登记的数量等具体情形。

　　万某提交律师费发票等显示其分别为（2020）粤0114民初17516号案及本案支付了律师费35000元、15000元。

　　另查，据检索关联案件，（2021）粤0114民初7194号案是中国建设银行花都分行作为原告，侯某某、王某某、广州某贸易有限公司作为被告的金融借款合同纠纷，法院于2021年6月11日作出（2021）粤0114民初7194号民事判决，判决如下：一、被告侯某某、广州某贸易有限公司于本判决生效之日起10日内向原告中国建设银行花都分行偿还借款本金 116 万元及利息、罚息、复利（截至 2021 年 3 月 29 日按《小微企业抵押快贷借款担保合同》约定的标准计算利息、罚息、复利；2021 年 3 月 30 日起至还清款项之日止，以借款本金 116 万元为基数，按照起息日前 1 个工作日全国银行间同业拆借中心的 1 年期贷款市场报价利率加 60 基点上浮 50% 的标准计付罚息）。二、被告侯某某、广州某贸易有限公司于本判决生效之日起 10 日内向原告中国建设银行花都分行支付律师费 1 万元。三、被告王某梅对上述第一项、第二项债务在 1842750 元的范围内承担连带清偿责任。四、原告中国建设银行花都分行对被告王某梅名下位于广州市花都区 xx 花园 x 街 x 号 xx 房的房产经折价或拍卖、变卖所得的价款有权优先受偿。五、驳回中国建设银行花都分行的其他诉讼请求。

再查，因被执行人侯某某未履行申请人某银行股份有限公司广州分行申请执行其金融借款合同纠纷一案，广东省广州市天河区人民法院于 2021 年 8 月 12 日向侯某某发出（2021）粤 0106 执 14915 号限制消费令。因被执行人侯某某未履行申请人万某申请执行其房屋买卖合同纠纷一案，法院于 2021 年 7 月 8 日向侯某某发出（2020）粤 0114 执 8667 号限制消费令。

【案件争点】

1. 万某与侯某某房屋买卖交易的中介方是何方；

2. 中介方应当如何承担责任。

【裁判摘要】

关于第一个争议焦点，《存量房买卖合同》及《居间服务费用确认书（买方）》上显示的中介方均为广州市某公司，广州市某公司与天津某某房产经纪公司之间是否为特许经营关系均不影响本案中介方的认定。万某认为，某房产经纪是中介方的理由是其将中介费支付至某房产经纪的账户，对此提交了其父亲万某生的信用卡账单，广州市某公司、某房产经纪均确认中介费实际由广州市某公司收取，且广州市某公司亦在交易当天向万某出具了收据，仅凭万某提交的信用卡账单无法证明某房产经纪是本案的中介方，因此，促成万某与侯某某房屋买卖交易的中介方是广州市某公司。根据合同相对性原则，合同仅对成立合同的双方当事人产生权利义务关系的约束，某房产经纪、天津某某房产经纪公司均不是本案中介合同的主体。因此，万某对某房产经纪、天津某某房产经纪公司提出的请求缺乏依据，法院不予支持。

关于争议焦点二，根据相关法律法规规定，房产中介有如实报告义务，其如实报告义务的范围应当与房屋密切相关。而对于房屋这一特殊商品，影响其价值的最为核心的两个因素即质量和权利所属以及是否存在负担。因此，促成房屋买卖的过程中，中介方有义务核实案涉房屋是否存在抵押、查封等权利限制情况并应当如实向买受人告知。

广州市某公司提交的证据可显示其于交易当天进行了查册，双方对广州市某公司在促成交易之前是否将查册结果告知万某意见不一，但不管广州市某公司有无将查册结果告知万某，广州市某公司自行查询的产权情况表仅显示房屋存有抵押登记的情况，未能显示抵押权人、债权数额及抵押登记的数量等关键信息，广州市某公司亦未督促卖方在交易之前查询有房产详细信息的产权情况表并出示给买方，而卖方披露的抵押情况、债权数额及双方在《存量房买卖合同》中约定的抵押具体情况与案涉房屋的实际抵押情况均不相符。因此，广州市某公司违反了如实告知义务，应当丧失报酬请求权，且广州市某公司同意返还居间费19920元、交易服务费6960元，因此，万某请求广州市某公司向其返还居间费19920元、交易服务费6960元，法院予以支持。

关于广州市某公司应当承担的赔偿责任方面，通过中介公司提供中介服务订立并履行房屋买卖合同，是目前二手房交易市场的主要交易模式，房产中介机构应当严格依照法律法规等规范性文件的规定从事中介活动。如上所述，广州市某公司未能履行如实告知义务与其作为专业中介机构应当遵守的服务行为规范不匹配，若因此损害委托人利益的，应当承担相应的赔偿责任。根据侯某某涉及的几件关联案件显示，案涉房屋抵押登记对应的债权数额较高，侯某某在签订合同之时偿债能力有限，其偿债能力直接影响涂销抵押及后续房屋买卖合同的履行，广州市某公司陈述若负债较多其不会促成交易，根据一般理性经济人购房时考虑的因素，房屋的抵押登记数量及债权数额是影响成交的重要因素，万某认为广州市某公司在促成交易过程中因未如实告知抵押情况存在过错，理据充分，法院予以采纳。万某因《存量房买卖合同》向侯某某支付了定金33万元，属于其因此遭受的直接损失，广州市某公司应当对此承担赔偿责任，同时，广州市某公司承担赔偿责任的范围，应当考虑中介人的过错程度和主观恶意，从广州市某公司当天已自行查册可知其不存在故意隐瞒房产真实情况的主观恶意，其行为的不当性在于未能提供完整详实的房产真实抵押情况。因此，综合考量合同履行情况、过错情况、主观恶意、广州市某公司未能履行如实报告义务的程度以及督促中介方规范行为，法院酌定广州市某公司在2万元范围内对侯某某应当向万某返还的定金33万元不能清偿的部分承担补充赔偿责任。

至于万某在（2020）粤0114民初17516号案及本案中支出的律师费5万元、财产保全保险费 722.61 元，均不是万某主张权利必须发生的费用，不属于万某的直接损失，广州市某公司不应当对此承担责任。因此，万某诉讼请求中的合理部分，法院予以支持，超出部分，法院不予支持。

三、裁判规则提要

总结上述案例可知，法院在审理涉及抵押的房屋买卖合同纠纷或居间合同纠纷时，需要注意以下几点：

1. 房产抵押信息是影响合同订立、履行的重要事实。在合同订立方面，房屋是否存在抵押会影响购房人对此房屋的交易意愿及交易条件。在合同履行方面，尽管现行政策同过往存在较大不同，房产有无抵押对于交易方式仍存在较大影响。在《民法典》生效前，转让抵押财产需抵押权人同意，因此在房产交易实务中往往需要购房人用其首付购房款协助房屋出卖人注销抵押登记，后续再支付尾款并完成过户，如购房人未能在交易前得知抵押信息，则难以准确评估交易风险。在《民法典》生效后，其第 406 条相较于《物权法》（已失效）第 191 条删除了抵押权人同意方可转让抵押财产的规定，而是明确规定"抵押期间，抵押人可以转让抵押财产"，也就是说，在推行房地产"带押过户"的地区，购房人申请办理已抵押不动产转移登记时无须提前归还旧贷款、注销抵押登记，即可完成过户、再次抵押和发放新贷款等手续，实现不动产登记和抵押贷款的有效衔接。现如今，各地政府基于地方具体情况出台了不同的"带押过户"交易形式，如新旧抵押权组合模式、新旧抵押权分段模式以及抵押权变更模式等。房地产交易双方可以基于自身情况进行灵活选择。由此可见，房产抵押信息是直接影响房地产买卖合同履行的重要事实。

2. 房地产中介机构对于房产抵押情况应当履行必要、审慎的审查核实和告知义务。根据上述案例可知，房地产中介机构履行审查核实和告知义务应当包括：（1）审查核实所售房屋的房产证信息，并记录查询结果；（2）审查核实所售房屋的房地产登记簿，复核权属信息。如其未能履行审查核实义务及必要的告知义务，根据《民法典》第 962 条规定，房地产中介机构无权请求支付报酬并且应当承担赔偿责任。

四、辅助信息

《民法典》

第四百零六条　抵押期间，抵押人可以转让抵押财产。当事人另有约定的，按照其约定。抵押财产转让的，抵押权不受影响。

抵押人转让抵押财产的，应当及时通知抵押权人。抵押权人能够证明抵押财产转让可能损害抵押权的，可以请求抵押人将转让所得的价款向抵押权人提前清偿债务或者提存。转让的价款超过债权数额的部分归抵押人所有，不足部分由债务人清偿。

第九百六十二条　中介人应当就有关订立合同的事项向委托人如实报告。

中介人故意隐瞒与订立合同有关的重要事实或者提供虚假情况，损害委托人利益的，不得请求支付报酬并应当承担赔偿责任。

第九百六十三条　中介人促成合同成立的，委托人应当按照约定支付报酬。对中介人的报酬没有约定或者约定不明确，依据本法第五百一十条的规定仍不能确定的，根据中介人的劳务合理确定。因中介人提供订立合同的媒介服务而促成合同成立的，由该合同的当事人平均负担中介人的报酬。

中介人促成合同成立的，中介活动的费用，由中介人负担。

后　记

　　最高人民法院院长张军指出："权威规范的典型案例能够统一裁判尺度，提高办案质量和效率，促进社会法治意识的形成，引领社会的风尚。"[①] 推进类案和新类型案件检索报告工作规范化，是推进法律统一适用机制健全完善的重要举措，也是深化司法体制改革的要求之一，对提升司法效率、提高办案质量、破解人案矛盾、保障司法公正具有重要意义。

　　房地产行业中涌现的诸多类型的法律问题关乎百姓民生。由于房子是大额、非标准化的商品，房产交易相对一般商品交易表现出低频、流程复杂、周期长、受政策影响大等特殊性。随着 20 余年来我国房地产交易需求的不断增长，房地产行业上下游角色不断细分并趋向专业化，房地产中介开始在房产交易过程中发挥重要作用。为了规范房地产中介的健康发展，2001 年 12 月建设部发布《房地产经纪人员职业资格制度暂行规定》，决定对房地产中介从业人员实行职业资格制度。2007 年年底以来，受房地产市场固有规律和宏观调控政策影响，我国房地产市场出现购房者持币观望、买卖成交量持续萎缩、房价徘徊不前甚至小幅回落的变化，迫使房地产中介进行自我调整发展，专注于提高服务质量。2012 年，党的十八大对深化行政体制改革提出了明确要求。2015 年，人力资源社会保障部和住房城乡建设部发布《房地产经纪专业人员职业资格制度暂行规定》和《房地产经纪专业人员职业资格考试实施办法》，房地产中介从业职业资格由准入类变为评价类，从业门槛变低，经纪人专业和服务

[①] 杨书培、邢天然：《中国环境资源审判背后的"绿色密码"……》，载中国法院网，最后访问时间：2024 年 7 月 2 日。

水平良莠不齐的现象加剧。2017 年起，中央多次强调"房住不炒"，突出住房的民生属性，房地产中介的服务导向越来越明显。目前，中国房地产市场正在从增量时代进入存量时代，从新房主导向二手房主导的阶段过渡，二手房交易双方对房地产中介服务的需求量更大、对经纪人服务质量和专业水平的要求更高，在为房地产中介的发展提供充足市场需求的同时，也催生了更多新形势下的矛盾和纠纷。近年来，涉及房地产中介纠纷的案件层出不穷，但各地的类案裁判往往尺度不一，不但影响了人民群众对房地产交易安全和效率的信心，而且给整个房地产经纪行业的合规发展带来一些不确定因素，进而也影响到整个房地产市场的稳健发展。

针对上述情况，特将房地产中介纠纷案件裁判规则研究作为中国法院类案检索与裁判规则专项研究系列丛书之一，并将研究成果编辑成书。本书编写团队以近年来房地产市场发展形势为基础，结合如今"互联网＋居住服务"的行业发展现状，聚焦房地产中介领域高频、新兴的争议点，甄选出具有高度代表性的案例，进而确立类案裁判规则，希冀能够以类案规则的梳理和编撰为人民法院规范自由裁量权、提升司法公信力提供有力工具，为房地产中介行业发展提供规范，积极落实司法责任制综合配套改革，引导全社会增强法治意识、公共意识、规则意识。

本书的顺利出版，得到了最高人民法院中国应用法学研究所、中国房地产评估师与房地产经纪人学会、中国政法大学法治与可持续发展中心的大力支持和指导，在此表示衷心的感谢。

编者

2024 年 10 月